아름다운 인연

스웨덴이 기른 우리 아이들

현덕 김 스코글룬드 엮음
허서윤 옮김

사람과책

因緣

Originally published by MARELD in the Sweden as
Efterlängtad: Adoptivföräldrar berättar

Copyright © 2006 by Bokförlaget Mareld and Kim Skoglund

All rights reserved.
Korean Translation Copyright © 2009 by Human & Books
Korean edition is published by arrangement with Kim Skoglund
이 책의 한국어판 저작권은 저작권자와의 독점계약으로 도서출판 사람과책에 있습니다.
저작권법에 따라 한국 내에서 보호를 받는 저작물이므로 무단전재와 복제를 금합니다.

아름다운 인연

스웨덴이 기른 우리 아이들

한글판을 내면서

2006년 가을 『Efterlängtad (갈망)』이라는 책이 스웨덴에서 출간됐다. 이 책은 해외입양을 한 열여덟 명의 부모들 각자의 경험과 정신과 전문의로서 나의 30년간의 경험으로 구성되어 있다.

나는 1962년 스웨덴으로 이주한 후 정신과 전문의로 정신분석을 전공했고 약물치료보다는 정신상담을 하면서 성인이 된 많은 입양아들을 치료했다. 그 과정에서 그들이 사춘기를 지나고, 부모를 떠나 성인이 되어 사회에 진출하면서 정체성 문제 등이 심각하게 대두됨을 보았다. 그러므로 글을 모으면서 요구했던 유일한 조건은 성인이 된 입양아를 가진 부모여야 된다는 것이었다.

스웨덴에는 45,000명의 해외입양아 — 그중 9,000명이 한국에서 왔다 — 가 살고 있는데도 양부모의 입장에서 쓴 책은 이 책이 처음이라는 데에 큰 의미가 있다. 6·25전쟁을 계기로 시작된 입양은 1960년대에서 1980년대까지는 일 년에 800여 명이 입양되어 왔고 그 이후로 국내외의 비판에 의해, 또한 한국의 국내 사정이 호전되어 그 수가 감소했으나 아직도 해마다 50여 명이 스웨덴으로 입양되고 있다.

한 사람을 키운다는 것은 결코 쉬운 일이 아님을 자식을 길러본 사람이면 누구나 동의할 것이다. 더욱이 입양한다는 것, 남의 자식을 기른다는 것이 얼마나 어려운 일이며 책임이 무거운지 나는 30여 년간 가까이서 목격

할 수 있었다. 비교적 쉽게 해외입양아뿐 아니라 장애아도 받아들이는 스웨덴 사람들의 마음 깊은 곳에는 기독교적 인간관, 즉 모든 인간은 하느님이 자신의 형상대로 창조하신 귀하고 유일한 존재며, 기르는 부모들은 양부모건 친부모건 청지기에 불과하다는 생각이 깔려 있다.

    한국은 입양을 보내기만 하고 스웨덴은 받기만 하는 나라이기 때문에 보는 시각이 전혀 다르다는 것, 충분히 이해할 수 있다. 지상의 낙원이라는 스웨덴은 사회보장제도가 잘 되어 있고, 인권도 보장되고 인종차별도 법적으로는 금지되어 있다. 이러한 좋은 환경에서 사는 국민들의 자살률, 이혼율이 세계적으로 높다는 것은 물질적인 부유함과 인간적인 좋은 제도가 최선이 아님을 말해준다. 외모가 다른 우리 아이들은 사회에 첫발을 내딛는 유치원 시절부터 자신이 그 그룹에 속하지 않는다는 사실을 깨달으면서 ― 그것이 긍정적일 수도 부정적일 수도 있겠으나 ― 여기서 오는 크고작은 문제에 부딪치면서 자란다. 입양아뿐 아니라 머리색이 붉거나, 지방에서 와서 사투리를 쓰거나, 얼굴에 주근깨가 많든지 등 사소한 일로 따돌림당할 수 있다. 예민한 아이들은 이질감을 느껴 아예 미리 그룹을 떠나 인생의 방관자가 되고 훗날 사회에 진출해서도 '나는 이곳에 속하지 않는다'는 이질감이 언제나 뇌리를 떠나지 않으며, 입양아의 경우 '나는 스웨덴 사람도 한국 사람도 아니다'라는 인식이 확고해진다.

자라는 환경의 좋고 나쁨을 떠나 입양아면 누구나 갖고 있는 의혹이 있다. 바로 친부모에 대한 궁금증이다. '나의 부모는 누구일까? 왜 나를 버려야만 했나? 내게도 형제가 있을까? 나의 부모도 내 생각을 할까?' 그들 대부분이 친부모를 만나면 묻고 싶은 첫마디가 '왜 나를 버렸습니까'라고 한다. 그들은 대답을 들을 수 없는 질문을 계속하며 살아야 한다. 사춘기가 지나고 성인이 되어 양부모를 떠난 뒤 직업을 구하고 배우자를 찾는 과정에서 정체성 문제가 대두된다. '나는 누구인가?'

나는 정신과 의사로 아이들이 길을 잃고 헤맬 때 함께 안타까워하고 상처받은 기본적 신뢰(basic trust)가 아물 때까지 몇 년이고 기다려주는 양부모들의 무조건적 사랑과 아낌없는 희생을 보아왔다. 그럼에도 불구하고 정체성을 끝내 찾지 못하고 사회 밑바닥에서 눈물겨운 나날을 보내야 하는 입양아들도 있다.

몇 년 전 한국의 보건복지부 장관이 스톡홀름을 방문했을 때, 몇몇 입양아들이 모여 함께 식사를 하는 자리가 마련되었다. 그 자리에서 한 입양아가 장관에게 질문을 던졌다. "우리가 왜 이곳으로 왔는지 이해합니다. 우리는 한국이 어려웠던 시기에 태어나 이곳으로 입양되어 왔습니다. 그런데 요즈음 입양되어 오는 아이들이 '왜 우리를 입양 보냈습니까?'라고 물으면 장관께서는 어떻게 대답하시겠습니까?"

또 한 입양아가 물었다. "근래에 와서 우리 입양아들은 매스컴을 타고 한국 정부로부터 도움을 받아 모국 방문도 가능해졌습니다. 그런데 자식을 포기해야 했던 우리들의 어머니에 대해서는 아무도 이야기하는 사람이 없습니다. 정부 측에는 이 불우한 여성들을 위한 계획이 마련되어 있습니까? 편모들도 자식을 버리지 않고 기를 수 있도록 정부가 도와주어야 하지 않을까요?"

그 자리에 앉아 있던 나는 뼈 있는 질문을 던지는 아이들이 너무도 자랑스러워 눈시울이 뜨거워졌다.

나는 한국이 보낸 우리 아이들이 이곳 스웨덴 땅에서 양부모들과 함께 어떻게 살고 있는가를 고국에 있는 여러분에게 알리고 싶고, 메달에도 뒷면이 있다는 스웨덴 사람들 말과 같이 입양을 보내는 한국에서는 볼 수 없는 해외입양의 뒷면을 보여드리고 싶은 마음에서 한글판을 낸다.

한글판을 펴는 데에 경제적 도움을 주신 한서문화재단과 해외동포재단, 또 시간과 정력을 아끼지 않고 도와주신 허성도 교수님에게 진심으로 감사를 드린다.

2009년 3월
스톡홀름에서
현덕 김 스코글룬드

차례

한글판을 내면서 ·· 004
보석 같은 아이들 ·· 012

풍요로워진 삶
나의 4분의 1은 한국인 ································ 018
어느 날 갑자기 엄마가 되다 ························ 023
두 번째 기회 ··· 027

우주적 차원의 부모 역할
사실은 쓰고 싶지 않은 이야기 ···················· 042
한계를 초월한 부모의 역할 ························· 050
니디아 이야기 ··· 061

어둠 속에 숨긴 상처
형수 이야기 ··· 086
딸에게 쓰는 편지 ······································· 098
엘린 이야기 ··· 106

입양은 사랑의 선물

당신의 꼬마 아들 내일 도착합니다 ·········· 128
스웨덴은 나의 고향 ······················· 141
레바논 여행 ····························· 149
이보다 더 어려운 일은 없었다 ··············· 161
편모로서의 나 ··························· 170

영원으로 이어지는 삶

뿌리 없는 외로움 ························· 182
엄마의 입장에서ㅤ························· 191

오래 참는 사랑

요한나와 진 이야기 ······················· 212
크리스티안 이야기 ························ 224

입양아와 함께한 나의 30년 ················· 240
해외입양의 과거와 현재 ···················· 268

보석 같은 아이들

「보석 같은 아이들」

……라시 오케 룬드베리(Lars Åke Lundberg)*

아이란 무엇인가? 이 질문의 대답을 찾는 것은 인생이나 사랑에 대한 정의를 내리는 것만큼이나 어려운 일이다. 수많은 아동 연구는, 아이들은 서서히 단계적으로 성장한다는 전제하에서 출발한다. 아이들은 그들이 만나는 모든 것에 대해 우선 반감을 가지며 고민한다. '믿어야 하는가 믿지 말아야 하는가?' 이렇게 서로 대립되는 감정을 조율하는 과정에서 아이는 '희망'이라는 것을 이해하게 된다. 그리하여 수많은 삶의 위기를 헤쳐가면서 점차 성장해가고, 때로는 그 안에 갇힌 채 앞으로 나아갈 방향을 찾지 못하고 방황하기도 한다. 그러나 아동 전문가 다니엘 스텐(Daniel Stern)은 이 논리에 대해 시각을 달리한다. 아이의 인격을 형성하는 것은 어른이 아니라고 그는 주장한다. 모든 아이는 태어날 때부터 자신만의 정체성을 이미 가지고 있으며, 우리 어른들은 단지 이것을 발견하고, 바람직한 방향으로 이끌어줄 뿐이라는 것이다. 이제 겨우 눈을 뜬 신생아를 보라. 호기심에 넘쳐 세상 모든 것에 눈을 반짝이는 아기가 있는가 하면, 매우 신중하고 조심스러운 눈빛으로 주위를 둘러보는 아기도 있다. 아이를 창조하는 것은 우리가 아니다. 우리는 다만 아이를 있는 그대로 받아들일 뿐이다. 이것은 내 배로 낳은 아이거나 아니면 훗날 어떤 사정에 의해 내 품에 안기게 된 아이거나 관계없이 우리가 울고 웃으며 키우는 모든 자식에게 적용된다.

---

* 라시 오케 룬드베리는 현재 마약중독자치료소의 영적 지도자로, 외스테라케(Österåker) 교도소 목사로 일했으며 슬하에 두 명의 입양아가 있다.

나 자신의 주인은 나

모든 아이는 특별하다. 아이의 탄생은 곧 하나의 새로운 인격체가 이 세상에 나오는 것을 의미한다. 특별하고 유일무이하며 그래서 외로운 존재. 모든 인간은 근본적으로 내면에 외로움을 가지고 있다. 이것은 그의 삶이 처한 상황에 의한 것이기도 하고, 지금 당장 표출되어 나오는 것이기도 하다. 우리는 각자 처한 상황을 기꺼이 인정하고 받아들여야 한다. 그런데 이것은 결코 쉬운 일이 아니다. 특히 다른 문화권에서 건너왔으며, 주변 사람들과 다른 생김새를 가진 사람에게 이것은 더욱 힘든 과제다. 덴마크 작가 피에트 하인(Piet Hein)의 작품에는 주인공이 길에서 만난 고양이와 나누는 다음과 같은 대화가 나온다.

"너는 누구니?"

고양이가 대답한다.

"나는 나지."

만약 갓 태어난 아기가 말을 할 줄 안다면 "너는 누구니?"라는 질문에 이 고양이처럼 "나는 단지 나 자신일 뿐이야"라고 대답할 것이다.

입양아를 받아들이는 것은 곧 그 아이 자신을 발견할 수 있는 더 큰 기회를 가진다는 것을 의미한다. 우리는 아이에게서 할아버지의 귀나 엄마의 눈, 혹은 할머니의 코를 찾으려 애쓰지 않아도 된다. 단지 이 세상에서 유일한 존재인 그 아이만의 특별함을 발견하는 데에 집중할 뿐이다.

아이는 강하면서도 연약한 존재

이제 아이란 무엇이라고 정의할 수 있는가? 강하면서도 연약하고 무한한 인내심과 보살핌을 필요로 하는 존재! 아이는 보석과도 같다. 모든 아이는 자신만의 빛을 가지고 있다. 이것은 곧 자신의 문제를 해결해나가는 힘이다. 때로 도움이 필요할 때는 그 빛을 반짝여서 다른 이에게 신호를 보낸다. 간혹 아주 어릴적 받은 어떤 상처로 도중에 그 빛을 잃어버리는 경우가 있다. 보석에 흠집이 생기는 것이다. 입양아들에게서 이러한 현상을 종종 발견할 수 있는데, 나는 그 일부를 이 책에 소개하려 한다.

눈부시게 빛나면서 동시에 한없이 연약한 이 보석들을 품어주는 것이 바로 우리 어른들의 임무다. 우리는 아이들에게 내재된 대립성의 균형을 맞추어주고, 아이들이 스스로 이끌어나가는 그 빛을 더욱 북돋아주며, 그 빛을 잃고 힘들어하는 아이들을 일으켜 세워주어야 하는 것이다. 어떻게 해야 그 균형을 찾을 것인가? 어떻게 해야 분노와 사랑을 동시에 유지할 수 있는가? 아이와 어른은 어떻게 악하면서도 동시에 선할 수 있는가? 반듯한 사고를 가졌으며 사랑과 신에 대한 믿음으로 충만하던 사람이 어떻게 그런 끔찍한 범죄를 저지를 수 있는가? 자신이 태어난 근원으로부터 버려진 아이가 그로 인한 고통과 갈등 없이 자라나는 것이 어떻게 가능할 것인가? 이는 해답을 찾기가 쉽지 않은 중요한 질문들이다. 방법은 두 가지다. 이 고통을 나누고 이해하려고 노력하거나 아니면 외면해버리는 것이다. 때로는 외면하려고 노력하거나 아예 이러한 고통의 존재 자체를 믿지 않으려는 경우도 있다. 이 책은 이러한 다양한 관계와 그 사이에서 벌어지는 쉽지 않은 선택을 보여줄 것이다.

꿈꾸어온 아이를 얻었는가

이 책은 단지 입양아와 그 부모들에 대한 이야기가 아니다. 이 책은 독자들로 하여금 인생을 살아가며 자신의 삶과 꿈, 그리고 종종 겪는 실망과 위기에 대해 우리가 가져야 할 자세를 다시 한 번 돌이켜보게 한다. 우리는 세상에 대해 무한한 믿음을 가지면서도 동시에 이러한 믿음이 과연 옳은 것인지 의심하며 어린 시절을 보냈다. 이제 어른이 된 지금 우리는 아이들을 어떻게 대해야 하는가? 아이들은 내면에 잠재되어 있던 어린 시절의 우리를 일깨워준다. 양부모들 자신도 또한 그 부모들이 소망하던 아이였을 것이다. 덴마크 만화가 스톰 피(Storm P.)는 이렇게 말했다. "우리 부모님은 당신들이 원하던 아이를 얻지 못했다. 나는 그들이 우려하던 그런 아이였다." 그래서 그들은 어떻게 됐을까? 그 아이는 어떻게 됐으며, 그 부모는 어떻게 됐을까?

이것이 바로 이 책이 제시하는 질문이다. 우리는 과연 우리가 꿈꾸던 아이를 얻었을까? 반대로 아이는 자신이 원하던 부모를 만난 것일까? 아마도 양부모를 포함해 모든 부모는 그들이 꿈꾸어오던 것과는 다른 아이를 얻었을 것이다. 세상에 단 한 명밖에 존재하지 않으며 그 누구도 대신할 수 없는 특별한 아이. 때때로 우리의 기대와 소망은 너무 커서 이 특별한 아이를 만났을 때 고개를 돌릴 수도 있다. 어떻게 해야 우리는 이 상황을 인정하고 감사할 수 있는가? 이 책은 입양이라는 독특한 소재를 통해 이 문제를 이야기하려 한다. 이것은 삶 속에서 갖는 기대와 실망, 더 나아가 우리의 인생 자체를 받아들이는 데에 적용될 수도 있다. 당신은 지금 이러한 인생에 대한 책 한 권을 손에 쥐고 있는 것이다.

풍요로워진 삶

「나의 4분의 1은 한국인」

…… 군넬(Gunnel), 에이나르 라스크(Einar Rask)

> 66 군넬과 에이나르 라스크는 스웨덴에서 한국 어린이를 입양받은 첫 세대 부모다. 그들의 양딸인 카미아(Camia)와 양아들 요나스(Jonas)는 1958년 스웨덴으로 왔다. 그 해에 카미아는 여덟 살이었고, 요나스는 네 살이었다. 그 당시 한국 어린이의 입양은 아동구호기관(Save the children foundation)의 간호사를 통해 이루어졌다. 아이들은 달라나의 실리안스니스에서 자랐다. 그 당시 군넬은 유치원 교사였고 에이나르는 목수였는데 지금도 여전히 목수로 일하고 있다. 오늘날 이 가정은 친자식과 손자, 그리고 증손자까지 뛰어 노는 대가족이 됐다. 99

조금 전에 돌아온 우리 증손녀 파니는 학교에서 무엇을 했는지 자랑하느라 바쁘다. 학교에서 세계 여러 나라 가운데 마음대로 하나를 선택해 조사해오라는 과제를 받았는데, 파니는 한국을 선택했나 보다. 인터넷을 통해 파니는 한국의 역사와 지리, 그리고 문화뿐 아니라 심지어 국가대표 축구팀까지 꼼꼼하게 조사했다. 과제물 한 장 한 장마다 아이가 쏟아부은 애정이 물씬물씬 풍겨나왔다. 가장 마지막 부분에서 아이는 이렇게 말했다.

"나에게는 사실 25%의 한국인의 피가 흐르고 있어요."

이것은 물론 맞는 말이다. 파니는 남동생 윤용만(Jonas)과 함께 1958년 우리 품에 안긴 양딸 윤감희(Camia)의 손녀딸이니까."

최초의 해외입양

우리가 입양을 받기까지는 대략 일 년여의 시간이 필요했다. 우리는 아동구호기관의 소개로 한국의 어느 고아원과 접촉했고, 마침내 1958년 8월 20일 브롬마 공항에서 아이들과 처음으로 만날 수 있었다.

입양은 우리에게 커다란 모험이었다. 당시에는 해외입양이 흔하지 않았기 때문에 우리는 주변 사람들이 어떤 반응을 보일지, 아기가 이곳에서 어떤 모습으로 자라갈지 예상하기 힘들었으며, 양부모로서 어떻게 행동해야 하는가에 대해서도 전혀 아는 것이 없었다. 우리는 그저 모든 일이 순조롭게 풀려나가, 이 아이들이 이곳 스웨덴에서 행복하게 살아갈 수 있기만 바랄 뿐이었다.

공항 출구로 나온 아이들은 예쁜 한복을 입고 있었다. 한 손에는 너무나 꽉 쥐어서 꼬깃꼬깃해진 종이쪽지가 들려 있었으며, 다른 손에는 미군 헬리콥터를 본뜬 장난감을 쥐고 있었다.

통역자가 우리를 가리키며 아이들에게 말했다.

"자, 여기 있는 분이 엄마 아빠예요."

그때 요나스는 헬리콥터 장난감에 정신이 팔려 있었고, 카미아는 따뜻하고 친근한 눈빛으로 우리와 눈을 맞추어주었다.

시간이 흐르면서 우리 가족 사이에는, 아주 조금씩 새로 생긴 두 식구와 어울려 생활하려는 분위기가 생겨났다. 그때는 양육휴가라는 것이 없었기 때문에 우리가 아이들과 함께 있는 시간은 많이 부족했다. 우리는 아이들과 함께 있는 시간을 조금이라도 더 갖기 위해 결국 아이들과 함께 출근하기로 결정했다. 카미아는 나를 따라 유치원에 왔고, 요나스는 그 유치원 가까이 있는 유아원에 가게 됐다. 어디에 가든지 우리는 항상 주위 사람들의 눈길을 끌었다. 행인들은 호기심 어린 눈초리로 신기해하며 우리에게서 눈을 떼지 못했다. 사람들의 반응은 물론 호의적이었지만, 나는 행여나 이러한 주위의 이목이 아이들에게 좋지 않은 영향을 끼칠까 봐 걱정했었다. 그러나 나는 이러한 걱정이 기우임을 바로 알게 됐다.

배불리 먹는 것

스웨덴 생활을 처음 시작한 시기에 아이들은 먹는 것에 강한 집착을 보였다. 한국의 보육원에서 아이들에게 배부를 만큼 식사를 충분히 챙겨주지 못했음이 분명했다. 카미아는 영양 결핍으로 허파에 문제가 있었고, 요나스는 왜소한 체격에 배만 볼록 나와 있었다. 우리집에는 24시간 요리하는 소리가 끊이지 않게 됐다. 죽을 제외하곤 무엇이든지 아이들은 즐겁게 먹어 치웠다. 그중에서도 마늘 소스를 얹은 샐러드가 나오는 날은 그들에게 특별한 날이었다. 아이들은 "김치, 김치"를 연발하며 이루 표현할 수 없는 만족감을 얼굴 가득 보여주었다.

그러나 아이들은 끼니 때마다 충분히 먹지 못할지도 모른다는 불안감이 쉽사리 사라지지 않는 모양이었다. 우리는 '도시락'을 챙기지 않으면 한걸음도 집 밖으로 나갈 수 없었다. 심지어 바로 집 앞에 있는 슈퍼마켓에 갈 때도 '도시락'을 챙겨야 했다!

게다가 아이들은 집 안 구석구석에 음식물 조각을 숨겨놓았다. 피아노 아래에 소시지 조각이 있거나 소파 쿠션 밑에 빵 조각이 뭉쳐 있는 식이었다. 아이들은 무엇을 어디에 두었는지 정확하게 기억하고, 누군가 건드리기라도 할라치면 그 자리에서 걷잡을 수 없이 화를 내곤 했다.

어느 날 저녁 요나스가 손에 감자를 쥔 채 잠이 들었다. 나는 아이가 깊이 잠든 것을 확인하고 감자를 빼냈다. 자정이 넘어 우리 부부는 아이가 마구 질러대는 소리에 잠을 깼다. 아이가 잘못됐을지 모른다는 생각에 놀라고 걱정이 되어, 당장 병원 응급실로 달려갈 준비를 하다가 문득 아이의 손에서 빼낸 감자가 생각났다. 손에 감자를 쥐어주자마자 아이는 바로 평온한 잠에 빠져들었다.

대화 나누기

아이들과 서로 이야기를 나누는 것은 좀처럼 쉬운 일이 아니었다. 카미아는 특히 우리가 시야에서 사라지는 것을 겁냈기 때문에 우리는 함부로 외출할 수 없었고, 심지어 화장실에 갈 때도 문을 닫아 걸 수 없었다. 아이는 우리가 어디 있는지 항상 알고 있어야 했다.

아이들과 스웨덴어로 의사소통을 하기까지는 그리 오랜 시간이 걸리지 않았다. 스웨덴에 도착하고 약 반년 만에 우리 가족은 서로 일어난 일을 이야기하고 설명해줄 수 있게 됐다. 의사소통이 가능해지면서 모든 문제는 훨씬 수월하게 풀려나갔다.

원만한 생활 속에서도 우리는 아이들이 고향을 그리워하리라고 생각해왔다. 그래서 우리는 카미아에게, 다음에 한번 한국에 가자고 위로해주었다. 그러자 아이는 전혀 예상치 못한 반응을 보였다. 카미아는 겁에 질려 멍한 얼굴로 "싫어요. 그곳은 엄마 잃어버리는 곳이에요"라고 대답했다. 엄마는 바로 나를 가리키는 말이었다.

카미아와 요나스는 조금씩 새로운 환경과 우리에게 익숙해지기 시작했다. 지금 딱히 머릿속에 떠오를 만큼 심각한 문제는 일어나지 않았다. 달라나에서 살다가 스톡홀름 지역으로 이사 온 후 요나스가 가끔 아이들이 자신의 사투리를 놀린다고 투정 부리는 일이 있었을 뿐이다.

1959년에는 친딸 말린이 태어났다. 딸아이는 자그마하고 통통한 체구에 한국에서 온 언니 오빠들과 똑같은 검은색 머리를 가지고 있었다. 요나스는 동생을 처음 본 순간 동정심이 가득한 눈길로 "사람들이 애보고 중국에서 왔냐고 물어보면 어쩌죠?"라고 말했다. 분명히 요나스 자신이 그러한 질문을 받고 힘든 시간을 보냈으리라!

문제와 행복

돌이켜보면 양부모라고 해서 특별히 다른 경험을 가지고 있는 것은 아니라고 생각한다. 입양아건 친자식이건 부모로서 아이들을 키우다 보면 온갖 문제와 걱정으로 속을 끓이고, 그러다가 기쁘고 뿌듯해하는 것은 마찬가지다. 우리는 다만 아이를 입양할 수 있는 여유와 능력을 갖게 된 상황에 감사한다. 이 아이들은 여러 면에서 우리의 삶을 풍요롭게 해주었다. 카미아가 마련한 파티, 한국 요리를 맛볼 수 있는 파티를 상상해보라!

물론 힘든 순간도 많이 있었다. 한밤중에 깨어나 우는 아이를 달래기 위해 한국 민요 〈아리랑〉이나 동요 〈나비야〉를 불러야 하는 것은 쉬운 일이 아니다. 그러나 이런 것은 몇 번이고 기꺼이 받아들일 가치가 있는 일이다.

한국인의 피 25%

오늘날 카미아와 요나스는 모두 공부를 마치고 행복한 가정을 꾸려서 만족스러운 삶을 살고 있다. 1958년 브롬마 공항에서 아이들을 기다리며 서 있던 순간은 마치 깊은 물속으로 뛰어드는 것같이 느껴졌었다. 그러나 그 깊은 물속에는 아무도 상상하지 못했던 아름다운 모험이 기다리고 있었다.

이제 우리는 요나스와 카미아의 아이들이 자랑스러워하는 할머니 할아버지며, 한국인의 피가 25% 흐르는 것을 자랑스러워하는 파니의 증조 할머니와 증조 할아버지인 것이다.

「어느 날 갑자기 엄마가 되다」

······ 마이 칼손(Maj Carlsson)

❝ 1964년 나는 세 번째로 한국을 방문했고 서울의 국립의료원에서 근무했었다. 그리고 그 해 어느 날, 나의 인생 전체가 바뀌었다. ❞

어느 날 갑자기 한 아이의 엄마가 된다는 것은 상상할 수도 없을 만큼 경이로운 일이다. 그만큼 환상적이고 가슴 벅찬 일이 있을까. 1964년 나는 서울의 국립의료원에서 근무했다. 벌써 세 번째 한국 방문이었다. 동화 속의 풍경같이 아름다운 자연환경과 마음 따뜻한 사람들이 살고 있는 곳. 처음 한국을 방문해 부산의 적십자 병원에서 일했던 나는 서울의 국립의료원에 자리를 얻어 한국으로 되돌아왔다. 스웨덴으로 돌아가서도 항상 한국을 그리워했던 나는 이제 하루에 600여 명의 환자들이 방문하는 이 병원의 응급실에서 근무하게 됐다. 꼼꼼하고 똑똑한 한국 간호사들과 함께 일하고, 한국 의사들을 보조하는 것은 무척 즐거운 경험이었다.

삶이 변하다

이러한 생활을 통해 나의 인생 전체를 변화시킨 그날이 찾아왔다. 응급실 문이 열리며 세 살쯤 되어 보이는 남자아이의 손을 이끌고 한 여인이 복통을 호소하며 들어왔다. 그러나 우리는 그녀와 거의 동시에 도착한 두 명의 교통사고 환자를 보느라 그녀에게 신경 쓸 겨를이 없었다. 정신이 없어 그녀를 곧바로 진찰해줄 수 없었다. 그녀의 증세 또한 한국 간호사의 말에 의하면 단지 배가 아플 뿐 그리 위급해 보이지 않았다. 나는 바쁜 와중에도 그녀의 상태를 계속 주시했다. 마땅한 자리를 찾지 못하고 응급실 문 옆에 서 있던 그녀는 점차 주기적으로 바닥으로 몸을 숙이는 것 같았다. 나는 간호사에게 혹시 그녀가 임신한 것 아닐까 하고 물었지만, "그럴 리 없다"라는 단호한 대답만 돌아왔다. "단지 배가 아프다는데요." 간호사의 말이 끝나자마자 그녀는 완전히 무릎을 꿇으며 응급실 바닥으로 무너져내렸다. 나는 그녀를 받쳐들면서 발목까지 내려오는 긴치마를 들어올렸다. 그 순간, 그녀의 다리 사이로 아기의 머리가 나오는 것을 발견한 나의 충격은 이루 말할 수 없었다.

나는 아이를 받는 것에 그리 익숙지 않았고, 주변에는 의사가 없었다. 달리 방법이 없었다. 나는 바닥에 아기의 머리를 떨어뜨리지 않고 작은 생명을 받아낸 것에 뿌듯함을 느꼈다. 나는 스웨덴 보모가 있는 훌륭한 시설을 갖춘 아동병동으로 아기를 신속하게 옮겼다. 그리고 응급실의 산모에게 돌아왔다. 모든 일은 기대 이상으로 순조롭게 진행됐다.

이튿날 산모는 귀여운 여자 아기를 품에 안고 응급실을 찾아왔다. 무엇을 도와주면 좋겠냐는 나의 질문에 내게 아기를 맡기고 싶다고 했다. 그녀는 자신의 아이를 그렇게 간단히 포기했다. 정신이 아찔했다. 이것은 상상도 할 수 없는 일이었다. 나는 산모의 요청을 거절하는 대신 먹을것과 옷가지를 위한 생활비를 주었으며, 병원에 일자리도 마련해주었다. 그녀는 아동병동에 꼬박꼬박 찾아가 매일 오후 2시면 딸아이를 품에 안았다.

어느 토요일 오후 응급실 문을 나서면서, 나는 방문객 의자에 놓인 더러운 천으로 둘둘 말아놓은 보퉁이를 발견했다. 그녀의 아기라는 것을 곧 알아차렸다. 비썩 마르고 쪼글쪼글한 채 혼자 버려진 아기의 상태는 위급했다. 나는 내 방으로 아기를 데려와서 응급처치를 해주었다. 아동병동에서 우유를 얻어오고, 똑똑하고 아이를 잘 보살펴줄 수 있는 보모도 한 명 구해왔다. 이 일이 있고 나서 나에게는 전혀 다른 삶이 시작됐다. 의사와 사회복지사의 도움으로 나는 그 아기의 보호자가 되었고 한국에서의 입양 수속은 몇 주일 후에 결정됐다. 그 작은 아기는 오늘날 여섯 살짜리 남자아이와 여덟 살짜리 딸아이, 그리고 다정한 남편을 둔 40세의 중년여성으로 성장했다.

처녀의 몸으로 엄마가 된 나

나는 생후 6개월 된 딸과 스웨덴으로 돌아왔다. 그리고 한국에 가기 전까지 일하던 카롤린스카(Karolinska)병원 응급실에서 다시 근무하기 시작했다. 입양 절차를 끝내기 위해서는 수많은 시간과 노력이 필요했다. 나는 미혼인 상태였지만 모든 일이 기대 이상으로 잘 해결됐다. 아기는 곧 주거지에서 멀지 않은 곳의 탁아소에서 생활하게 됐다.

형제들과 우애가 돈독했던 나는, 딸아이도 또한 형제들 간의 깊은 정을 느끼며 자라기를 원했기 때문에 여자아이 한 명을 더 입양하기로 했다. 입양 절차는 매우 복잡했고 조사받아야 할 사항이 많았으며, 많은 시간을 할애해야 했다. 3년을 기다린 후에야 드디어 세 살배기 여자아이가 우리 품에 안겼다. 밝고 예쁘고 작은 여자아이였다. 도착 당시 아이의 몸에는 매맞은 흔적이 있었으며, 머리는 제대로 손질해주지 않아 헝클어져 있었다. 그러나 내게는 어느 누구보다도 아름다워 보였다. 언니가 된 딸아이 또한 큰 이해심을 가지고 사랑으로 동생을 보살폈다.

인생이 사랑과 헌신으로 충만해지다

행복한 나날이 계속됐다. 물론 아이들을 돌보며 카롤린스카 응급실장으로 온종일 근무하자면 힘든 날도 있었지만 기쁨으로 충만한 날이 더 많왔다. 집에 돌아와 딸아이들과 노는 것은 내 삶에 큰 힘이 되어주었다. 나의 둘째딸도 이미 몇 년 전 결혼해서 한 살 반 된 딸아이가 있다. 아름다운 두 아이의 엄마가 된 것으로 나는 인생의 보람을 느꼈다. 나는 단 일 초도 아이들의 입양을 후회한 적이 없으며, 나의 인생이 사랑과 헌신으로 충만해진 것에 대해 한없이 감사할 뿐이다.

「두 번째 기회」

...... 구드룬 옐데(Gudrun Hjelte)

> 톰 옐데(Tom Hjelte)는 1965년 8월에 쌍둥이 동생인 일도와 함께 한국에서 스웨덴으로 입양되어 왔다.
> '우주시대의 모글리*같이 우리 둘은 스웨덴으로 날아왔다.'
> 그는 한국에서 스웨덴으로 온 입양 여행을, 1990년에 이렇게 기록했다.
> 당시 겨우 두 살 된 쌍둥이들은 구드룬과 롤란드의 집으로 입양되어 왔다. 그들의 양어머니는 기자로, 양아버지는 TV 프로듀서로 일하고 있었다. 그들은 브롬마라는 동네에 살고 있었다. 그때는 해외입양이 드문 시기였기 때문에 오일권, 오일도(한국 이름)는 어린 나이에 유명인사가 됐다. 후일 일도는 "우리는 생애 두 번째 기회를 갖게 됐다"라고 말했다.

아마도 나는 이 책의 필자들 가운데 제일 나이가 많을 것이다. 왜냐하면 우리 아들인 일도와 톰은 한국에서 입양을 하기 시작한 초창기의 아이기 때문이다. 1960년 이후에 입양 절차는 많이 변했다. 지금은 양부모들은 입양기관으로부터 많은 도움을 받고 있으며, 국제기관과의 관계도 발전되어 있고, 입양에 관한 많은 서적이 출간됐으며, 입양과 입양아에 대한 조사 결과나 연구 결과도 많이 나와 있다.

인터넷에 들어가 입양을 찾아보면 자그마치 126,000,000건이 나오

---

* 《정글 북》(1894, 루드야드 키플링 지음)에 나오는 아이의 이름. 부모가 인도 정글에서 잃어버려 늑대들 사이에서 생활하다 인간 마을로 돌아온다.

고 입양아를 찾으면 95,100건, 양부모를 찾으면 25,200건이 나온다(2006년 3월 Google). 성인이 된 입양아들이 입양에 대해 쓴 책이 출판되기도 했다. 이런 책은 자신들의 어린 시절과 청년기의 경험을 입양아의 입장에서 썼다는 데에 큰 의미가 있다. 그것이 긍정적이거나 비참한 내용이거나에 관계없이 당사자들이 직접 썼기에 매우 중요하며, 나에게는 어느 조사 결과나 통계 수치보다 더 큰 의미를 던져준다.

우리 아이들이 어렸을 때, 소위 전문가들이 작성했다는 〈입양아와 양부모에 대한 조사 보고서〉는 언제나 문제점만 다루었기에 나는 기분 좋게 받아들이지 않았다. 그들은 마치 하늘에서 누군가가 입양 가족은 문제가 있을 것이라고 미리 결론이나 내린 것 같은 견해를 가졌으며, 우리는 항상 이러한 견해에 억눌려 살아야 했다. 그러나 실제로 우리는 어느 다른 가족, 우리 주위나 동료들 가족과 다를 것이 없었다.

1965년에는 드물었던 해외입양

1965년 8월 초에 나의 주변에서는 큰 소동이 일어났다. 그렇게 먼 나라에서 입양을 해오는 것은 매우 드문 일이었기 때문이었다. 그 당시 한국은 해외입양을 허락하는 얼마 안 되는 나라 중 하나였다. 입양을 원하는 부모들은 직접 병원 계통에서 일하는 스칸디나비아 직원을 통해 보육원에 연락을 하거나 아니면 입양에 관심이 있는 양부모를 만나러 오는 보육원 직원을 통해 입양을 시도했다. 연결해주는 사람들은 한국에서 요구하는 서류와 스웨덴 측의 서류를 모두 정리해주었다. 그러나 그들이 요구하는 그 많은 서류, 떼어오라는 많은 증명서를 보내고도 나는 오랜 시간을 기다려야 했다. 그리고 마지막 순간까지도 과연 입양 허락을 받을 수 있을지 확신이 없었다.

당시 스웨덴 당국은 해외입양에 별로 긍정적이 아니어서 제출한 우리 서류를 재빨리 처리해주지 않았다. 1964년 11월에 우리는 아동보육과 입양

담당자를 처음으로 만났다. 그리고 1965년 8월 중순에, 한국 부산에서 태어난 두 살짜리 쌍둥이 남자아이들, 오일권과 오일도가 스웨덴 알란다(Arlanda) 공항에 도착했다. 수속을 시작한 지 2년이 흐른 후였다.

온 동네가 들썩거리다

부모가 첫아이와 처음 만나는 순간에는 온 동네가 들썩거린다. 이것은 산부인과 병동이건, 보육원이건, 공항이건 처음으로 부모가 되는 사람들이 모두 똑같이 느끼는 일일 것이다. 나는 우리 아들들을 카스트룹에 가서 만났다. 나의 아들 둘은 덴마크, 노르웨이, 스웨덴으로 입양 오는 열입곱 명의 다른 아이들과 함께 왔다. 스웨덴과 노르웨이로 오는 한국 간호사들이 그 아이들을 데리고 왔다. 한국 간호사는 일권, 일도와 알란다 공항까지 동행해주었다. 아이들은 얼굴이 수척했고 체구는 작았으며, 팔다리는 가늘고 배만 볼록 나와 있었다. 몸에는 부스럼도 있었다.

나는 곧 의사처럼 약과 고약을 준비했으며, 영양가 높은 음식을 준비하느라 바빴다. '내가 엄마 자격이 있는가? 내가 그토록 갈망했던 엄마 역할을 감당할 수 있을까? 우리의 장래는 어떻게 펼쳐질 것인가?' 하는 생각과 함께.

아버지가 될 롤란드는 알란다 공항에서 우리를 기다리고 있었다. 그곳에는 기자들과 사진사들도 나와 있었다. 입곱 명의 꼬마 아이들이 한국에서 입양 온 사실은 그 당시에는 큰 뉴스거리였다. 1965년 8월 12일 석간지 《익스프레센(Expressen)》에는 다음과 같은 기사가 실렸다.

> 간호사들과 함께 기념촬영을 하기 위해 한 줄로 선 아이들은 울지도 보채지도 않았다. 바람 부는 광장을 지나 조바심에 싸여 기다리는 양부모들에게 아이들이 맡겨졌다. 롤란드와 구드룬 옐데는 두

살짜리 쌍둥이가 오기를 2월부터 기다렸다고 한다. 오일도는 새엄마 품에 자연스럽게 안긴 채 과자 먹기에 바쁘면서도 의료원장과 인사하는 동생 일권을 큰 눈으로 쳐다보고 있었다.

훗날 이 신문기사를 읽으면서, 나는 우리 아들들이 오던 날 수고를 해준 기자동료들에게 감사했다. 나 자신의 기자 역할을 팽개치고 나는 우리 네 식구가 집에 갈 생각, 그리고 새롭게 시작될 생활만 머리에 가득 그리고 있었으니까. 그런데 왜 하필이면 쌍둥이를 택했을까? 우리는 형제가 있어야만 아이들이 서로에게 도움을 줄 수 있고, 또한 새로운 환경에 적응하는 데에도 도움이 될 것이라고 믿었기 때문이다. 지난일을 돌이켜보면 우리 생각은 옳았던 것 같다. 공항의 소란은 신문과 라디오의 인터뷰, 사진 촬영 등으로 한참 더 이어졌다. 그 가운데에서도 우리는 아이들과 언어를 초월한 의사소통에 온 정성을 기울이고 있었다. 우리는 그들을 계속해서 안아주었으며 그들에 대한 우리의 사랑이 체온으로 전해질 수 있도록 노력했다.

자기의 언어를 가지고 온 아이들

아이들에게는 자기들의 언어가 있었다. 그들은 둘이서 무슨 말인지 계속 주고받았다. 물론 우리는 그들의 말을 한 마디도 알아들을 수 없었다. 추정을 해보려 했으나 그것은 불가능했다. 아이들은 "뭐야?"라는 말을 자주 쓰곤 했다. 우리는 이 말을 '더, 더 달라'는 뜻으로, 예를 들면 음식을 더 달라는 뜻일 것이라고 해석했다. 어쨌든 아이들에게 영양분이 많은 음식이 더 필요한 것만은 사실이었다. 몇 주일 후 아이들을 데리고 한국 의사를 찾아갔다. 그 의사의 설명에 의하면 '뭐야?'는 흔히 쓰는 질문의 하나였다. 의사는 아이들이 지금은 8킬로그램밖에 되지 않지만 조만간 정상체중이 될 것이며 건강하게 자랄 것이라고 말했다. 얼마 지나지 않아 부스럼도, 기생충도 없어지면서 아이들은 스웨덴의 다른 아이들과 똑같이 한 마디 두 마디씩 스웨덴 말을 배우기 시작했다. 예를 들면 '자동차, 전등'과 같은 말이었다. 아이들 방에는 세계지도가 걸려 있었다. 아이들은 한국과 스웨덴은 물론 다른 중요한 나라들이 어디에 있는지 손가락으로 가리켰다. 식탁에서는 접시에 담긴 두 아이의 음식량이 똑같아야만 했다. 부산의 고아원 시절에 생긴 습관 같았다. 아이들은 배가 부를 때까지 잘 먹었고 차츰 볼에 살이 통통하게 오르기 시작했다. 하루는 형인 일도가 음식이 담긴 접시를 동생 머리 위에 엎어누르고 있었다. 아이들이 음식을 가지고 장난을 친다는 것은 이제 아이들이 음식의 갈증에서 벗어났다는 것을 의미하는 것 같았다.

아이들은 처음엔 한동안 눈만 떴다 하면 내 곁을 떠나지 않으려 했다. 그들은 신체적 접촉에 무척 굶주려 있었다. 그들은 점차 엄마 아빠가 항상 가까이 있으며, 자신들이 필요로 할 때는 언제나 안아주고 쓰다듬어 준다는 것을 믿기 시작했다. 그러면서 그들은 조금씩 내 곁을 떠나 놀기 시작했고, 몇 달 후에는 건강하게 뛰어 노는 개구쟁이가 됐다. 주위에는 우리가 마치 큰 자선이나 베푸는 것처럼 말하는 사람들이 있었다. 그들은 우리가 버려진 아이를 데려다 기르는 줄 안 모양이었다. 그러나 우리는 자선을 베풀기 위해서가 아니라 자식을 갖고 싶은 간절한 소망으로 입양을 선택한 것이다. 동양 아이들은 천성이 스웨덴 아이들에 비해 순하고 조용하다고 했다. 우리는 동양 아이들도 배고프지 않고 뛰어 놀 수 있는 공간만 있으면 이곳 아이들과 마찬가지로 뛰어 놀며, 그들 역시 의지가 강하다는 사실을 경험했다.

아이들이 스웨덴 시민권을 받기 전까지는 이민자 신분이었기 때문에 주기적으로 경찰서에 가서 신고해야만 했다. 양쪽 팔에 아이를 하나씩 안고 경찰서에 가서 노동자 옷을 입은, 덩치 큰 다른 이민자들과 함께 체류 허가 연장을 받기 위해 줄을 서는 것은 희한하고도 우스꽝스러운 일이었다.

다른 집과 다를 것 없는 우리집

아이들의 건강과 언어 문제가 해결된 후에는 다른 가정과 다를 것이 없었다. 편견에서 오는, 때로는 바보 같은 질문이 우리가 평범한 가정이 아님을 이따금 상기시켜 주곤 했다. 어느 날 아이들을 데리고 장을 보러 갔다가 돌아오는 길이었다.

키가 작은 아주머니가 짐을 들어주겠다고 나섰다. 그녀는 짐을 들고 따라오면서 우리 아이들에게서 눈길을 떼지 못했다.
"어쩌면 저렇게 까맣지?"
"네."
"어쩌면 저렇게 작을까?"
"네."
"아버지도 작은가 보죠?"
"글쎄요, 나는 잘 모릅니다."
아주머니는 짐을 내려놓더니 갑자기 사라져버렸다.

1967년 우리 아이들이 입양 온 지 2년이 지난 후, 전문기관에서 처음으로 해외입양아들의 적응실태를 조사했다. 100가정이 조사 대상이었는데 그중 다섯 명이 적응하는 데 어려움이 있다는 결과가 나왔다. 이러한 적응의 어려움은, 아이들의 외모로 인한 주위 사람들의 반응이 중요한 원인이었다고 발표됐다. 우리 아이들은 적응하는 데에 아무런 어려움이 없었음에도 불구하고, 문제 발생 가능성이 있는 가정으로 취급됐다. 입양아에게는 당연히 문제가 생길 것을 전제로 하는 양부모들과 아동심리학자들의 토론도 전개됐다. 그 모임이 남겨준 인상은, 양부모들이 자기들의 근심을 바탕으로, 타인들이 우리 아이를 보고 뭐라 할 것이며, 우리 아이들의 그에 대한 반응은 어떨까를 걱정한다는 것이었다. 이 모임의 결과는 기억에 오래 남지 않았다. 단지 크고작은 문제들이 엄청난 크기로 과장됐다는 것만 기억에 남았다.

타인의 시선에 대한 아이들의 반응

주위의 주목에 대한 아이들의 반응은 어떠했는가?

일도와 톰은 얼마 되지 않아서 자기들의 머리 빛깔이 검다는 것을 알아차렸고, 머리 빛깔이 검은 사람을 만나면 곧바로 눈길을 주었다. 그들은 자기들의 눈동자는 검고 엄마와 아빠는 푸른빛이라는 것도 알게 됐다. 아이들은 검은 눈동자를 가진 사람을 인지하게 됐고, 이를 통해 사람들이 서로 다르다는 것을 알게 됐다. 어느 날 놀이터에서 어떤 아이가 일도에게 "네 엄마는 진짜 엄마가 아니야"라고 했을 때 일도의 반응은 담담했다. 톰이 네 살 때, 자기가 내 뱃속에서 나왔느냐고 물어왔다. 그때, 너와 톰은 다른 엄마의 뱃속에 있었고, 그 엄마가 너희들을 기를 수 없어서 내가 대신 엄마가 됐다고 설명해주었다. 아이들은 이 문제에 대해 더 이상 물어보지 않았으며, 다른 질문으로 넘어가 아기들이 어떻게 엄마 뱃속에 들어가느냐고 물었다.

일반적으로 입양아의 적응 문제가 나타나는 시기에도 우리 아이들에게는 아무런 문제가 생기지 않았다. 그러다 보니 혹시라도 우리가 아이들의 어린 시절을 너무 무심하고 편안하게만 보는 것은 아닌가 하고 우리 자신을 다시 검토해보았으나 사실상 큰 문제는 별로 없었다. 일반적인 다른 가정과 같이 서로 고집을 부릴 때는 언성이 높아지고 논쟁이 벌어지기도 했으나, 우리는 서로 끌어안고 즐겁게 노는 시간도 함께 가졌다.

1990년, 톰은 스물일곱 살의 아버지가 됐다. 그는 기자로 일하면서 석간지 《아프톤블라데트(Aftonbladet)》에 다음과 같은 기사를 실었다. 그 당시 우리 부부는 이미 이혼한 지 오래된 후였다. 톰의 글은 이름 모를 친어머니에게 쓴 글이었다.

나는 한국에서 온 입양아다. 나는 매우 불쌍한 아이여야 한다. 나는 태어날 때부터 어느 나라에 속한다는 표지가 있는 담요에 싸여지지 않았고, 37도로 데운 샘플 우유를 하루에 세 번 먹지도 못했다.

어느 날, '나의 친부모는 왜 어떤 정당 기관지의 광고란에 실린 사람들처럼 멋지지 않은가? 내가 친부모의 악몽 같은 생활을 알게 됐을 때 느낄 감정은 어떨까? 또한 친부모 밑에서 성장하지 못한 것을 어떻게 생각하는가?'라는 의문이 들었다.

이에 대한 답을 쓰기 전에 먼저 간단하게 나를 소개하고자 한다. 나와 내 동생 일도는 서울의 어느 고아원 앞에 버려졌었다. 나의 양어머니 말에 의하면 부산이라고 하지만. 생모는 우리를 기를 수 없다는 짧은 메시지를 우리를 담아놓은 바구니에 남겼고, 우리는 우주시대의 모글리(mowgli)처럼 스웨덴으로 날아왔다. 우리는 올스텐이라는 스톡홀름 외곽에서 살게 됐는데, 그 동네는 이 사회의 상류계급이 사는 지역이다. 따라서 그곳에는 나와 같이 베네통 유나이티드 컬러(United Colors of Benetton)광고에 나오는 아이들은 존재하지 않았다. 나는 비행장에서부터 호기심에 찬 기자단을 만나야 했다. 당시에는 입양아를 받아들인다는 것이 커다란 기삿거리였던 것 같다. 말하자면 나는 이민자와 피난민이 마구 밀려들어오기 이전의 그들의 선봉대였던 셈이다. 요즈음에는 입양에 대한 기사가 많이 나오고 있다(물론 입양아가 아닌 전문가들의 글이지만). 이제는 누가 입양에 대한 박사논문을 내놓아도 나는 놀라지 않을 것이다. 이는 마치 흔해 빠진 목욕탕을 소재로 한 박사논문과 같을 테니까.

좋았던 어린 시절

입양아로 자란다는 것은 어떤 것인가? 물론 나는 나의 입장만 말하겠다. 한마디로 나의 어린 시절은 좋았다. 마델레인 카츠(Madeleine Kats)는 입양아들이 사춘기에 들어서면 큰 위기에 처할 것이라고 말했다. 그 이유는, 모든 것이 안전한 지금 상황이, 뿌리 없이 비참했던 과거, 즉 낙원의 나라 스웨덴에 오기 전의 상황과 너무 다르기 때문이라는 것이다.

마델레인 카츠는 아동심리 전공자지만 그렇다고 해도 나는 그의 주장을 받아들일 수 없다. 설령 마델레인 카츠의 말대로 입양아들이 사춘기에 느끼는 문제가 정상인의 그것보다 심각하다고 해도, 그 이유는 사춘기의 정체성 문제, 즉 자신의 뿌리를 생각하기 때문이라고 나는 생각한다. 자신의 이질성을 인지하는 감각은 사춘기에 더욱 드러난다. 이는 누구나 경험하는 감정이다. 이 시기에는 손쉽게 "당신은 나의 친아버지가 아니란 말이에요"라고 아버지에게 대들 수도 있다. 그러나 이는 오직 엄청나게 화가 났을 때뿐이다.

나는 잘 자랐다고 말하고 싶다. 사춘기에 들어서면서 나의 과거에 대한 많은 생각이 머리에서 떠나지 않았다. 물론 불가능하다는 것은 알고 있지만 나는 친부모를 찾고 싶었다. 나는 친부모를 만나서 당신들의 두 아들이 훌륭하게 성장해 이제는 독립해 잘살고 있다는 것을 알려주고 싶었다. 자기의 두 자식을 버려야 했던 어머니의 심정은 괴로웠을 것이다. 친부모는 자식들이 지구의 어느 곳엔가 존재한다는 것을 알면서도 그들이 어떻게 살고 있는지는 모르고 있을 것이다. 생모는 우리를 사랑했을 것이다. 그러기에 보다 더 좋은 기회, 자기는 줄 수 없는 그런 기회를 주기 위해 우리를 버렸을 것이다. 지금도 '친부모는 어떻게 생긴 사람들일까? 직업이 무엇일까? 이름이 무엇일까? 지금도 살아 계실까?'와 같은 물음을 던져본다. 이러한 의문이 가끔 떠오르는 것을 제외하면 나는 입양아임에도 불구하고 무사히 성장했다. 아버지는 스웨덴 사람, 어머니도 스웨덴 사람, 나는 한국 사람? 나는 가엾은 어린아이가 아니었다. 나는 그렇지 않았다.

이상은 톰이 쓴 기사다. 톰이 말하는 마델레인 카츠의 책은 1990년에 출판된 『입양아가 자라면서』라는 책이다. 저자는 많은 입양아가 초년에 받은 상처로 지적·정신적·정서적 분야에서 문제를 일으키게 된다고 말했다. 저자는 또한 성년이 되어감에 따라 나타날 수 있는 문제를 지적하고, 양부모들이 아이들의 유전인자와 입양 오기 전에 받은 상처를 모르기 때문에 발생하는 문제를 분석했다. 이 책은 여러 가지 전문적인 내용들을 효과적으로 지적했으며, 좋은 의도로 저술된 것이 분명하지만, 나는 이 책의 훈계조 주장에 동의하지 않는다. 이 책을 읽으면 마치 "입양이란 어려운 것이므로 잘 알고나 해야 하는 거야"라고 말하는 느낌을 받게 되니까. 아이를 갖는다는 것 자체가 이미 많은 문제가 생길 수 있다는 것을 의미한다. 이것은 입양아든 친자식이든 동일하게 발생하는 문제일 뿐이다. 오직 입양아이기 때문에 특별히 어렵다는 이유를 누가 나에게 설명해줄 수 있겠는가? 지금쯤은 이에 대한 새로운 조사결과가 나왔으리라고 생각한다. 그래도 요즘 젊은 양부모들이 이런 조사결과에 귀를 기울일 것인가 알고 싶다.

아이들과 더 많은 시간을 보내야 한다

내 곁에는 손자 손녀들이 자라고 있다. 나는 할머니로서 일도와 톰이 사회에 진출해 자리잡던 시절을 회상한다. 그리고 자성의 질문을 던진다.

'아이들이 나를 필요로 했을 때 내가 무엇을 더 주었어야 했을까?' 그것은 시간이다. 모든 아이들, 스웨덴의 산부인과에서 왔거나, 비행기로 날아왔거나 간에 아이들에게는 부모와 함께 지내는 시간이 필요하다. 아이들이 부모를 필요로 할 때는 부모들은 한창 자기의 성공을 위한 일에 바쁠 때다. 그리하여 가정을 이루고 직장을 얻고 새로운 일이 생길 때마다 부모들의 생은 흥미로워지며 부유해진다. 그러나 아이들의 생활도 이에 따라 흥미있고 부유해진다고 말할 수 있는가?

나의 기억 속에 한 장면이 떠오른다. 우리는 함께 앉아서 저녁식사를 하고 있었다. 그런데 갑자기 아들이 가방을 들고 "나는 회의에 가야 합니다" 하고는 나가는 것이었다.

사랑하는, 스트레스에 쌓인 세계에 사는 젊은 부모들이여! 이와 비슷한 일이 생기거든 요주의 신호로 받아들이기를 바란다. 그리고 스스로 질문하고 생각하기를 바란다. 살아가는 속도가 너무 빠르지 않은가, 속도를 줄일 때가 아닌가 하고.

누구나 다 아는 사실을 늘어놓아 우습지만, 가정을 이룬 뒤부터 아이들이 자립할 때까지의 시간은 너무도 빨리 갔고 너무도 짧았다. 나의 일생을 거울에 비춰보느라 아이들을 위해 좀더 시간을 쓰지 않았음을 후회하게 된다. 나에게 기회가 주어졌는데도 말이다.

부모들도 한창 나이에는 여기저기에서 모임이 열린다. 그런 모임이 중요하다는 것을 나도 잘 알고 있다. 그러나 선택의 자유는 항상 나에게 있다. 나는 우선권을 아이들에게 주기를 권한다. 몇 년 후 다른 일을 하면 된다. 내가 이렇게 주장하면 문제는 더욱 커진다는 것을 안다. 가족정책, 개개인의 선택 권리, 그리고 사회생활 등 여러 문제가 계속 토론되어야 할 것이다. 그러나 그런 것들은 이 책의 취지 밖의 문제다.

나는 이제 일도에게 펜을 넘기려 한다. 일도는 이제 두 아이의 아버지고, 큰 식품제조업체에서 근무하고 있다. 다음은 일도의 글이다.

두 번째 주어진 기회

아이들이 한창 자라는 시기에는 안정적이고 사랑 넘치는 환경이 절대적으로 필요하다. 그러나 이것은 입양과는 아무런 관계가 없다고 생각한다. 이는 전적으로 부모들이 얼마나 많은 관심을 보이며 얼마나 많은 시간을 투자하느냐에 달려 있다(이는 친자녀도 마찬가지다). 어느 가정이건 좀더 사랑과 도움을 필요로 하는 아이들이 있을 수 있다. 또한 아이들이 자라는 사회 환경도 중요하다. 우리가 자랄 때는 지금과 같이 이민자에 대한 적대심이 전혀 없었다. 우리가 자란 동네는 상류층이 살고 있어서 무직자나 이민자는 텔레비전을 통해서나 볼 수 있었다. 만일 우리들이 이민자가 많은 동네에서 자랐더라면 나는 다른 이야기를 썼을지도 모른다(이 동네에 산다고 하여 아이들에 대한 관심과 사랑이 적다는 것은 물론 아니다). 그런 동네였다면 우리 둘은 많은 '까망 대가리' 가운데 하나로 자랐을 것이다. 그렇다고 하여 입양아가 반드시 상류층 동네에서 살아야 된다는 것은 물론 아니다. 나는 이제 여섯 살과 아홉 살 된 아이의 아버지가 됐다. 그들은 입양아가 아닌 친자식들이다. 그런데 우리 아들 윌리엄의 제일 친한 친구 시몬은 베트남에서 온 입양아다. 시몬의 동생은 입양아가 아니고, 그 아래 여동생은 한국에서 온 입양아다. 이렇게 마구 섞인 가족 구성원을 가진 시몬의 부모들은 항상 긍정적인 경험담만 이야기한다. 이외에 그들은 할 말이 없는 것이다.

나는 한국에 돌아가서 나의 뿌리를 찾을 생각이 없다. 그러나 세월이 지나면 마음이 바뀔 수도 있을 것이다. 성장 기간 동안 여러 가지 사건이 일어날 수 있다. 입양 오기 전에 상처를 입는 일도 있을 수 있다. 그러므로 나는 가능한 한 어린 시절에 입양을 보내는 것이 좋다고 생각한다. 그런 아이들은 한국에서의 기억이 적을 테니까 말이다. 입양이 된다는 것은 인생에 두 번째 기회가 주어진 것이라고 나는 생각한다.

우주적 차원의 부모 역할

「사실은 쓰고 싶지 않은 이야기」

······ 울리카 릴리에크비스트(Ulrika Liljeqvist)

66 우리 딸들은 1968년과 1971년, 각각 11개월과 19개월 되던 해에 우리에게 왔다. 큰아이는 한국에서 태어났고 작은아이는 아랍에서 태어났다. 아이들은 이제 각자 가정을 이루어 살고 있으며, 우리는 그들로부터 세 명의 귀여운 손자 손녀를 얻었다. 나, 울리카는 스코네(Skåne, 스웨덴 남부지역) 출신이며, 남편 한스(Hans)는 엠틀란드(Jämtländ, 스웨덴 북부지역)출신이다. 우리는 함께 스톡홀름의 주택가에 살며 우리의 사랑스러운 두 딸을 키웠다. 남편은 수출업 분야에서 일했으며, 출장도 잦았다. 결국 아이의 일상생활을 챙겨주는 것은 나의 몫이었다. 1970년대는 아직 전업주부로 집에 남아 아이들을 돌보는 것이 경제적으로 큰 부담이 되지 않았으며 사회적으로도 용인되는 시대였다.

지금도 나는 엄마가 집에서 함께 지내는 것이 아이에게 좋다고 생각하며, 그 시기는 내 인생에서 가장 의미 있고 중요한 시기였다고 생각한다. 집에서 아이와 함께 지내는 것은 결코 수동적이거나 사회로부터 격리되는 것이 아니다. 집에서도 항상 다양한 사건이 벌어지며, 또한 아이와 함께 여러 가지 일을 할 수 있기 때문이다. 딸들을 얻기 전까지 나는 비단을 취급했으며, 그 후에는 도서관에서 일했다. 나는 한글과 한국 문화를 배우는 일에 깊은 관심을 가졌으며, 몇 년간 한국 관련 작은 잡지의 편집장을 맡기도 했다. 99

무엇을 쓸까

양부모의 경험에 대해 써달라는 제의를 받았을 때, 나는 언제나 그랬듯이 부탁받은 일에 최선을 다하기로 했다. 나는 이 일을 당연히 잘 해낼 수 있으리라고 믿었다. 이런저런 일에 대해 글을 쓰는 것은 언제나 즐거운 일인데, 게다가 이번에는 나 자신의 이야기를 다루는 것이 아닌가.

시작은 그리 어렵지 않았다. 나는 애정이 넘치는 부부관계를 유지하면서도 아이를 낳을 수 없다는 것에 대해 상상도 못했던 지난날과 시간이 흐를수록 자식을 갖고 싶은 욕구가 더욱 강렬해졌던 기억, 그리고 결국에는 우리의 손길을 필요로 하는 아이가 이미 세상 저편에 존재하고 있음에도 불구하고, 아이를 갖기 위해 기울였던 노력과 시간이 얼마나 아까웠는지에 대해 써나갔다. 또한 1960년대 당시 입양에 대한 인식이 저조한 상황에서, 남의 눈에 띄지 않게 치과나 미용실에 놓인 주간지에서 입양에 대한 기사를 뜯어내던 일, 그리고 입양을 결정한 것에 대해 큰 자부심을 가질 만큼 성숙해진 나의 내면세계에 대해서도 적어 나갔다. 이러한 상황을 글로 풀어내는 것은 그리 어려운 일이 아니었다. 이 모든 이야기는 근본적으로 내가 인생 최초의, 그리고 사실상 유일하다고 할 수 있는 '관점으로부터의 탈출'을 어떻게 이뤄냈는지에 대한 것이다. 우리 부부 두 사람은, 모든 힘든 과정에도 불구하고 마침내 하나의 가족을 구성하기까지 실망과 기대, 그리고 큰 기쁨을 느낄 수 있었다.

여기까지 쓰고 나자 나의 이야기는 갑자기 막혀버렸다. 나는 이 이야기가 앞으로 나아갈 방향을 찾기 위해 다양한 실마리를 연결해보려고 노력했으나 결국 성공하지 못했다. 무엇이 문제였을까?

곰곰이 생각해보니, 처음에는 양부모로서 나의 역할에 대해서만 써온 것 같다. 그러니까 사랑하는 나의 남편과 딸에 대한 언급을 하지 않고 그냥 내 입장에서 적어나가기 시작한 것이다(조금 이상한 표현이지만 내가 연극의 배역을 맡은 것도 아니지 않은가?). 그러나 우리의 삶은 서로 얽혀 있어서 이러한 것을 밝히기 전에는 사실 그대로 적어갈 수가 없다. 그러나 나는, 아내로서의 역할에 대해, 그리고 부모님의 딸로서의 경험을 독자들에게 밝히지 않기로 했다. 이러한 생각은 이 글에 대한 나의 열정에 찬물을 뿌리는 요소가 되었으나 나는 이 결정을 밀고 나가기로 했다. 그리고 나서야 펜은 다시 종이 위를 날아다니기 시작했다.

엄마로만 봐주세요

돌이켜보면 나의 삶은 참으로 행복했다. 나는 부모님의 격려와 사랑을 받았고, 서로 믿고 존중하고 이해하며, 서로에 대한 배려를 잊지 않는 애정 넘치는 부부관계를 유지해왔다. 우리 딸들은 나와 매우 친밀한 관계이고 나 또한 아이들의 사랑과 신뢰를 얻고 있다고 믿었다. 우리 가족은 나 자신의 다른 어떤 사회생활보다 소중하다. 더러는 내 성격이나 일에 대한 열정이 부족하기 때문이 아닐까라는 생각을 하기도 하지만, 나는 일과 가족 모두를 완벽하게 돌볼 수는 없었다. 그렇게 할 수 있는 사람은 세상에 그리 많지 않다.

내가 양부모인 것은 사실이지만, 아이를 키우며 겪은 일은 다른 엄마들과 똑같다고 생각한다. 지하철에서 모르는 사람이 다가와 아이의 머리를 쓰다듬으며 아이를 어디서 데리고 왔는지, 잘 적응하고 있는지 묻는 그런 어리석은 질문을 던지는 경우를 제외한다면 양부모이기 때문에 겪는 특별한 일이 존재한다고는 생각하지 않는다. 그런 질문은 아이들로 하여금 '엄마는 나를 어디서 데리고 왔지? 어디서 사왔나?'라는 질문을 하게 만든다. 이해할 수 없는 질문을 받은 경우도 있다. 어느 시골 노인이 다가와서는 "두 아이 모두 당신들 아이요?"라고 물어보면서 내 남편이 마치 유럽 바깥세상 어딘가에서 자식을 만들어왔다고 확신하는 눈길로 나를 쳐다보는 것과 같은 경우가 이러한 예다.

아픈 사연을 품고 있는 입양

'모든 입양은 저마다 가슴 아픈 사연을 가지고 있다. 그러한 사정이 있지 않고서야 어떻게 자식을 버리는 일이 일어나겠는가. 양부모로서 우리는 그 사정을 외면해서는 안 된다.'

이것이 나의 신조이나 이로 인해 부담을 갖지는 않았다. 아이들이 자라면서 겪을 수 있는 외면적이거나 내면적인 특별한 어려움에 대해 마음을 열어야 한다. 그러한 어려움은 입양 환경이나 특별한 이유를 통해 발생할 수 있다. 내가 부모와 자식 간의 관계에 대해 질문을 제기하지 않은 것이 아이들의 방황을 막을 수 있다고 장담할 수는 없다. 아이들은 자신의 출생에 대해 집착하기도 하고, 자신이 왜 이런 상황에 처해 있는지, 다른 방법은 없는지 등에 대해 고민한다. 물론 나 스스로 엄마의 자질이 충분하지 못하다고 느낀 적도 있다. 그러나 세상의 어느 엄마가 그렇지 않겠는가? 또한 세상의 어떤 부모도 아이가 십대가 되어 사춘기에 접어들었을 때의 그 복잡한 감정 상태를 모두 이해할 수는 없을 것이다. 내 딸들과의 삶은 기쁨과 소속감에 대해 생각하게 만들었다. 아이들이 성장해 자신의 인격을 형성하고, 자신의 길을 찾아가는 것을 바라보는 것, 아이들이 자신의 방법으로 스스로의 문제를 해결해가는 것을 지켜보는 것은 정말 흥미로운 일이다. 이렇게 보니 힘들었던 일보다는 행복에 겨웠던 일이 훨씬 더 많았다.

우리가 첫째 딸을 입양하고 오래지 않아 입양센터가 문을 열었다. 나는 수년간 입양센터 회원이었으므로 많은 도움을 받을 수 있었다. 나는 센터의 소식지를 통해 입양 상황 전반에 걸친 여러 가지 행동지침을 얻었으며, 입양에 대한 은밀한 정보와 다른 사람이 제안한 내용을 얻어 보기도 했다. 그리고 가끔은 입양에 대한 심각한 문제에 대한 도움을 받기도 했다. 입양센터에서 만난 다른 양부모의 경험에서 배우는 점도 많았다. 예를 들면 특별히 민감한 나이에 완전히 새로운 언어 환경에 적응한다는 것이 아이에게 얼마나 큰 변화를 요구하는지, 그리고 아이에게 어떤 영향을 끼치는지에 대한 문제가 그러하다. 1970년대의 교사들은 이 부분에 대한 인식이 부족했다. 그들은 표면적으로 사용하는 언어와 한 차원 깊은 곳에 존재하는 단어의 의미는 일치하지 않을 수도 있다는 사실을 이해하지 못했다. 그들은 내가 경험하고 보아온 문제를 인식하지 못했다. 이것은 첫째 아이가 초등학교를 마칠 때까지 숙제를 항상 돌봐줬어야 했음을 뜻한다. 그리고 아이가 하나의 단어를 정확하게 이해하고 말하는지 확인해야 했다. 나는 종종 이 아이가 어휘를 훌륭하게 구사한다는 것을 알고는 감탄했었다.

나는 입양에 대해 후회하지 않는다. 입양에 대해 회의(懷疑)한 적은 한 번도 없다. 그것은 윤리적으로나 인간적으로나 올바른 일이었다. 아이들이 가장 약하고 상처받기 쉬운 시기에 우리 두 딸은 부모가 필요했던 것이다. 그들은 미래가 불확실한 상태였고, 우리 부부는 자식을 갈망했었다. 이는 인간의 본능이기도 하고 이기심의 발로라고 할 수도 있다. 모든 본능에서 오는 욕구는 이기심의 또다른 표현이라고 할 수 있을 것이다.

1960년대 후반기에 많은 사람이 정치적 차원에서 자기 아이가 있음에도 불구하고 해외입양을 했다. 내 개인적 의견으로는 이것이 그다지 바람직한 현상이라고는 생각하지 않는다. 기독교적 차원에서 자선을 베풀고자 하는 입양도 마찬가지다. 차라리 인간의 본능적 욕구에 의해 입양하는 것이 낫다고 생각한다. 정치적 차원에서 입양을 하겠다던 많은 국제적 열성분자들 가운데 정말 입양을 하는 사람은 극히 소수였다. 그들에게는 친자식을 양육하는 일과 본인의 출세가 더 우선이었던 것 같다. 근래에 와서 입양에 대한 비판적 음성이, 특히 적응을 잘 하지 못한 입양아들로부터 제기됐다. 그들의 격렬한 감정과 경험을 나는 의심하지 않는다. 그들 가운데에는 서구사회가 제국주의적 관점에서 못사는 나라로 하여금 자식을 내놓도록 강요한다고 주장하는 경우도 있다. 나는 어느 나라든 간에 해외입양을 보내지 않을 권리가 있다고 생각한다. 아이들로 하여금 지구를 반 바퀴 돌아오게 할 것이 아니라 아이가 출생한 그곳에서 도움을 주어야 마땅하다는 소리도 들린다. 이는 당연히 좋은 생각이다. 그러나 입양의 의미는 이러한 정치적 견해와는 전혀 다른 것이다. 입양이란, 한 쌍의 부모와 세상에서 유일한 한 아이 사이에 맺어지는 사랑의 관계며, 그 관계를 일생 동안 유지하는 것이다. 어떤 젊은 입양아가 쓴 글에서 '입양은 문화적 차원에서 벌어지는 한 개인의 살인이다'라는 구절을 보았다. 그러나 이 글은 언급할 가치도 없다고 생각한다.

양부모들은 가능한 한 아이가 태어난 나라에 대해 관심을 가지며 아이가 어떤 여건에서 자랐는지 이해하고 그 나라의 문화에 대해 배우며, 함께 그 나라를 방문하는 것이 마땅하다고 생각한다. 우리는 애들이 열아홉 살 때에 우리 딸들과 각각 그들이 태어난 나라를 방문했다. 이때가 알맞은 시기라고 생각했다. 큰딸과 한국을 방문하고 오는 길에 스웨덴에 입양되어 오는 석 달 된 두 아이를 데려올 기회가 있었다. 이것은 너무나도 감명 깊은, 우리 일생에 잊을 수 없는, 가슴 깊이 남을 경험이었다.

한국에 대한 지식

한국에서 우리의 첫째 딸이 도착했을 때만 해도 사실 나는 한국에 대해 아는 것이 없었다. 내가 아는 것이라고는 일간지에 실린 한국의 독재정치에 대한 것, 그리고 학생들의 데모가 이어진다는 정도였다. 내 아이가 태어난 나라에 대해 더 많이 알고 싶은 것은 사실이지만, 이러한 노력이 얼마나 진지하게 발전하고, 내 인생에 얼마나 큰 영향을 끼치게 될지 당시의 나는 짐작도 할 수 없었다. 한국에 관한 자료를 찾기 시작한 것은 순전히 딸아이를 위해서였다. 이러한 관심은 나의 내면에서 스스로 자라났다. 파란 무늬가 드문드문 새겨진 1700년대의 조선백자를 보면서 느낀 전율은, 분명히 입양이라는 사실과 그렇게 큰 관련성은 없다. 우리 아이들은 주기적으로 자신이 태어난 나라에 대해 관심을 갖곤 했다. 나는 아이들을 도와주면서도 아이들이 부담을 느끼지 않도록 노력했다. 학교에서 특별한 관심으로 아이들에게 자신의 '모국어'를 배우게 하려고 했을 때, 두 아이들은 학교가 억지로 강요한다고 하면서, 한글 공부에 열중할 필요성을 느끼지 못했다. 공부해야 할 것이 산더미 같은데 한국어를 배우는 것은 시간낭비라는 것이다. 그러나 집에서 한국 친구를 만날 수 있도록 분위기를 만들어주는 것은 아이들에게는 매우 중요한 일이었다. 나 자신 또한 한서협회(韓瑞協會)의 일원으로 활동하는 것에서 해를 거듭할수록 더욱 큰 의미를 찾을 수 있었다. 그곳에서 일하는 것은 즐거웠으며 항상 배우는 것이 많았다. 임원으로 활동하자면 일도 많이 해야 하지만, 그것은 내가 자원한 것이므로 기꺼이 받아들였다. 스웨덴 전역에서 모인 다른 입양 가족과 함께 들은 한국 문화 강좌는 힘은 들었으나 참여할 만한 가치가 있었다. 이러한 모임이 성공적으로 마무리될 때마다, 나는 항상 마음이 따뜻해지는 기분을 느낄 수 있었다. 협회 활동에 참여하면서 기꺼이 인생의 동반자라고 부를 수 있는 좋은 친구들을 만났고, 서로 경험을 공유할 수 있는 다른 입양 가족과도 만날 수 있었다.

요즈음 동성애 부부의 자녀 입양 권리가 사회적으로 문제되고 있다. 법률이나 행정적인 면에서 정리된 것은 아니지만, 양어머니로서 그간의 경험에 비추어볼 때, 아이에게는 남녀로 구성된 부모가 필요하다고 생각한다. 오늘날 동성애는 나쁜 것이 아니며, 사회적으로도 이미 허용되어 가는 추세다. 또한 그들 중 많은 사람이 훌륭한 부모가 될 수 있다는 것을 의심하지 않는다. 그러나 아이를 기르기 위해서는 남녀의 다른 성이 함께 있어야 한다고 생각한다.

만약 한 여성이 9개월간 뱃속에서 키운 아기를 출산해, 새로이 엄마 아빠가 된 두 명의 남자 품에 안겨주고 떠나버린다면, 그 아이는 생모로부터 버림받았다는 생각을 평생 버리지 못할 것이다. '엄마는 나를 그저 남에게 주어버릴 심산으로 낳았단 말인가?' 모든 입양아의 내면에 아픔이 자리잡고 있다는 것은 명백한 사실이다. 그러나 우리 사회가 그러한 비극이 발생하도록 방조해서는 안 될 것이다. 그것이 보장된다면 나는 동성애 부부라도 사랑이 넘치는 훌륭한 부모가 될 수 있다는 것을 조금도 의심하지 않는다. 문제는 그들에게 있는 것이 아니다.

입양은 아이를 위한 것

입양은 아이를 위한 것이지 부모를 위한 것이 아니다. 이렇게 말하는 나는 사회의 인정을 받아 이기적 본능을 만족시키며, 이제 남편과 성년이 된 딸 둘, 사위들, 손자 손녀들을 데리고 나의 삶을 즐기고 있다. 공평하지 않은 것이 인생이긴 하나 어쨌든 나의 생은 순탄했다.

더 이상 글을 쓰지 않기로 결단한 후부터 이야기는 잘 풀려나가면서 써내려가기가 쉬워졌다.

글을 마치고 나니 지나간 모든 삶이 한결 쉬웠던 것 같다. 이 글을 쓰면서 차분히 지나간 일을 하나하나 되새겨보는 좋은 기회를 갖게 됐다. 나는 훨씬 가뿐해진 기분으로, 그리고 평화로운 마음으로 즐겁고, 당황스럽고, 기쁘고, 부끄럽고, 짜증나고 또한 감동스러웠던 순간들을 회상했다. 우리 두 딸은 내게 많은 가르침을 주어왔다. 그리고 지금도 역시 그러하다.

「한계를 초월한 부모의 역할」

…… 시그프리드 데밍예르(Sigfrid Deminger)

❝ 인도의 첸나이(Chennai, 전 마드라스)에서 세 명의 아이가 브리타(Britta)와 시그프리드(Sigfrid)에게 왔다. 브리타는 경제전문가며 시그프리드는 신학박사로서 스웨덴 개발협력청 자문관으로 일하고 있었다. 이제 서른다섯의 의사가 된 첫아이 욘(John)은 1971년 생후 3개월이 됐을 때 스웨덴에 왔다. 두 살 터울의 둘째 에드워드(Edward)는 현재 척추교정사며, 1974년 스웨덴에 도착하던 당시 생후 11개월이었다. 경비업체에서 일하는 서른한 살의 막내딸 우샤(Usha)는 1977년 우리에게 왔을 때, 세 살배기 꼬마 아가씨였다. 외레브로에 살았던 우리 가족은 예테보리(Göteborg, 스웨덴의 부산 격)로 이사 와서 아이들을 키웠다. 이제 우리는 손자 손녀들이 뛰어다니는 대가족이 됐다. ❞

부모의 자격

입양할 때 가장 많이 거론되는 문제 중 하나가 바로 부모의 자격이다. 무슨 권리로 내가 이 아이들의 아버지가 될 수 있는가? 나는 법적 절차 이상의 아버지 역할에 대해 생각해본다. 서류 한 장 한 장마다 법적으로는 모든 면에서 정확하고 완벽하다. 다시 말하면 아이를 입양받을 권리가 있는 것이다. 스웨덴과 인도의 입양 관련 법률이 나의 권리를 확인하고 보장해주었다. 그러나 문제는 도덕적 측면이다. 나는 어떠한 도덕적 권리로 부모의 역할을 추구하는가? 이 고민을 해결하는데 인류적 공동 책임을 넓혀가야 한다는 성경의 관점이 많은 도움을 주었다. 성경의 관점은 생물학적 부모 역할을 떠나보다 근본적인 책임감을 요구한다. 모든 성인은 모든 아이의 부모라는 거대한 개념으로 보면 우리는 인류 공동의 책임을 지고 있다고 말할 수 있을 것이다. 이것은 각각의 성인과 각각의 아이들이 서로를 부모자식 관계로 여겨야 한다는 일종의 우주적 부모 역할을 요구한다. 그것은 한없이 깊고 모든 것을 포함하는 개념으로서 모든 인류가 하나가 되어야 한다는 공동체 정신이자 유대감의 표현이다.

양아버지 되기

나 자신은 왜 양아버지가 되려 했는가? 아빠가 되고 싶고, 꼭 필요한 존재가 되고 싶고, 자식의 사랑을 받고 싶다는 나 자신의 필요를 충족시키기 위한 것은 아니었을까? 혹은 도움이 필요한 세 아이에게 무엇인가 선행을 베풀기 위한 것이었을까? 그런 것은 아니다. 자식을 가져본 경험이 있는 사람이라면 누구나 알 것이다. 부모가 된다는 것은 그런 추상적인 질문보다도 훨씬 더 깊은 수준의 관계가 성립된다는 것을 의미한다. 물론 자식을 갖지 않고도 풍족하고 완벽한 삶을 누릴 수 있다. 그러나 엄마 혹은 아빠가 되는 기회를 가진 사람에게 부모의 역할은, 인류가 존재하는 이유이자 인간의 삶에서 떼어낼 수 없는 중요한 부분이다. 이것은 부모에게 존재하는 선물이며 책임이다. 엄청난 기쁨과 끝없는 불안, 기나긴 행복과 기나긴 슬픔, 그리고 걱정이 뒤섞인 눈빛의 연속이라고 표현할 수 있을까? 누군가 내 손에 부모의 역할을 쥐어주었다. "이것을 책임지세요! 당신의 인생에 중요한 의미가 될 것입니다"라고 속삭이면서.

인도 반도의 남동쪽 끝에 있는 첸나이 인근에는 우리와 끊을 수 없는 인연을 가진 사람이 지금도 여전히 살고 있을 것이다. 나는 첸나이의 빈민가에 가서 기울어져 가는 판잣집들을 보았다. 그곳은 욘이 태어난 곳이며, 동생 테드가 생후 첫 달을 보낸 곳이다. 나는 보육원에도 갔었는데, 그곳에는 홀로 된 엄마들이 보냈거나 혹은 병이 난 엄마들이 최후의 해결책으로 보낸 아이들이 생활하고 있었다. 나는 막내딸 우샤가 살았던 보육원도 방문했었다. 우샤의 생모는 분만한 지 며칠 후에 숨을 거두었다. 우샤와 조금이라도 피를 나눈 형제가 있다면 그들을 찾아보고 싶었다. 우샤의 사촌이나 다른 친척들이 있을지도 모르니까. 그들을 생각할 때마다 나는 겸손한 마음으로 아이의 혈연에게 감사한다. 그들이 만약 세 아이가 무사히 살아 있는 것을 안다면, 직접 만날 수는 없을지라도 직관적으로 아이들이 잘 지내고 있다는 것을 느끼게 되기를 기도한다. 사실 우리가 서로 만날 가능성은 거의 없다. 그럼에도 불구하고 우리는 견고한 인류애로 얽혀 있다. 서로 인식하지 못하는 비밀스러운 사랑이 우리를 언제나 하나로 묶어주는 것이다. 내가 첸나이 외곽의 보육원인 성심원(Faith Home)에서 느낀 것은 바로 이런 사랑의 끈이었을 것이다. 며칠 동안 그곳에 머물면서 나는 보육원장을 만났다. 그는 몇 년 전 우리 세 아이를 입양하기 위한 절차를 도와준 사람이다. 동이 터오기 직전 이른 아침에 나는 비행장으로 가기 위해 숙소를 나섰다. 그때, 여섯 살이나 일곱 살쯤 되어 보이는 여자아이가 눈에 들어왔다. 아이는 전날 밤 내가 보육원을 떠나려 한다는 사실을 눈치채고 나의 숙소 앞 나무 아래에 몸을 숨긴 채 밤새도록 기다렸던 것이다. 나를 발견한 아이는 환한 미소를 지으며 달려와 내 품에 안겼다. 내 뺨과 자신의 뺨을 맞대고 오랫동안 나를 끌어안았다. 목 주위로 아이의 가냘픈 팔이 느껴졌다. 오늘날 이 아이는 서른 살쯤 됐으리라. 그 아이가 어디서 무엇을 하고 있을지 나는 알 수 없다. 나를 여전히 기억할까? 이것은 내가 살아오는 동안 내 마음 깊숙이 자리잡은 몇 가지 인상 깊은 경험 중 하나다.

입양을 향한 첫 번째 단계는 외레브로의 사회복지기관에서 양부모의 자격을 인정받는 것이다. 호의적이고 이해심 많은 기관의 배려로 이 과정은 순조롭게 진행됐으며, 의심을 가지고 나를 조사한다는 느낌보다는 사회의

지지와 도움을 받는다는 느낌이었다. 친자식을 낳을 때도 역시 이러한 부모 자격 심사를 거치는 것도 나쁘지 않으리라. 나의 마음속 한쪽에는 아직도 외레브로 시에서 인정받은 부모 역할에 충실해야 한다는 일종의 의무감이 남아 있다.

첸나이에서 온 세 아이는 각각 다른 시점에 도착했다. 처음 도착한 욘은 겨우 생후 3개월이었다. 테드는 생후 11개월 때 우리에게 왔다. 그러나 테드는 몹시 아프고 허약했다. 우샤는 세 살이 지나서야 우리에게 왔다. 우샤는 한 손으로는 초콜릿을, 다른 한 손으로는 보모의 손을 꽉 쥐고 공항 터미널을 소풍이나 가듯 기웃거리며 걸어나왔다. 자식을 처음으로 대면하는 순간 표현할 수 없는 강렬한 느낌을 경험한다. 깊이를 알 수 없는 이 아름다운 갈색 눈동자를 보라. 무엇을 찾는 듯 동그랗게 뜬 두 눈은 공격성이라곤 찾아볼 수 없는 선량함으로 가득 차 있으며, 자신이 의지하고 안정감을 얻을 수 있는 사람을 찾으려는 눈빛을 가지고 있다.

처음부터 아이를 사랑하는 것은 어려운 일인가?

입양한 자녀를 처음부터 사랑하는 것은 어려운 일일까? 친자식을 낳는 순간의 기분이 어떠한지는 경험해보지 못했다. 손자들을 얻었을 때의 경험에 비추어보면 아이가 탄생하는 것은 엄청난 경험이라는 것을 이해할 수 있다. 그러나 친자식에 대한 사랑이 입양 자녀에 대한 그것보다 깊다거나 뭔가 다를 것이라는 견해에는 공감하지 않는다. 입양 자녀에 대한 사랑 역시 첫만남의 순간부터 끊이지 않고 영원히 지속된다. 나는 단 한 번도 세 아이에 대한 사랑을 의심하거나 주저한 적이 없으며, 친자식에 대한 사랑이 이보다 더 크고 더 깊을 것이라고 생각하지 않는다. 오히려 그 반대일 가능성이 많다고 생각한다. 아이가 나의 단점을 물려받을지도 모른다는 걱정에서 해방되는 것은 얼마나 후련한 일인가? 생물학적 연결고리의 단절은 서로를 더욱 존중하게 만든다. 종종 친자식을 둔 부모들이 아이들이 자신의 나쁜 습관을 그대로 따라하는 것이 보기 싫다며 한탄하는 소리를 듣지 않는가?

　　서로를 존중하는 특별한 감정은 매우 중요하다. 이것은 나의 친아버지에게서 겪은 경험을 내가 다시 따라하는 데에 도움이 됐다. 아버지는 절대로 자식들을 무시해서는 안 된다는 원칙을 갖고 행동하는 분이었다. 아이는 비록 어릴지라도 하나의 인격체로서 성인과 똑같이 존중받을 권리가 있다. 나는 한 번도 아버지가 화를 내며 야단치는 것을 본 적이 없다. 마음에 상처를 주는 경우는 더더욱 없었다. 심지어 나와 형제들이 잘못을 저질러도 아버지는 흥분하지 않고 신중하게 대화로 타일렀다. 이러한 아버지의 모습은 유년시절의 모든 기억 가운데 가장 인상 깊게 남아 있다. 아버지는 언제나 말로 야단치는 것보다 당신 스스로 모범이 되는 것이 더욱 중요하다고 생각하셨다. 나는 아버지의 모습을 따르기로 결심했다. 그리고 세 아이 모두 입양한 아이들이라는 사실이 나의 이러한 결심을 더욱 굳건히 했다고 생각한다.

대가족의 울타리 안에서 형성되는 사회성

　　입양된 아이들은 대가족 혹은 친척들과의 관계를 다져나가는 것을 어려워할까? 사촌들은 어떻게 반응할 것인가? 다른 친척 어른들은 어떻게 이야기할 것인가? 할머니 할아버지와 같은 노년 세대와의 사이는 어떻게 발전할까?

　　이 모든 질문은 당연히 아이들이 스스로 답해야 하는 부분이다. 나는 한 번도 이 점에 대해 아이들에게 물어본 적이 없었다. 그리고 또한 아이들이 입양됐고, 가족 구성원들과 피부색이 다르다는 이유로 어떤 문제가 발생했다거나 불안감에 휩싸인 적도 없다. 나는 상대방이 아이들을 어떻게 받아들일 것인가에 대해서도 걱정하지 않았다. 관계가 어떻게 발전하는가는 그 사람의 출신이나 외모가 아니라 성품에 달려 있다. 테드가 알란다 공항에 도착했을 때 그는 무척 아팠다. 바이러스에 심하게 감염되어 상처가 곪아터지고 임파선도 부어 있었다. 첸나이의 보육원에서는 아이를 보내기 전에 어려운 결정을 내려야 했다. 과연 이 아이가 장거리 여행을 견딜 수 있을 것인가? 보살핌의 손길이 멈추는 순간 아이는 곧 죽을 수도 있었다. 무사히 스웨덴에 도착한다고 해도 충분한 간호를 받을 수 있으리라는 것은 아무도 보장할 수 없었다. 그들은 일단 아이를 보내기로 결정했지만, 그토록 상태가 심각한 아이를 받고 우리가 어떤 반응을 보일지도 걱정했다. 그러나 그것은 불필요한 걱정이었다.

알란다 공항에서 우리는 곧장 외레브로 병원 응급실로 달려갔다. 테드는 바로 전염병 클리닉으로 옮겨졌으며, 그 분야의 전문의들이 아이를 둘러쌌다. 나는 그 당시에 이 아이에게 어느 정도 스웨덴 국민의료보험이 적용되는지 알지 못했다. 몇 주 후에 아이는 침대에서 일어섰으며, 곧바로 미소를 지었다. 그 병원이 우리를 받아들이고 아이를 치료하던 모든 상황은 깊은 감동을 주었으며, 나는 그 이후 한 번도 스웨덴 의료제도에 대해 불만을 표시한 적이 없다. 스웨덴 사회나 아동병원 혹은 학교에서 나는 양부모로서 조금도 어려움을 겪지 않았다.

우리는 이러한 과정을 거쳐 한 가정을 이루었다. 무럭무럭 성장하는 아이들과 가족에게 기여하려고 노력하는 아버지, 아이들을 돌보기 위해 최선을 다하는 어머니를 갖춘 아주 평범한 가족이 된 것이다. 아내는 아이들을 정성으로 돌보았다. 아이들과 처음 대면하는 순간 아내의 감동은 상상을 초월하는 것이어서 별도의 제목으로 글을 쓴다고 해도 한 장(章)을 채우고도 남을 것이다.

진실의 중요성

아이들이 자라면서 가장 중요한 것은 아마도 진실성일 것이다. 우리는 아이의 배경과 스웨덴에 오게 된 경위에 대해 솔직하게 이야기해주기로 결정했다. 우리가 무슨 이야기를 하는지 잘 이해하기도 어려운 아주 어린 시절부터 우리는 아주 조금씩 자주 인도에 대해 이야기해주었다. 그렇게 해서 아이들은 처음부터 인도에 대해 친근감을 가졌으며, 생모와 인도에서 처했던 상황에 대해 밝고 애정 넘치는 인상을 갖게 됐다. 태어나서 오늘날에 이르기까지 아이들의 삶은 매순간 따뜻한 보살핌의 손길로 이루어졌다고 이야기해주었다. 이 과정을 통해 아이들은 내면의 안정을 갖게 됐고, 이 안정감은 아이들의 성장과정에 큰 도움을 주었다. 갑자기 친한 관계들이 사라지고 생활환경이 급변하는 경우, 그 당시의 나이는 그의 인생에 큰 영향을 끼친다. 매우 오랜 시간 동안 테드는 비행기를 무서워했다. 아이는 하늘 높이 날아가는 작은 비행기만 보아도 곧장 집으로 달려들어 몸을 숨기곤 했다. 아마도 첸나이에서 겪은 이별의 상처와 스톡홀름까지의 길고 긴 비행의 고통이 아이의 뇌리에 무의식으로 각인되어 있었던 것이리라.

우샤와 같이 좀더 자라서 세 살 무렵에 오는 경우에는, 눈에 보이지 않는 상처를 떨쳐버리기 쉽지 않다. 이 경우에는 내면의 안정을 찾는 것이 훨씬 어려울 수도 있다. 자신의 존재가 완전히 받아들여졌다는 확신을 갖지 못할수록 안정된 정체성을 얻어 자신을 사랑하기까지 더 오랜 시간이 걸린다. 한 아이가 성장하고, 사춘기를 보내는 데에는 주변의 대단히 많은 요소가 영향을 미친다. 성인이 되는 길은 멀고도 험하다. 부모들은 그들이 생각했던 대로 모든 과정이 순조롭지 않으면 이를 곧 자신의 잘못으로 돌리는 경우가 있다. 양부모인 경우에는 더욱 심하다. 심지어 책임감이 무겁게 어깨를 누르고, 쉽게 자책을 하기도 한다. 그러나 이는 옳지 않다. 세 아이가 사춘기를 거쳐 성인이 되는 과정은 훌륭한 인성을 물려받은 탓인지 무사히 넘어갔다. 곁에서 관찰하기로는 우리 아이들은 선천적으로 사회성을 타고난 것 같다. 그들은 내면의 중심이 확고해 쉽게 안정감을 찾았고 그것을 더욱 견고하게 만들어갔다고 말할 수 있다.

내가 좀 이상적이고 낙천적으로 살아가기도 하지만, 아이들은 별다른 어려움 없이 질풍노도의 시기라는 십대를 지나갔다. 부모와 거리감을 두고자 하는 반항심도 전혀 없었고, 힘들 수도 있는 시절을 항상 차분한 자세로 넘겼다. 어려웠을지도 모르는 시절이 전체적으로 보자면 흔적 없이 사라져버린 것이다. 나는 직업상 미디어에 글도 써야 하고 관중 앞에도 서야 한다. 그러나 한 번도 아이들이 나의 글이나 말에 대해 비판한 적이 없다. 그들은 오히려 나의 의견에 긍정적 관심을 보이기 시작했다. 물론 나의 의견에 모두 찬성한 것은 아니다. 그러나 반대를 위한 반대를 하지는 않았다. 나에게는 두 번의 아름다운 기억이 있다. 한 번은 욘이, 또 한 번은 테드가 친구들을 데리고 베들레헴 교회 예배에 참석했다. 그들은 아버지의 설교를 친구들에게 들려주고 싶었다고 말했다. 이러한 행동은 나에게 감당하기 어려운 훈훈함을 안겨 주었다.

해가 갈수록 커져가는 불안

아이들이 초등학교를 다니던 시절에 나는 항상 불안했다. 혹시라도 아이들이 따돌림을 당하는 경우가 있을 것 같아서였다. 물론 검은 피부색에서 오는 코멘트들, 예를 들면 "야, 초콜릿 값은 얼마냐?" 등과 같은 놀림이 없었던 것은 아니다. 그러나 이러한 놀림이 위기를 초래하지는 않았다. 우리 아이들은 늘 좋은 친구라고 알려져 있었고, 친구들의 놀림도 침착한 유머로 받아넘겼다. 이 때문인지 많은 친구들과의 깊은 우정은 지금도 계속되고 있다.

그럼에도 불구하고 나의 불안감은 점차로 깊어갔고, 1990년도 초반기에는 절정에 달했다. 당시 욘은 스톡홀름에서 공부하고 있었는데 훈스툴에 있는 아파트에서 스톡홀름 대학까지 다녀야 했다. 그때는 레이저 맨(laser man)*이 날뛸 때였다. 레이저 맨은 숨어 있다가 외국인으로 보이는 사람에게 무조건 총을 쏘았다. 사상자가 늘어나면서 나의 공포도 커갔다. 나는 매일 긴장상태에서 뉴스를 들었으나 속수무책이었다. 욘이 아파트에만 들어앉아 있을 수는 없었다. 대학수업도 들어야 하고 사회생활도 계속해야 했다. 테드가 4년간 스톡홀름에서 공부할 때도 욘 때와 같이 심하지는 않았지만 역시 불안감을 느꼈다. 저녁 10시 이후에는 시내에 나가지 않을 것과 꼭 나갈 일이 있을 때는 바로 아파트 앞에서 택시를 타고 현관까지 택시로 돌아오기로 약속했다. 한 명의 미친 사람으로 인해 커다란 재앙이 올 수도 있으니까.

우샤는 예테보리에 머물렀으므로 여자친구들과 어울리거나 남자친구 크리스터와 어울려 다닐 때 큰 위험 없이 지낼 수 있었다. 근래에 와서는 또 다른 불안이 스며들었다. 아이들의 외모 때문에 듣는 말이 오랜 시간이 지나면서 어떤 식으로 아이들의 정서에 영향을 줄 것인가가 고민이 되는 것이다. 예를 들면 "스웨덴어 할 줄 아니?", "스웨덴에 온 걸 환영해", "너 어디서 왔니?" 등등의 별로 문제되지 않을 것 같은 사소한 질문이 나쁜 의미로 던져지지는 않는다. 그러나 이러한 질문이 10년, 20년, 아니면 전 생애를 통해 던져지는 경우에 그들은 이질감을 느끼게 되지 않을까? 이러한 질문이 그들에게 어떤 영향을 미칠까? 의사, 척추교정사, 경비원으로 일하는 우리 세 아이는 매일 많은 사람들, 새 얼굴들을 만나게 된다. 그들이 여러 사람과 이런저런 이야기나 농담을 주고받으며 웃고 지내다가도 자기도 모르게 무의식에 이러한 질문이 쌓여서 나쁜 영향을 주는 것은 아닐까? 이러한 것이 나를 불안하게 만든다.

---

* 1991년과 1992년, 이민자들을 증오하여 레이저 조준기가 장착된 총으로 쏴 외국인 한 명이 죽고 십여 명이 불구자가 된 사건의 범인. 종신형을 선고받아 복역 중이다.

손자 손녀들의 정체성에 미치는 영향은?

입양아로 성장한 남다른 세 아이들의 가정에도 자식들이 태어난다. 깊은 믿음이 가고 환상적인 매력으로 가득 찬 손자 손녀들이 탄생하는 것이다. 새롭게 자라는 이 손자 손녀들의 장래에 부모의 배경이 어떤 영향을 끼칠 것인가? 인도와 스웨덴이 한 아이 속에 합쳐져 있다. 우리는 이 어린아이들이 튼튼하고 건전하며 자연스러운 자신감을 가지고 자랄 수 있도록 돕기 위해 무엇을 해야 할까? 이들의 색다른 배경이 이들의 장래에 걸림돌이 되어서는 결코 안 될 것이다. 이러한 문제를 해결하기 위해 양할머니, 양할아버지들이 할 수 있는 일이 있을 것이다.

또 다른 불안감과 후회, 특별히 양부모로서 느끼는 후회는 아이들이 자랄 때 나의 부족했던 점들 때문에 생긴 것이다. 다른 일에 대부분의 시간과 정력을 소비하면서도 아이들은 언제나 잘하고 있다고 믿으려는 경향이 다분히 있었다. 직장일, 출세, 야망, 남 일을 거절 못하는 점, 여기에 더해 나 자신의 삶과의 투쟁이 시간을 빼앗아갔고, 이러한 현상이 아버지와 함께 지내야 하는 아이들의 당연한 권리를 무시하게 만들었다. 그럼에도 불구하고 아이들이 잘 자라준 데 대해 나는 감사한다.

경계를 초월한 부모의 역할

이제 성인이 된 입양아의 아버지 노릇 하기에 특별한 어려움은 없다. 불안감이 조금 남아 있지만 이제는 거의 사라졌다. 나의 큰 행복은 그들의 삶을 가까운 곳에서 바라볼 수 있다는 것이다. 일상생활 가운데 일어나는 여러 가지 일을 서로 이야기할 수 있다는 것, 그들이 우리 부모에게 일깨워주는 여러 가지 문제점과 스스로 행해 가는 여러 가지 도전 또한 우리의 삶을 부유하게 만든다. 그들의 조용한 일상생활의 아기자기함, 작은 일을 통해 보여주는 깊은 사랑이 나를 행복하게 한다. 특히 우샤는 이를 잘 표현한다. 그 아이는 편지에 언제나 '세상에서 제일 좋은 아버지에게'라고 쓴다. 물론 객관적 입장에서 내가 제일 좋은 아버지가 아니라는 것은 잘 안다. 그러나 이 구절은 아버지와 딸 사이가 가깝고 친밀하다는 것을 보여주지 않는가. 물론 내가 예외적으로 이렇게 좋은 것이 아니라, 세상의 많은 부모들이 이런 좋은 관계를 가지고 있다고 믿는다.

나는 '경계의 초월'이란 무엇을 의미하는가에 대해 종종 생각한다. 이는 생물학적 경계를 넘어선 우주적 부모의 역할이다. 우샤가 표현한 구체적 사랑을 넘어 영감에 찬 신비스러운 의미를 갖는, 더욱 큰 의미의, 경계를 넘는 완전한 부모 역할, 그래서 서로 모르던 세계 여러 나라 사람들을 원만한 공동체로 모을 수 있는 힘은 어디에서 나오는 것일까? 이것은 오직 부모와 자식 사이에 경험할 수 있는, 서로를 돌보는 마음에서 나온다고 나는 믿는다.

「니디아 이야기」

……울라 루벤(Ulla Lovén)

> 66 니디아 모레노(Nidia Moreno)는 1973년 4월 여섯 살을 막 채우고서 스웨덴에 건너왔다. 그녀의 스웨덴 양어머니는 보고타에서 자원봉사일을 하면서 니디아를 만났으며, 정식으로 입양하기 전에 두 사람은 이미 서로 잠시나마 얼굴을 익힌 사이였다. 스톡홀름 근교에서 성장한 니디아는 양어머니로부터 온나 니디아 루시 루벤(Jonna Nidia Lucie Lovén)이라는 이름을 얻었으며, 오늘날 두 아이의 엄마이자 미용사로 생활하고 있다. 99

내면의 그림

그때 나는 빈곤국가 지원 관련 정보의 제공 및 홍보 분야에 몰두하던 서른 살의 미혼여성이었다. 연애나 사랑에는 관심이 없었으나 자식을 갖고자 하는 바람은 세월이 흐를수록 커져만 갔다. 그 즈음 이런 바람은 점차 구체적인 그림이 되어 마음속에 자리잡았다. '인도 출생의 작은 여자아이. 건강하고 단단한 체격에 세 살쯤 됐으면 좋겠다.' 이런 생각이 자주 들었다. 내가 정말 입양을 하려는 것일까?

1970년, 나는 바깥세상으로 나가고 싶었다. 일반적인 지원 프로그램에 동참하는 것이 아니라 가난한 사람들과 일상생활을 함께하며 그들의 삶을 직접 체험하고 싶었다. 나의 바람을 들은 절친한 친구 하나가 UBV에 동참하지 않겠냐고 물었다. UBV란 대외지원기구들을 대상으로 교육을 실시하는 기관이다. 주로 라틴아메리카의 인권 문제에 깊이 관여하는 이 기관의 교육 수료자들은 자원봉사 형식으로 그 지역에서 일하게 된다. 망설임 없이 지원한 나는 일 년의 교육과정을 마친 후, 1971년 8월에 독일의 브레멘 항에서 바나나를 싣고 파나마로 출항하는 배에 올랐다. 우리 교육기관과 계약을 한 이 선박회사는 바나나뿐만 아니라 우리 자원봉사자들도 실어 날랐다. 물론 배에서도 승무원으로 일했으며, 놋그릇을 닦거나 바닥 청소를 하는 등 쉴 새 없이 몸을 움직였다. 저녁이면 갑판에 앉아 날개를 반짝이고 포물선을 그리면서 우리를 따라오는 날치들을 보며 깊은 상념에 잠기곤 했다. 대양 건너 저편에는 무엇이 나를 기다리고 있을까?

그 후 일 년 동안 나는 보고타 근교의 빈민촌인 바리오에 살았다. 버려진 초지를 개발한 그곳에서의 생활은 바로 내가 갈구하던 경험을 하게 해주었다. 그곳의 환경과 언어에 어떤 어려움도 없이, 마치 내 몸의 일부인 양 자연스럽게 적응됐다. 나는 먼저 온 두 명의 자원봉사자들과 함께 작은 학교를 운영했는데, 그 지역 사람들과 함께 살면서 서로 친해지고 속내를 나누게 되면서 오히려 우리들이 더 많은 것을 배웠다. 일 년의 시간이 흐르고 스웨덴으로 돌아갈 수도 있었지만, 나는 반년간 이곳에 더 머무르기로 결정했다.

이 시기에 입양에 대한 고민이 다시 고개를 들었다. 나는 1972년 8월, 뜨거운 햇볕을 받으며 산타 이사벨에 있는 한 보육원을 방문했다. 그곳에는 하얀색 건물이 줄지어 서 있었으며, 앞에는 작은 마당도 있었다. 긴 담장이 조용하고 평화로운 바깥세상과 보육원을 나누고 있었다. 마당에는 스무 명 남짓한 아이들이 빽빽하게 서 있었는데, 그 아이들의 오른편에 '내 딸'이 서 있었다. 마치 필터를 끼워 찍은 사진처럼, 이 아이만이 또렷하게 시야에 들어왔다. 가만히 서서 나를 응시하는 아이의 차분한 눈빛뿐, 아이를 둘러싼 주변은 희뿌옇게 뭉개져서 내 눈에 들어오지 않았다.

아이들은 보모의 지시에 따라 우르르 건물 안으로 들어가서 긴 책상에 둘러앉아 무엇인가를 하기 시작했다. '나의 딸'도 그랬다! 풍성한 머리숱

만큼이나 짙은 눈썹을 가진 그 여자아이는 매우 특이한 방법으로 눈썹을 치켜올렸다. 이름을 묻는 내 질문에 보모는 "니디아 모레노"라며 아이를 불렀다. 아이는 쭈뼛거리지도 않고 주저 없이 당당하게 나에게 다가왔다. 나는 땀에 젖은 앞머리를 넘겨주면서 보모에게 질문을 건넸다. "아이가 말은 잘 하나요?" "네, 아주머니." 아이가 직접 대답했다.

그 지역에 있는 비에네스타르 사회복지관(Bienestar Social)은 나의 입양 의사에 강한 거부감을 나타냈다. "스웨덴 양부모들 때문에 골치 아팠던 적이 한두 번이 아닙니다." 귀국하면 결혼할 예정이라는 나의 설명에 그들은 "그럼 돌아가셔서 결혼 먼저 하세요. 불확실한 예비 부부보다 차라리 확실하게 자리잡은 편모에게 보내는 편이 훨씬 나아요. 게다가 니디아는 이미 양부모가 정해져 있습니다"라고 딱 잘라 말할 뿐이었다.

뜻밖의 소식

나는 아마조나스에 잠시 머물렀다가 그 해 11월 보고타로 돌아왔다. 수북이 쌓인 우편물 중에서 자원봉사자 사무실의 절친한 친구 세 명이 내 입양에 도움이 되라고 써준 추천서가 있었다. 아마조나스로 떠나기 전, 입양을 포기할 수 없었던 나는 스웨덴의 지인들에게 도움을 요청했던 것이다. 그러나 무엇보다도 나를 놀라게 한 편지는 니디아를 입양하고자 하는 나의 신청이 받아들여져서, 아이가 입양 준비를 위해 리오 네그로의 위탁가정에서 생활하고 있다는 소식이었다. 91번가의 샤바리아 씨네 가정이었다. 사회복지관 사람들이 왜 갑자기 마음을 바꾸었는지는 지금도 알 수 없는 수수께끼다. 나에 대한 추천서도 읽지 않았는데 말이다! 돌이켜보면, 나는 아이가 살고 있던 동네 리오 네그로까지 버스를 타고 한걸음에 달려갔던 것 같은데, 일기장을 펼쳐보니 자그마치 2주 반이나 지나고 나서야 비로소 그곳에 도착했다. 스웨덴으로 돌아가기 전까지 정리해야 할 일이 많았던 것이다. 그 해 12

월 9일 샤바리아 씨 댁으로 가는 버스에 올랐다. 산타 이사벨 보육원에서 니디아를 처음 만나고 석 달 반이라는 시간이 흘렀다. 지금 다시 만나도 그때 느꼈던 입양에 대한 확신이 여전할까?

　　샤바리아 씨 가족은 이층 벽돌집에 살고 있었고, 니디아의 방은 이층에 있었다. 우리를 집안으로 안내한 샤바리아 씨는 위층을 향해 아이 이름을 불렀고, 아이는 보육원에서 처음 만난 그날 봤던 그 옷을 입고 계단을 내려왔다. 마음속 깊숙한 곳에서 확신의 감정이 솟아올랐다.

　　비에네스타르 사회복지관은 나의 입양에 전폭적인 지원을 해주었다. 나는 교육기관에서 지원받은 대로 다시 배를 타고 귀국해야 했으며, 1월 중에 출항하기로 이미 결정되어 있었기 때문에 니디아보다 먼저 스웨덴으로 출발하지 않을 수 없었다. 어느 사회복지사가 이곳에서의 모든 결제를 대신 맡아주었으며, 친절하고 나이 많은 변호사의 도움으로 법적 문제를 해결할 수 있었다. 아이의 예방접종을 비롯해서 소소한 문제까지 친구들의 도움을 받았고, 스웨덴 정부기관의 공식 인정 없이도 모든 것이 순조롭게 해결됐다. 스웨덴의 남자친구는 예상치 않게 큰 도움을 주었다. 세 통의 추천서를 받아 이를 스페인어로 번역하고 이에 필요한 모든 도장도 받아놓았다. 자기도 입양에 전적으로 동의한다고 했지만 모든 공식적인 입양 절차는 내 이름으로 해놓았다. 아마도 우리 관계가 오래 지속되지 않을 것이라는 예감이 있었던 것 같다.

니디아와 함께 한 첫날

　　12월 13일, 니디아와 나는 처음으로 온종일 함께 보냈다. 버스를 타고 이동하며 슬쩍 쳐다보니, 아이는 너무나도 침착하고 평온해 보였다. 우리 딸. 그날의 일기에는 만감이 교차하는 나의 기분이 그대로 담겨 있다. '행복하고 후련하다. 이상하기도 하고, 이상할 것 없는 일이기도 하고. 아이는 차분하면서도 총명하다.' 우리는 콜롬비아 부부와 함께 점심을 먹었으며, 그들은 니디아에게 새 신발을 사주었다. 내가 일하는 UBV 사무실에 들러 잠시 낮잠을 자고 난 후, 다시 시내로 나와 옷을 몇 벌 샀다. 그날인지 혹은 그 다음날인지 정확하게 기억나지 않지만 서점에도 같이 갔는데, 니디아는 그림책을 고른 뒤 바닥에 앉더니 무엇인가 깊이 생각하는 듯 천천히 책장을 넘기며 한 마디도 없이 한 페이지씩 꼼꼼히 읽어 내려갔다.

크리스마스 직전 내 숙소에 찾아온 니디아는 내 방 침대에서 함께 잤다. 숙소의 남는 방 하나는 교실로 쓰고 있어서 손님용 여분 침대가 없었던 것이다. 24일 나의 일기에는 이렇게 쓰여 있다. "온몸에 비누를 칠해 씻겨주고, 피부가 건조하지 않도록 보디로션을 온몸 구석구석 발라주었다." 이제까지 필요한 물건만 챙겨주던 내가 처음으로 아이의 몸을 직접 닦아주고 보살펴준 순간이었다. 이웃사람들과 인사를 나누며 안면을 익히고 나서, 니디아는 빵을 사오는 등 나의 심부름도 혼자서 곧잘 해냈다. 우리와 벽 하나를 사이에 둔 가까운 이웃인 빵집 주인은 물론 이웃사람들은 남녀노소를 가리지 않고 니디아가 적응해가는 과정을 관심 깊게 지켜보면서 아이에게 깊은 애정을 보여주었다. 비에네스타르 사회복지관에 남아 있는 얼마 되지 않는 서류를 꼼꼼히 훑은 끝에, 니디아가 다섯 살이라는 사실을 밝혀냈다. 생일이 1968년 1월 1일이라고 적혀 있었던 것이다. 동일한 서류에는 또한 어떤 여인이 몇 달 전 경찰에게 아이를 남겨놓고 사라졌다고 적혀 있었다. 그들의 가정부로 잠시 일한 니디아의 생모인 마르타 모레노는 일을 그만두고, 아이를 남긴 후 다시는 돌아오지 않았다고 한다.

"인형은 다른 집에 있어요"

3개월 반 후인 1973년 4월 7일, 나는 예테보리 공항에서 니디아가 탄 비행기가 도착하기만을 기다리고 있었다. 형제들뿐만 아니라 직장 동료들,

나의 친구들 모두 니디아가 오는 것을 기다리고 있었다. 나는 3개월의 유급 육아휴가를 얻어놓은 상태였다. 육아휴가라니! 이전에는 전혀 생각지도 못했던 일이었다. 한 인간의 일생이 내 손에 달려 있는데, 나는 얼마나 준비가 되어 있는가? 나 자신이 너무 무책임하다는 생각이 들 지경이었다. '모든 것이 옳아, 그리고 자연스럽게 느껴져, 나 스스로도 인생이 이끄는 대로 믿고 따라와서 오늘날에 이르른 거야'라는 생각이 유일한 나의 변명이었다. 나는 육아휴직에 이어서 휴가 5주를 받아놓은 참이었다.

마침내 비행기가 도착하고 니디아가 걸어나왔다. 아이는 여행 내내 함께한 스웨덴 승객 두 명과 콜롬비아부터 같이 출발한 다른 입양아 두 명과 친해져 있었다. 아이가 가지고 온 인조가죽으로 만든 밝은 갈색의 작은 여행 가방에는 처음 본 날 입고 있던 그 빨간색과 파란색 체크무늬 원피스가 없었다. 그리고 비에네스타르 사회복지관에서 분명히 읽었던 아이에 대한 서류도 보이지 않았다. 다만 입양 처리 과정에 대한 간단한 서류와 내가 보고타에서 사준 꽃무늬 흰색 원피스가 담겨 있을 뿐이었다. 아이가 늘 가지고 다니던 플린타 인형이 눈에 띄지 않아 물어보니 "다른 집에 두고 왔어요"라고 아무런 감정도 담겨 있지 않은 사무적인 목소리로 대답했다. 아이는 모종을 옮겨심듯 자신이 나고 자란 곳에서 뿌리째 파내어져 지구 반 바퀴를 돌아 전혀 낯선 땅에서 다시 뿌리를 내리고 성장해야 하는 처지에 놓인 것이다. 훗날 니디아는 우리가 재회하던 순간을 회상하면서, 자기 앞에 서 있는 이 낯익은 키다리 아줌마가 함께 생활하기에 그럭저럭 괜찮을 것 같다고, 또다시 새로운 집에 보내지는구나 하고 생각했다고 한다.

스웨덴에서의 적응 시기

처음 몇 달간 스톡홀름 외곽에 사는 친구네 집에 머물렀던 우리는 얼마 후에 친구의 여동생이 사는 시골 셰름란드로 이사갔다. 그러던 어느 날,

아이를 입양하기 오래 전부터 약속한 강의 날짜가 다가왔다. 조금 멀리 떨어진 지역이어서 집 밖에서 하룻밤을 자야 했다. 친구는 아이를 남겨두고 혼자 떠나도 괜찮을지 근심 어린 목소리로 물었으나, 약속을 취소할 수는 없었다. 다음날 돌아와 현관문을 열자 니디아는 내게 등을 돌리고는 심통이 나서 단호하게 말했다. "엄마가 가버리면 나도 사라져버릴 거예요!" 이 말에 내 코끝이 찡했다.

당시에는 우리가 함께 생활해나갈 수 있을지, 니디아와 내 삶이 어떻게 전개될지에 대해 아무것도 확실하게 정해진 것이 없었다. 남자친구와 계속 살 것인가? 혹은 대가족과 함께? 그러나 그 해 여름이 끝날 무렵 니디아와 나는 부엌과 베란다가 있는 아파트 꼭대기 층의 방으로 이사하게 됐다. 마당에 놀이터도 있고, 가까이에는 유치원도 있었다. 7월 31일부터 니디아는 유치원에 다니기 시작했고 나는 그로부터 약 보름 후 다시 파트 타임으로 일을 시작했다. 일 년 후 우리는 같은 마을에 있는 더 큰 아파트로 이사했고, 마침내 니디아는 그곳에 정착해 성장하게 됐다.

일기장에 적어놓은 기록에 의하면 그 해 여름부터 가을에 걸쳐 몇 차례 시립 사회복지관과 접촉했다. 그들은 혼자서 아이를 입양한 내가 그리 탐탁지 않은 눈치였다. 그들의 반응은 충분히 이해할 수 있었다. 그 후 니디아의 입양이 인정됐고 아이는 곧 스웨덴 시민권을 얻었으며, 아름답다는 뜻의 '욘나'와 생모에게서 받은 이름인 '니디아', 그리고 나의 친할머니의 이름인 '루시'를 따서 만든 '욘나 니디아 루시(Jonna Nidia Lucie)'라는 스웨덴 이름으로 등록됐다.

두 가지 언어 사이에서

스웨덴에서 맞은 첫 가을이 다 지나갈 무렵까지 나와 니디아는 오로지 스페인어로만 대화를 나누었으며, 아이가 잠들 때까지 해주던 옛날 이야기도 역시 스페인어로 했다. 유치원에 다니기 시작하면서 아이는 비로소 스웨덴어를 조금씩 사용하기 시작했는데, 가끔씩 두 가지 언어가 뒤섞여 나를 웃게 만들었다. 한번은 아이와 함께 어머니의 넓은 정원을 손질하고 있었는데, 니디아가 갑자기 "요 크라트레(Yo krattre)"라고 말했다. 낙엽을 긁어낸다는 뜻의 스웨덴어인 '크라타(kratta)'를 스페인어식으로 말한 것이다. 전구라는 뜻의 '람파(lampa)'는 복수로 '람포르(lampor)'라고 해야 하는데, 아이는 자꾸만 스페인어식으로 '람파라(lampara)'라고 쓰거나 말했다. 비슷한 철자를 가진 두 언어를 구별하는 것이 쉽지 않았던 것이다. 나는 아직도 그날을 기억한다. 그 해 11월 5일 잠자리에서 니디아에게 처음으로 스웨덴어로 동화책을 읽어주었다. 아이가 먼저 스웨덴어로 읽자고 요구했던 것이다. 니디아가 스웨덴에 도착한 지 7개월 만이었다.

많은 전문가들이 두세 살 무렵, 두뇌에 하나의 언어 체계가 확실하게 자리잡히기 전에 새로운 언어를 배우는 것은 아이에게 문제를 일으킬 수 있다고 이야기한다. 그러나 니디아는 스웨덴에 와서 매우 침착하게 자신의 속도로 언어 체계를 잡아나갔다. 아이는 스웨덴어로 말하기 전까지 오랫동안 듣기에 집중했다. 이 시기 동안 아이는 스페인어로 단어의 뜻을 묻지 않았다. 그러나 4~5학년이 시작될 무렵 스페인어에 관심을 갖더니 나에게 일절 물어보지도 않고 혼자서 모국어인 스페인어 강의를 신청해놓았다. 니디아는 어릴 때부터 자립심이 강한 아이였다.

이 시기에 니디아는 "스페인어를 들으면 기분이 좋아져요"라고 말한 적이 있다. 아이는 아마도 뇌와 마음 한 구석에 언제 다시 사용할지 모를 모국어를 잘 저장해두었는지도 모른다. 니디아는 성인이 되고 나서 언젠가 "나의 모국어는 어느 나라 말이라고 해야 되죠?"라고 나에게 물은 적이 있다.

2002년 10월, 29년 후

그 해 니디아는 둘째 아이를 낳았다. 병원에서 받아줄 만큼 진통이 더 잦아질 때까지 기다려야 했던 아이는 통증을 견디지 못해 내게 기대어 있었다. 팔을 둘러 아이를 내게 기대게 해주면서 나는 이제까지 느끼지 못한 친밀함과 애정을 느꼈다. 마침내 아이의 남편이 운전대를 잡고 우리는 함께 병원으로 출발했다. 복도에서 첫째를 돌보며 한 시간 이상 기다렸을까? 첫아들 윌리엄을 낳은 지 4년 만에 마침내 둘째인 킴이 태어났다.

29년 전 처음으로 스웨덴어로 동화책을 이해했던 그 아이는 이제 자신의 둘째 아이를 출산했다. 그 사이에 있었던 모든 일, 지나간 모든 감정을 내게 주어진 이 지면에 다 담아내는 것은 불가능한 일이다.

가족, 유치원, 학교, 가정 생활

나와 남자친구의 관계는 이어지기는 했으나, 그다지 잘 어울리는 사이는 아니었다. 니디아와 그는 첫만남부터 서로 통하는 점이 많았으나, 나는 도저히 그 사람을 니디아의 아빠로 인정할 수 없었다. "그럼 그 아저씨와는 대체 어떤 관계예요?" 아이가 물어왔다. "그냥 친구…" 나는 말끝을 흐리며 대답했다. 5년이라는 시간을 보낸 후 우리의 관계는 정리됐다. 그 후 몇 년간 다른 남자들과 만났으나, 그 관계도 오래가지는 못했다. 한 마디로 니디아는 아빠도 형제도 친할아버지도 없이 성장한 것이다. 나의 아버지께서는 우리가 어렸을 때 이미 세상을 떠나셨다.

엄마는 내가 입양을 계획하던 시절부터 단 한 번도 긍정적인 반응을 보인 적이 없었다. 그러나 아이와 처음 대면하던 날, 엄마의 태도는 180도로 바뀌었다. 엄마의 니디아에 대한 자랑은 끊이지 않았다. 다섯 명의 손자 손녀들 중에서 니디아만 끔찍이 아끼는 엄마를 보면서 여러 차례 그러지 말라고 말씀드렸지만, 소귀에 경 읽기였다. 이것은 니디아에게 큰 부담을 주었으나, 외할머니를 좋아하는 아이의 마음은 변함이 없었다. 할머니 댁에 다녀와 자전거에서 내릴 때면 아이 얼굴은 행복과 만족에 겨워 환하게 빛나고 있었다.

어머니께서 장수하신 덕분에 니디아는 사랑하는 할머니께 첫 증손자를 보여드릴 수 있었다. 아기를 보고 어머니는 활짝 웃으며 "작은 천사 같구나!"라고 말씀하셨다.

내 두 여동생은 다행히도 입양 결정에 대해 처음부터 긍정적이었다. 그중 한 명은 결혼하면서 이웃 나라로 이민을 갔다. 동생은 니디아 나이 또래의 아들과 딸이 한 명씩 있는데, 니디아는 두 명의 사촌이 생긴 것을 무척 기뻐했다. 근 10년간 여름마다 함께 즐거운 시간을 보낸 세 아이 모두 어느새 훌쩍 자라 이제는 부모가 됐다. 나의 조카는 니디아에게, 또 우리 가족에게 참으로 중요한 존재다. 부모 세대에서 우리 가족과 늘 함께 해 온 유일한 남자인 것이다.

또 다른 내 동생과 니디아 역시 첫만남의 순간부터 금방 친해졌다. 니디아가 스웨덴에 머문 지 2년째 되던 해에 동생은 아들 루카스를 출산했는데, 니디아는 이 아기를 끔찍이 아껴주었다. 십대에 들어선 니디아는 어느 날 한번은 이렇게 말했다.

"사실 내가 정말로 가족이라고 느끼는 사람이 딱 세 명인데, 엄마랑 외할머니랑 루카스예요."

니디아가 다니는 유치원은 집에서 매우 가까운 곳으로, 아이는 2년간 그곳을 즐겁게 다녔다. 니디아가 입학한 초등학교는 여가활동 프로그램이 잘 짜여 있어서, 아이는 처음 3년간 아무런 문제 없이 신나게 학교에 다녔다. 숙제는 언제나 누구의 도움도 없이 혼자서 꼼꼼하게 해갔으나, 노력한 만큼 성적이 잘 나오지 않아 서운해하기도 했다. 아이가 가장 좋아한 것은 특정 주제 하나를 정해 이에 관한 자료를 수집해서 자신만의 교과서를 만드는 것이었다. 니디아는 시립 음악학교에서 피아노와 플루트를 연주하기도 하고, 발레와 리듬체조도 조금 배웠으나, 시간이 지나면서 흥미를 잃고 시들해지더니, 고등학교에 진학하면서 축구의 매력에 푹 빠져버렸다. 그 후 거의 10년 동안 참여해온 축구는 아이에게 큰 의미를 갖는다.

고등학교에서 간호학과를 한 학기 반 정도 다녔던 아이는 헤어 디자인과로 전과하더니, 열일곱 살에 벌써 파트 타임으로 일을 하기 시작했다. 니디아는 근 20년 경력의 전문 헤어 디자이너가 됐으며, 자신의 일에 자부심을 가지고 노동조합 활동에 참여하기도 한다. 곁에서 보노라면, 아이가 이렇게 멋지게 성장한 것에 대한 감사와 아이에 대한 자랑스러움이 새롭게 샘솟는다.

여행, 정체성을 찾아서

니디아와 나는 한 번도 해보지 않은 일을 시도하는 것을 즐긴다. 아이가 자라면서 늘 많은 일을 함께하며 즐거워했고, 지금도 여전히 내가 제안하면 흔쾌히 받아들이고 동참한다. 나중에 아이는 "그 해 여름은 엄마와 같이 스트룀스타드로 가는 기차를 타면서 시작됐어요"라고 회상하기도 했다. 한번은 캐나다 출장에 아이를 데리고 갔다. 당시 열한 살이었던 아이와 나는 밤기차를 타고 대륙을 횡단하면서 깎아지른 듯이 높이 솟은 산을 넘기도 하고, 온천물에 푹 몸을 담그기도 했다. 스웨덴에 돌아와서는 요트 세일링 코스와 세례 준비반에 가입했다. 아이는 탄자니아 출장도 함께 갔고, 외할머니와 함께 불가리아를 다녀왔으며, 늘 함께 몰려다니는 축구팀 친구들과 동유럽의 조지아를 비롯해서 세계 이곳저곳을 누비고 다녔다. 언젠가 크리스마스는 친구들과 미국에서 보냈으며 직장 동료의 결혼식 참석차 발칸 반도 국가를 다녀오기도 했다. 니디아는 돌아다니며 다양한 문화를 경험하는 것을 즐겼다. 다민족이 섞여 있는 외국의 길거리에서는 자신만 눈에 띄는 일이 없다는 것도 아이를 유혹하는 요소 중 하나였다.

니디아가 가지고 있는 여러 특징 중에서, 자기 내면에 중심이 확고하게 잡혀 있어서 정서적으로 늘 안정되어 있다는 것은 하늘이 주신 축복이라고 할 수 있다. 이것은 니디아가 콜롬비아를 막 떠나온 어린 시절부터 이미 눈치챌 수 있었다. 아무도 없는 텅 빈 집 앞 놀이터에 곧잘 혼자 나가 공놀이를 하는 것이었다. 그러고 있으면 얼마 지나지 않아 곧 동네 아이들이 니디아 주변에 모여들곤 했다. 아이가 내 직장에 놀러 오는 날이면, 니디아가 항상 나선형 계단의 제일 앞에서 걸어 내려갔으며, 우리 어른들은 줄줄이 그 뒤를 따라가는 식이었다. 여섯 살 난 꼬마숙녀 니디아는 차분하게 한 계단씩 내려가면서도, 뒷사람을 위해 계단 한 옆으로 절대로 비켜주거나 하지 않았다. 우리는 아이의 속도에 맞춰 천천히 걸어 내려갈 수밖에 없었다. 니디아는 신발 한 켤레를 신고 걸어다니는 가장 쿨한 아이였다. 그러면서도 클 때까지 잠에서 깨면 불안해하고 겁을 잔뜩 먹고서는 베개를 끌어안고 내 방으로 건너와 함께 잤다. 그러나 한 이불에 들어와서도 내 품에 파고드는 일은 절대 없었으며, 그냥 옆에 누워서 곧장 조용히 잠들곤 했다. 마지막으로 밤중에 내 방문을 두드린 것은 아이가 열여섯 살 무렵이었다.

니디아가 심각하게 자신의 정체성에 대해 고민하기 시작한 것은 십대에 들어서면서인 것 같다. 이미 그 전부터 아이는 여러 차례 "엄마, 길거리 사람들이 우리를 보면 내가 입양해온 아이라는 것을 딱 알까요?" 나는 직선적으로 말하지 못하고 좀 머뭇거리며 대답했다. "물론 우리가 서로 다르다는 것은 알아보겠지만, 네가 내 딸이라는 것도 다 알 거야." "어렸을 때는 전혀 몰랐는데, 학교 단체사진을 보고 있자니 나만 다르구나 하는 생각이 문득 들었어요." 니디아는 축구팀 친구들과도 이 문제에 대해 이야기했었나 보다. 친구가 "그렇더라도 여전히 넌 우리 팀의 일원이야"라고 말했다고 아이는 나중에 이야기해주었다. 내 기억에 아마도 이 즈음이었을 것이다. 아이는

'스웨덴 사람들'이라는 표현을 쓰면서 자신은 그중에 포함시키지 않기 시작했다. 니디아는 다양한 국적을 가진 서민층 친구들이 많았다. 그들은 지적이거나 정치적 욕심 없이 서로 정서가 통하며, 이해를 같이 하고 남에게 베풀 줄 아는 사람들이었다. 니디아에게는 콜롬비아 출신 친구가 특히 많았는데, 콜롬비아에서 입양 온 친구 두 명을 자기 아이들의 대모로 세웠으며, 첫째 아이의 대부도 콜롬비아 사람이다.

첫 번째 귀향

니디아가 열다섯 살 되던 1982년 12월, 나는 처음으로 아이의 손을 잡고 보고타를 찾아갔다. 한 달간 머물면서 서류에 니디아를 경찰에 맡긴 사람이라고 되어 있는 레베카 데 트루질로를 만났다. 이 서류는 안타깝게도 15년 전 니디아가 스웨덴에 도착한 그날, 아이의 작은 여행가방에 담겨 있지 않았다. 1975년 보고타에 잠시 들렀을 때 나는 비에네스타르 사회복지관을 찾아가 3년 전에 만났던 그 사회복지사에게 니디아의 서류를 건네달라고 부탁했다. 콜롬비아에서 니디아의 5년간을 알 수 있는 유일한 단서였다. 사회복지사는 무척 주저하면서, 이제 니디아는 새로운 삶을 얻었으니, 과거는 더 이상 상관없지 않냐고 대답했다. 한참 후 콜롬비아에서 근무하게 될 직장 동료가 생각났다. 이 지역에 아는 사람이 많은 그는 분명 나를 도와줄 수 있을 것만 같았다. 나는 콜롬비아에 가거든 그 사회복지사를 만나 니디아의 서류를 받아달라고 부탁했고, 그는 출장 후 서류 봉투 하나를 손에 들고 우리 집 초인종을 눌렀다! 이런 식으로 많은 이들의 수많은 노력과 도움 끝에 우리는 레베카를 찾아낼 수 있었던 것이다. 운 좋게도 그녀는 예전 주소에 살고 있었다. 나는 니디아의 첫 번째 고향 방문 당시의 일기장을 펼쳐본다. 좋은 사람들을 무척 많이 만났으며, 여기저기 흥미진진한 곳을 돌아다녔다. 그곳에 여전히 살고 있는 나의 오랜 친구들은 이제 니디아와 좋은 친구가 됐다. 아이가 스페인어를 하지 못하는 것쯤은 문제가 되지 않았다. 레베카와의 만남으로 돌아와서, 어쩌면 아이의 인생에 가장 중요한 한 달이었을 그 당시 니디아의 반응에 대한 나의 기록을 옮겨본다.

12월 28일… 레베카를 만나기 위해 갈란으로. 다른 곳으로 이사 가지 않았다니 이 얼마나 행운인가! 그들은 우리를 큰 웃음으로 맞아주었다. 따뜻함. 음식이 나오고, 많은 이야기를 나누었다. 니디아는 친엄마의 사진을 얻었다.

1월 7일… 트루질로 가족을 만나러 버스로 이동. 쌀, 감자, 바나나, 고기! 니디아의 친엄마와 아이의 어린 시절에 대해 많은 이야기를 들었다. 아이의 생일은 1967년 2월 20일이었다!!!!

1월 13일… 11시쯤 트루질로 가족을 만남(니디아의 침묵에 짜증이 나기 시작함. 아이는 트루질로 씨네 앞에서는 유독 돌변했다). 감동적인 날. 몇 시간 후 우리는 1950년대 시보레를 타고 니디아가 1972년에 살았던 보육원이 있는 산타 이사벨에 들른 후, 니디아의 친엄마와 소꿉친구였다는 트리나를 만났다. 니디아의 다른 친척들은 물론이고, 1967년 7월 9일 니디아가 세례받을 당시 아이의 대모가 되어주었던 글로리아를 만났다. 아이가 세례받은 교회도 둘러봄. 다시 트루질로 씨네로 돌아와 신나게 먹고 마신 후 귀가.

훗날 니디아는 내 일기를 읽고 자신이 왜 그렇게 조용했었는지에 대해 설명해주었다.

"모든 것에 신중하려 했던 것뿐이었어요."

스웨덴으로 돌아오기 이틀 전 우리는 트루질로 가족을 한 번 더 만났으나, 그들에게 이제까지 한 번도 마르타를 만나지 못했으며, 지금 어디서 무엇을 하는지 모른다는 대답만 들었을 뿐이었다.

우리는 물론 아이가 입양되기를 기다리면서 잠시 머물렀던 위탁가정, 샤바리아 씨네도 여러 차례 방문했다. 니디아는 특히 샤라비아 씨의 딸 마리나와 만나서 반가워했는데, 어린 시절 보코타에서의 마지막 몇 달을 기억하는 것이 분명했다.

'니디아가 행복해 보인다'는 것이 스웨덴에 돌아오던 날 일기에 적은 마지막 코멘트였다. 그 다음날 우리는 한 콜롬비아 가족을 방문했다. 스웨덴의 다른 지방에 살고 있는 그들의 친척이 우리편에 크리스마스 선물을 전달해달라고 부탁한 것이다. 니디아는 조용히 한숨을 내쉬었다. 분명 많은 생각이 스치고 지나갔으리라. 그러고 나서 일이 일어났다. 일주일 후, 나의 일기장에는 이렇게 적혀 있다.

'니디아의 버릇없는 행동에 참을 수 없이 화가 난다.'

며칠 후에는 또, '니디아의 비협조적인 태도는 정말 짜증이 난다'고 적어놓기도 했다. 나는 충격을 받았으며, 대체 무슨 이유 때문인지 이해할 수 없었다. 그저 사춘기 때문이려니 하고 넘길 뿐이었다.

스웨덴에 돌아오고 3주 지난 후에 레베카로부터 편지 한 통이 도착했다. 도저히 납득할 수 없는 내용이었다. 우리가 보고타를 떠난 후 얼마 안 있어 마르타가 니디아에 대해 물어보려고 레베카를 찾아온 것이다. 예상컨대 그녀가 12년 전 아이를 레베카에게 맡기고 떠난 이후 처음 연락한 것이었을 것이다. 레베카는 니디아가 유럽으로 입양됐다고만 말했을 뿐, 우리 연락처를 전해주지도, 마르타의 연락처를 받아놓지도 않았다!

막 열여섯 살 되던 날(바로 몇 주 전에야 확인하게 된 아이의 진짜 생일날) 딸아이에게 이 소식을 전해주던 순간을 나는 아직도 기억한다. 거실 소파에 앉아서 듣던 아이는 순간 표정이 환해졌다. 아이는 "나만 그런 것이 아니었군요! 엄마(생모)도 나를 궁금해하는 거죠?"라고 말했다.

홀로 고향에 가다

10년 후, 니디아는 혼자 콜롬비아를 두 차례에 걸쳐 찾아갔다. 첫 번째 방문은 스물여섯 살 되던 1992년 말에서 1993년 초 겨울이었고, 7개월 후 한 차례 더 찾아갔다. 20년 전, 내가 자원봉사를 하던 시절, 코 흘리며 뛰어 놀던 동네 꼬마아이들은 대부분 니디아와 나이가 비슷했다. 한 살 더 많은 정도였을까? 이들과 그 아이들은 니디아 주변에 머물면서 스페인어에 대한 관심을 북돋아주었다. 니디아는 보고타의 대학에서 스페인어 과정을 듣기도 했다. 이전에 모아놓은 돈도 있었지만, 그곳에서 헤어 디자이너로 일하고, 공장에서 재봉 일도 하고, 우편배달 등 내가 모르는 일을 분명히 많이 했을 것이다. 나의 오래 전 친구 중 하나인 데야니라는 니디아의 시민권을 되찾아주었다! 첫 번째 방문 기간 동안 니디아는 레베카와 연락하고, 그곳에서 새로 사귄 친구들의 도움을 받아 생모인 마르타를 찾으려고 노력했으나 뜻대로 되지 않았다. 그 후 니디아는 마음을 비우고 모든 것을 내려놓았다. 두 번째 콜롬비아를 방문하던 시기에는 친엄마와 관련된 어떤 시도도 하지 않았다. 아이의 이러한 반응이 걱정스러웠다. 니디아의 유년 시절과 연결되는 유일한 실마리를 우리는 완전히 떨쳐버리지 못한 것이다. 마르타를 찾는 것은 거의 운명에 맡겨야 했다. 언제나 내가 먼저 움직였다. 니디아는 그제서야 그 당시 친엄마를 찾는 과정에서 알게 된 거짓말과 그로 인한 실망감 때문에 정신적으로 무척 힘들었다고 고백했다. 레베카와 만나면서 몹시 불쾌함을 느꼈던 아이는 얼마 후 그녀와 연락을 끊어버렸고, 그 결과 친엄마를 찾는 것이 더욱 오리무중에 빠진 것은 두 말할 필요도 없다.

딸이 준 환갑 선물

3년 뒤 나는 기자 일로 콜롬비아를 비롯해 라틴아메리카를 방문하게 됐다. 출발 예정일은 1997년 12월 중순. 그러던 어느 날 니디아가 보고타행

티켓을 내 손에 쥐어주었다. 3년 동안 틈틈이 모아둔 돈으로 마련한 나의 환갑 기념 선물이었던 것이다! 물론 자신도 동행할 계획이었다. 이 얼마나 놀라운 우연의 일치인가.

      보고타 여행에는 콜롬비아에서 태어난 니디아 친구 한 명이 동행했다. 그곳에서 보낸 3주는 온갖 경험으로 가득한 환상적인 시간이었다. 작열하는 태양 아래 이어지는 눈부신 시간들이었다. 그러나 니디아가 여행 내내 내게 무엇인가 서운한 것이 있는지 버릇없이 행동했다는 것 또한 언급하지 않을 수 없다. 영문도 모르고 돌변한 아이의 태도를 받아들이는 것은 쉽지 않았다. 나뿐만 아니라 같이 있는지 우리 모두 니디아의 심술을 확연히 느끼고 있었다. 니디아가 태어난 곳을 우리에게 보여주는 것이 아이의 내면에 어떤 영향을 미쳤던 것일까? '나만의 것'을 다른 사람들에게 보여준다는 것이 기분 나빴을까? 이에 대해 말을 꺼내면 아이는 예민한 반응을 보이며 침울해져버렸다.

      우리는 레베카와 접촉했다. 니디아와 그녀 사이의 분위기는 니디아뿐만 아니라 두 사람 모두 무척 냉담했다. 그녀에게 다시 우리 주소를 건네주면서 마르타에게 전해달라고 거듭 부탁했다. 오랜 시간이 지났지만 생각지도 않게 다시 나타날지도 모를 일이니까. 이제 와서야 니디아는 자신이 그때 그렇게 심술을 부린 것은 내가 너무 완고하게 고집을 부렸기 때문이었다고 말했다. 하지만 당시 내 머릿속에는 니디아가 친엄마에게서 연락을 받고, 그리하여 잃어버렸던 자기 인생의 첫 번째 시기를 되찾기 위해서는 레베카가 유일한 희망이라는 생각뿐이었다. 우리가 그 자리에서 그냥 포기해버리면, 아마도 니디아는 나중에 후회하게 될 것이었다.

      생일날 나는 에콰도르의 후라파윤이라는 지역에 머무르고 있었다. 그날 아침, 나는 호텔에서 니디아가 보내준 소포를 열어보았다. 아이는 떠나기 전 보고타에서 이것을 건네주면서 생일날 열어보라고 신신당부했었다.

상자에는 사진첩 한 권이 들어 있었다. 친구와 가족들과 함께 찍은 사진과 편지들이 가득 담겨 있었다. 거의 내 인생 전체를 보여준다고 해도 될 이 모음집을 만들기 위해 아이는 나의 친구와 가족들을 일일이 접촉해 도움을 청했을 것이다. 모음집은 너무나도 예쁘고 완벽하게 순서대로 나열해놓았다.

마르타 이야기

몇 년이 지난 2000년 어느 날, 니디아에게 편지가 한 통 날아왔다. 발신인은 마르타 모레노였으며, 사진 한 장이 동봉되어 있었다. 우리의 바람대로 그녀는 그 후 레베카에게 연락을 했고, 그녀를 통해 니디아의 연락처를 받은 것이다. 항상 생각이 깊은 니디아는 사진 속의 인물이 정말로 자신의 친엄마인지 내게 물어보았다. 자신이 보기에 사진의 여인은 여느 콜롬비아 사람들과 별다를 것 없이 생겼다는 것이다. 그러나 니디아는 편지에 답장하고, 자신과 남편과 두 살 난 아이가 함께 찍은 가족사진을 함께 보냈다. 몇 달이 지나도 답장은 없었다. 니디아는 아이를 돌보고, 직장에 다니며, 사람들을 만나느라 분주한 일상생활을 보내고 있었다.

나 개인적으로는 단 한 번도 그 편지가 거짓이라고 의심해본 적이 없다. 지난 오랜 세월 동안 마르타는 내 내면의 동반자였으며, 그녀가 니디아를 버리고 사라졌다는 말을 들었음에도 불구하고 그녀에 대한 측은한 마음을 지울 수 없었다. 마침내 나는 니디아가 같이 가건 말건 콜롬비아에 다시 가기로 마음먹었다. 2001년 12월이었다. 긴긴 사연은 뒤로 하고 한마디로 말하자면 나는 마르타와 만났으며, 북쪽 산악지방에 위치한 그녀의 작은 셋방에 며칠간 머물면서 많은 이야기를 나누었고, 그녀의 두 아들과 그들의 가족을 만났다. 서로의 마음을 나눈 시간이었다. 나는 마르타의 방 벽에 사진 한 장이 걸려 있는 것을 발견했다. 니디아가 일전에 보낸 가족사진이었다.

2001년에서 2002년으로 넘어가던 그 해 연말연시를 나는 결코 잊지 못할 것이다. 당시 나는 산맥의 남쪽 데야니라의 집에 머물고 있었는데, 어느 날 마르타가 아들 한 명과 함께 나타났다. 2001년의 마지막 밤, 우리는 반쯤 완성된 벽돌집 옥상에서 사과주를 마시고 포도를 먹었다(콜롬비아에는 포도 한 알을 먹을 때마다 소원을 한 가지씩 비는 풍습이 있다). 보고타 전체가 발아래 펼쳐져 있었다. 밤 12시가 되자 마르타는 나를 안아주었다. 이제 4년도 더 된 옛날 일이지만, 지금도 나는 그 포옹의 따뜻함을 느낄 수 있다.

새해 첫날 아침, 마르타는 골똘히 책 한 권을 읽으면서, 간간이 특이한 방법으로 눈썹을 치켜올리곤 했다. 그녀의 눈썹 올리는 방법이 바로 니디아와 그녀의 혈연관계를 증명하는 열쇠가 되리라. 마르타와의 만남은 그 자체만으로도 내 삶에 큰 의미를 주었다. 특히 그녀가 내게 해주었던 말들을 돌이켜보노라면.

어떻게 해서 니디아를 낳고 또 아이를 떠나보내야만 했는지에 대한 마르타의 이야기는 레베카가 들려준 것과는 전혀 달랐다. 니디아가 네 살 무렵, 마르타는 건강이 위독해져서 수술을 받아야 했는데, 병원에서는 마르타가 입원해 있는 동안 니디아의 대모(레베카의 딸인 글로리아)가 연락이 닿지 않는 상황에서 아무도 돌봐줄 사람이 없으니, 차라리 니디아를 보육원에 맡겨놓는 것이 어떻겠냐고 조언해주었던 것이다. 그런데 마르타의 입원기간은 예상보다 길어졌다. 마침내 그녀가 퇴원하고 아이를 찾았을 때는 이미 보육원에서 그녀의 딸을 입양 보낸 후였다. 마르타는 집에 가정부가 필요하다고 늘 불평을 하던 레베카가 아이를 보육원에서 데려갔다가, 아이가 말도 안 듣고 귀찮게 굴자 아이 엄마가 버리고 갔다면서 경찰에 맡겨버린 것이라고 추측하고 있었다. 경찰서에서는 아이를 보육원에 보냈고, 그곳에서 나와 니디아가 처음 만난 것이다. 당시 자신이 얼마나 통곡했는지 마르타는 말로 표현하지 못했다. 그 해 내내 마르타는 레베카를 찾아가 니디아의 연락처를 얻으려고 노력했지만, 레베카는 연락처를 모른다는 대답으로 일관했다(니디아가 스웨덴으로 건너온 첫 해에 레베카가 우리 연락처를 갖고 있지 않았던 것은 사실이다). 그러나 레베카는 우리가 다시 그녀를 찾아가 마르타를 찾으려고 노력했다는 사실도 마르타에게 전해주지 않았다. 몇 년이 흐르고 2000년에 마르타가 레베카에게 연락했을 때에야 비로소 그녀는 마르타에게 니디아의 주소를 건네주었다. 이미 많이 늙어버린 레베카는 양심의 가책에 더 이상 숨기고 있을 수 없었던 것이다. 그 주소로 마르타는 주위의 도움을 받아 니디아에게 편지를 보냈다. 여기까지가 마르타의 이야기다. 그러고 보면 니디아가 레베카와 만나면서 기분이 나빴던 것도 충분히 납득이 간다. 마르타의 설명에 따르면 레베카는 우리와 그녀가 연락이 닿지 않도록 수년간 훼방을 놓은 것이다.

새해 첫날 저녁 산맥의 남부에서 우리는 단둘이 집에서 저물어가는 노을을 바라보면서 하염없이 이야기꽃을 피웠다. 니디아가 태어나서부터 네 살까지 일어난 일과 입양 후 30년간 아이의 변화에 대해서. 이 순간을 나는 죽을 때까지 잊지 못할 것이다.

마르타와 니디아

니디아가 내 뒤를 이어 보고타에 왔다. 아이는 곧 마르타와 상봉했다. 두 사람 모두 감격하지도 않고 차분했다. 그날 하루 우리 셋은 정말 좋은 시간을 가졌다. 보코타 전역을 손바닥에 꿰고 있는 그녀는 우리를 이곳 저곳으로 안내해주었다. 니디아가 태어난 병원에도 갔는데, 마르타는 자신이 출산했던 입원실을 손가락으로 가리켰다. 내가 먼저 스웨덴으로 돌아오고 모녀는 며칠간 나 없이 둘만의 시간을 가졌다. 니디아는 그녀의 집에 머물렀고 그녀는 니디아와 시골의 어느 정원으로 함께 가서 그곳에서 친아빠에 대해 들었으며, 둘만의 비밀로 간직하기로 다짐했다.

마르타가 자신의 아이와 재회한 느낌은 어떠했을까? 그녀는 한때 자신의 딸이었다가 곧 빼앗겨버린 이 낯선 여인에게 호의적인 것 같았으나, 서로 깊은 마음을 나누지는 못한 것 같았다. 마르타는 우리와 만났을 때, 나와 처음 만나던 날, 버스에서 만난 아는 사람이 어디 가느냐고 묻자, "우리 딸아이 엄마 만나러 가요"라고 대답했다며 큰소리로 웃었다.

    니디아와 함께 친엄마 찾기에 큰 관심을 갖고 우리를 도와주었던 스웨덴 대사관에 찾아갔다. 그곳 직원이 친엄마를 만나게 되니 기분이 어떠냐고 질문하자 니디아는 "저는 아무렇지도 않은데 엄마가 더 흥분해서 날 기다리지도 않고 먼저 이곳에 왔다고요!"라고 대답했다. 그러나 스웨덴으로 돌아오는 길에 아이는, 모두들 자꾸 친엄마와 재회한 기분을 물어보는 것이 솔직히 너무 귀찮았다고 말했다. 친엄마가 살아오면서 겪어야 했던 일은 참담하고 가슴 아프지만, 그럼에도 자신에게는 여전히 그저 낯선 한 사람일 뿐이라는 것이었다.

좋은 엄마가 된 내 딸

    니디아가 스웨덴에 온 것은 막 여섯 살이 될 무렵이었다. 이것이 긍정적인 영향을 미쳤을까? 해외로 입양된다는 것은 아이가 평생 주위 사람들과 다르게 보이게 된다는 것을 의미한다. 아주 어릴적에 스웨덴으로 건너오면 유전학적으로 생김새가 이국적인 것 말고는 자신의 모국에 대해 아무것도 기억하지 못하게 된다. 니디아는 얼마 되지 않지만 고향에 대한 기억이 있었고, 어린 시절 스페인어를 쓰기도 했다. 외모만 남다른 것이 아니라 아이의 정신세계도 자신의 고향에 뿌리를 두고 있는 것이다.

    나의 입양이 다른 사람의 입양과 다른 점은 아이 엄마인 내가 아이의 모국과 깊은 연결고리를 가지고 있다는 것이다. 니디아가 아니었어도 콜롬비아에서 만난 나의 이웃들은 계속 그곳에 있을 것이며 나는 그들과의 연락을 지속했을 것이다. 아이는 시간이 지남에 따라 내가 생각했던 것 이상으로 이 관계를 함께 나누게 됐다. 게다가 콜롬비아 친구 중 몇 명이 더 안정된 삶을 살고자 이탈리아와 스페인으로 이민을 갔는데, 그들 집을 서로 방문하면서 니디아와 고향이 같은 친구들을 쉽게 만날 수 있었다.

나는 마르타와 서로 계속 소식을 전하고 있다. 그녀와 나는 정기적으로 전화로 안부를 전하며, 스웨덴에서 태어난 그녀의 증손주들 사진을 보내주기도 했다. 현재 건강상태가 좋지 않을뿐더러 일자리를 구하는 것이 쉽지 않아서 파트 타임으로 일하고 있는 그녀에게 몇 년간 돈을 부쳐주기도 했다. 가끔씩 니디아도 그녀와 친구처럼 스스럼없이 전화통화를 하곤 한다.

니디아는 애인과 두 아이와 함께 스톡홀름 근교의 아파트에 살고 있다. 오랫동안 순한 검정색 래브라도 한 마리를 키우기도 했다. 아파트 이웃에는 아이를 가진 가족들이 살고 있다. 큰아들은 집 가까이 있는 아주 작은 규모의 초등학교 1학년이고, 막내는 세 살배기로 유치원에 다닌다. 니디아의 남편은 니디아의 콜롬비아 출생 배경에 크게 신경쓰지 않았었는데, 나의 이 글을 읽고 관심을 보이기 시작했다.

니디아는 지금 훌륭한 엄마가 되었다. 늘 아이에게 관심이 깊고, 재미있으며, 아이를 신뢰하고, 아이와 생각을 같이하려고 노력한다. 꼬맹이들의 땡깡에 가끔 지쳐버리기도 하고 때로는 불같이 성을 내기도 하지만(그녀는 "우리 애들은 자신들이 얼마나 풍족하게 살고 있는지 몰라요!"라며 화를 내곤 한다), 무엇보다도 아이와 함께 있을 때면 그들에게 최선을 다하는 좋은 엄마다.

어둠 속에 숨긴 상처

「형수 이야기」

······ 레나 그레타스도테르(Lena Gretasdotter), 크리스터 닐손(Christer Nilsson)

> 1968년 한국의 광주에서 훗날 우리의 자식이 될 남자아이가 태어났다. 그리고 1969년 크리스마스 직전에 이 아이는 다섯 명의 다른 아이들과 함께 스웨덴에 도착했다. 우리 부부는 이 아이를 함께 길렀다. 그러나 지금은 별거 중이기 때문에, 각자의 느낌과 경험을 따로 쓰기로 했다. 우리는 함께 토론하면서 이 글의 내용을 보완했다. 우리의 입양이 어떠했는지에 대해 우리 두 사람의 공통된 느낌이 전달될 수 있기를 바란다.

레나의 이야기

1960년대 중반이었다. 당시 신혼이던 우리는 부모 잃은 한국 아이를 입양하는 것이 가능해졌다는 공지를 신문에서 보았다. 이것은 우리가 원했던 일이었다. 우리는 몇 년 동안 개발도상국가라고 불리는 나라 사람들이 선진국으로부터 더 많은 지원을 받게 하기 위한 활동에 적극적으로 참여해왔다. 물론 우리는 자식도 낳을 계획이었지만 모두가 하나 된 세상에 사는 세계 시민으로서 친자녀와 입양한 자녀가 함께 성장하기를 바랐다.

결혼 5년 후, 우리는 알란다 국제공항에 두 살 남짓 된 우리 아들 리누스와 함께 비행기가 착륙하는 장면을 바라보고 있었다. 우리에게 안겨질 아이는 과연 어떤 아이일까? 우리에게 올 아이는 이미 넉 달 전에 결정됐지만 곧바로 우리에게 건너올 만큼 건강하지 못했다.

12월 20일, 두 살 정도 된 아이는 마침내 이곳에 도착했다. 비행기에서 내내 아이와 동행했던 보호자의 말에 의하면, 호기심 넘치는 눈빛과 '말처럼 왕성한 식욕을 가진' 아이, 모자를 비스듬하게 쓰고 있는 아이에게 우리는 향긋하게 잘 익은 바나나 한 개를 건네주었다. 이렇게 해서 지구 반대편에서 태어난 한 사람에 대한 사랑이 시작됐다.

마음 깊이 자리잡은 상처

굶주림 때문에 나타났던 아이의 증상이 몇 달 후 점차 사라졌다. 우리는 무척 기뻤다. 형수는 방에서 부엌으로, 부엌에서 거실로 우리를 졸졸 따라다니며 한시도 우리 곁에서 떨어지지 않았다.

우리는 위탁부모 자격 인증을 받아놓고 있었다. 사회복지사가 가정환경을 조사하기 위해 우리집을 방문했다. 그리고 곧 우리는 정식으로 형수의 양부모로 인정받았다. 형수는 스웨덴 시민권을 얻었으며 스웨덴 이름도 얻었다. 그러나 아이의 마음 깊숙이 자리잡은 상처는 좀처럼 지워지지 않았다. 당시 우리는 그 상처가 얼마나 깊은지 이해하지 못했다. 우리는 아이의 성장과정을 하나하나 지켜보았으며, 아이의 생일과 스웨덴 할머니 생일이 같은 것을 행운의 상징으로 여겼다. 그러나 우리는 리누스의 질투에 충격을 받았다. 자신과 같은 또래의 형제를 얻는 것, 그것도 주변의 주목을 받을 만큼 예쁜 외모의 형제를 얻는 것에 대해 리누스는 질투심을 느꼈나 보다. 리누스도 매우 예쁜 아이였으나 동생에 대한 주위 사람들의 관심을 돌릴 수는 없었다.

형수, 즉 스테판은 곧바로 의심할 나위 없는 우리 가족의 일부가 됐다. 우리는 여러 번 아이의 출생에 대해 되새기게 됐다. 토요일에 개설되는 한국어 학교에서 참가하라는 연락이 왔지만 스테판은 참여하고 싶어 하지 않았다. 몇몇 언어학자들과 접촉하기도 했다. 아이는 "그 사람들이 우리 엄마를 찾을 수 있대요?"라고 물었다.

스테판은 우리 가족의 곤충 박사가 됐다. 아주 작은 거미 한 마리에도 아이는 큰 호기심을 보였다. 소풍을 갈 때면 아이는 형과 함께 미역에 달려 있는 작은 새우를 잡았다. 스테판은 족제비처럼 빠르고 리누스와 함께 장난을 치며 놀기를 즐겨했다. 스테판은 사려 깊었고 유치원이나 학교에서 피아노와 테니스에 재능을 보였다. 스테판은 십대가 되면서 자연스럽게 자신의 존재에 의문을 품기 시작했다. 스테판은 알란다 공항에서 찍은 자기 사진, 스웨덴에서의 첫날 찍은 사진을 보브 말리(Bob Marley, 자메이카 출신 가수) 사진 옆에 걸어놓았다.

다음은 내가 스테판을 생각하며 쓴 시다.

그는 내 아이다
그는 내 아이였다
이제 나이 열일곱
악마의 유혹이
아이의 내면에 숨어 있다
어떻게 해야
내가 널 구해낼 수 있을까
네 자신으로부터

악마는 유혹의 손길을
너에게서 거두려 하지 않아
네가 얼마나 많이 걷든지
밤을 낮 삼아 걸어도

낮을 밤 삼아 걸어도
그들은 절대 쉬지 않고
너를 위협하고
너를 비웃는다
어떻게 너는 버텨나가니

너는 방황하고 돌아오고
다시 방황하고 돌아온다
밤으로 그리고 낮으로
네가 정착하는 순간
그들은 너를 떠나갈 거야
그들은 널 죽이려 들고
너는 스스로 죽으려 들고
그들은 널 아프게 하려 들고
너는 스스로 아프려 한다

악마를 네 안에 품고 있는 한
더 이상 살고 싶지 않을 테지
너를 비웃고 위협하는 것들
너를 허탈하게 웃도록 하는
너는 두 손을 모으고
현실을 잡으려 헤매는구나
언젠가 있었던
우리가 함께 있었던 그곳에

갖은 재롱으로 우리를 즐겁게 하던 너
이탈리아 팀과의 축구경기에서 일곱 골이나 넣어
우리를 흥분시켰던 너
어느 날 홀연히 나타나
기쁨을 안겨준 너
어떻게 해야 널 지켜줄 수 있을까
네 머릿속에 자리잡은 악마들로부터
네 머리와 심장을 얽어 맨 악마들로부터

도움을 얻기 위한 긴 여행

도움을 얻기 위한 긴 여행은 이렇게 시작됐다.
 스테판이 의사의 진찰을 받고 약을 처방받기까지는 5년여의 시간이 걸렸다. 처음으로 병원을 찾아갔을 때, 우리는 아이의 녹음기와 아이가 가장 좋아하는 노래 테이프를 가지고 갔다. 아이는 약에 마취되어 누워 있었다. 방문 밖에는 젊은 여자 간호사가 앉아서 지키고 있었다. "우리가 찾아간 사실을 알았니, 스테판? 그렇다고 우리는 믿을게. 우리가 널 절대로 떠나지 않으리라는 것을 넌 믿어야 해."
 그 이후로 몇 차례 병원 방문이 이뤄졌다. 의사, 간호사, 심리치료사 할 것 없이 우리는 만나기만 하면 스테판에 대해 이야기했다. 그러다 보니 우리는 리누스에게 신경 쓸 겨를이 없었다. 리누스는 스무 살 되던 해에 분가해서 직장을 구했으며, 스스로 잘 살아가고 있었다. 현재 리누스는 결혼해서 자식을 낳아 기르고 있다.
 나는 유능하다는 심리치료사에 대한 글을 읽고, 병원에 추천서를 써달라고 부탁했다. 3년간 스테판은 40킬로미터나 떨어져 있는 곳에 있는 그녀에게 찾아가 정신치료를 받았다. 열차가 제 시간에 오는 일이 드물었던 당시에 치료를 받는 날이면, 아이는 억지로 열두 시간의 장거리를 이동해야 했던 것이다. 우리는 치료를 받으며 아이가 호전되는 것을 발견하고 희망을 키웠다.

어느 날 내가 명상에 잠겨 있는데, 명상 속에서 스테판의 친엄마가 내게 다가왔다. 그것도 아주 가깝게. 나와 그녀 모두 임신한 상태였다. 나는 그녀를 찾아다녔었다. 그녀라면 나의 슬픔을 모두 이해해줄 것만 같았다. 우리 둘이 만났을 때 갑자기, 나는 그녀가 자신의 완벽한 신뢰를 나에게 건네주었다는 것을 느끼게 됐다.

나에게는 무력감이 찾아왔다. 무력감은 자신의 무거운 담요를 내 어깨에 둘렀다. 그리고 죄책감이 다시 찾아왔다. 죄책감은 나를 벽 앞에 세웠다. 그러나 지금 인생의 어두운 터널을 모두 지나온 스테판을 보고 있노라면 기쁨이 피어오른다. 내 두 아들 모두에 대한 기쁨이.

크리스터의 이야기

❝ 나는 스몰란드의 작은 시골에서 자랐다. 군복무를 하던 1962년부터 1963년까지 나는 스톡홀름에 머물렀다. 이것이, 항상 웁살라 대학에서 천문학을 공부하고 싶어 했던 나에게 꿈을 향해 한 걸음 북쪽으로 전진한 계기가 됐다. 젊은이들의 사상 토론 그룹에서 나는 레나를 만났고, 점차 서로에게 이끌린 우리는 1964년에 결혼했다. 나는 대학에서 수학과 물리학을 공부했으며, 졸업과 함께 교사자격증을 획득했다. ❞

별거

나는 대학 졸업 후 몇 년간 교사생활을 했다. 오랫동안 국제관계 문제와 언어에 대해 깊은 관심을 가져온 나는 몇 년 동안 중국어를 배웠다. 이것을 계기로 나는 중국에서 일할 기회를 갖게 됐는데, 그때가 1983년부터 1984년 사이였다. 이때는 스테판이 막 중학교를 졸업할 시점이었고, 리누스는 이미 고등학교에 다니고 있었다. 스테판은 중학교의 마지막 해를 힘겹게 보냈다. 아이가 자라나면서 점점 집중력을 상실하고 정신이 산만해져 간다는 것을 우리도 느낄 수 있었다. 당연한 일이지만 성적도 떨어졌다. 이것이 스테판에게 무슨 일이 생기고 있다는 첫 번째 신호가 아니었을까? 그러나 다른 한편으로 생각해보면 십대 초반에 보이는 이러한 행동은 전혀 이상한 일이 아니었다.

1984년 중국에서 근무할 기회가 주어졌을 때, 가족들은 여러 번 토론을 거듭했다. 드넓은 중국을 여행해 보고 싶다는 나의 소망은 매우 강렬한 것이어서 마침내 전 가족이 모두 함께 떠날 수 있었다. 물론 가족 중 나 이외에는 누구도 선뜻 발걸음이 내키지 않았을 것이다. 다시 말하면 내게는 꿈의 실현이자 뭔가 새로운 것에 대한 시도였으나, 다른 식구들에게는 현재까지 지내온 생활과 전혀 맞지 않는 일이었던 것이다. 적어도 그 당시에는 그랬다. 나는 가족 관계를 유지하기 위한 비상책으로 우선 혼자만 베이징에 가기로 했다.

1984년 9월 나는 무거운 마음으로 베이징으로 출발했다. 스테판은 자신이 원하던 고등학교에 입학하지 못했다. 우리는 대안으로 성인학교(18세 이상으로 고등학교를 제대로 졸업 못한 사람이 고등학교 졸업장을 따거나 직업을 갖기 위해 다니는 학교)에 다닐 것을 권했다. 내가 중국으로 떠남과 동시에 스테판은 스톡홀름 남쪽에 있는 셰데르텔리 지역의 한 성인학교에 다니기 시작했다. 이곳에서는 기숙사 생활을 해야 했기 때문에 가족과 친구, 그리고 친숙한 풍경과 작별해야 했다. 우리는 성인학교 생활을 좋게만 보았으나, 스테판에게는 좋지 않은 결과를 초래했다.

위기가 닥치다

 가을을 앞두고 우리는 학교로부터 스테판이 결석을 자주 하며, 학교생활에 잘 적응하지 못한다는 연락을 받았다. 그러나 정작 아이 자신은 학교생활에 대해 별로 말이 없었다. 스테판이 학교를 포기하려는 것이 분명했다.
 크리스마스를 앞두고 가족들은 처음으로 베이징에 왔다. 가족과 재회하는 것은 분명 즐거운 일이지만, 스테판이 무엇을 원할지 걱정되는 것도 또한 사실이었다. 아이는 학교를 그만두고 싶어 했다. 그 해를 넘기고 스톡홀름으로 돌아와서 아이는 초봄부터 약국에서 일하기 시작했다. 새로운 일에 대한 스테판의 의욕과 열정은 매우 강렬했기 때문에 그가 보다 좋은 결과를 얻도록 꾸준히 노력하는 방법을 깨닫게 해주었다. 그러나 마침내 10월, 문제가 터졌다. 아이에게 정신질환이 생긴 것이다. 아마 직장에서 받은 스트레스 때문이었을 것이다. 혹시 아이의 일에 대한 열정이 질병을 일으키게 한 것일까? 스테판은 곧 죽게 될 것이라는 공포에 휩싸였고 거기에서 좀처럼 헤어나오지 못했다. 스테판을 돌보는 일, 그가 치료받는 것을 옆에서 지켜보는 일은 레나에게 힘겨운 일이었다. 레나와 나는 거의 매일 편지를 주고받았다. 크리스마스가 되자 나는 집으로 돌아왔다.

베이징에서의 나날들

 크리스마스 휴가를 보낸 후, 나는 스테판과 함께 베이징으로 돌아왔다. 아시아의 환경이 아이에게 긍정적인 영향을 줄 수도 있다고 기대했기 때문이다. 처음 몇 주간은 적응이 안 되어 힘들었다. 무엇보다도 베이징과 스톡홀름의 시차 적응이 어려웠다. 나는 직장에 복귀하기 위해 스스로 시차 적응을 위해 노력했지만 스테판은 그렇지 않았다. 근무를 마치고 집에 돌아오면, 아이는 그때서야 잠자리에서 일어나 대화가 시작됐다. 공통의 관심사가 많았던 우리는 저녁부터 밤 깊도록 이야기하고, 카드 게임을 하고, 밤참을 만들어 먹었다. 몇 주 지난 후에야 스테판은 정상적인 생활리듬을 되찾고 가끔 스스로 일을 처리하기도 했다.

처음 몇 주 동안, 저녁에서 한밤까지 벌어진 우리의 토론 주제는 아이의 정신분열에 대한 느낌과 경험에 대한 것이었다. 아이는 부분적으로 내가 이해하기 힘든 언어를 사용하며, 마치 거대한 비눗방울 안에 사는 것 같은 느낌이 어떠했는지를 설명했다. 세상과 단절된 느낌이 어떠했는지, 그 비눗방울의 세계가 어떠했는지, 그리고 머리 한쪽이 떨어져나간 것 같은 느낌이 어떠했는지 등이 대화의 주된 내용이었다. 아이의 이야기를 듣고 있으면 한없이 신비한 세계에 빠져들었고 동시에 어떤 두려움이 찾아오기도 했다.

이따금 자기 세계에 빠지거나 다른 세상에 떨어져 있는 것처럼 보이기도 했지만, 베이징에서 몇 개월 지내면서 스테판은 서서히 회복되는 것 같았다. 그는 나중에 베이징이 자기 집같이 편안했다고 말했다. 그곳에서는 거리의 모든 사람이 자신과 똑같이 생겼으며, 오히려 나의 외모가 이상했던 것이다.

스테판의 생일이 있는 3월에 레나와 리누스가 베이징을 방문했다. 스테판의 증세가 훨씬 호전됐으므로 우리는 티베트로 가족 여행을 가기로 했다. 여행은 당연히 가족 모두에게 당혹스러운 경험을 갖게 했다. 우리는 라사 산맥의 오래된 계곡을 거닐었는가 하면 숙소로 가는 길에는 〈슈퍼맨 2〉를 상영하는 극장을 지나가기도 했다. 당시에는 그 영화가 아직 스웨덴에서 개봉되지 않았었다.

가족은 2주간의 중국 여행 후 스웨덴으로 귀국했다. 스테판은 다시 직장에 복귀하려 시도했고, 그 해 봄에서 여름까지 여러 가지 직업을 거쳤다. 그러나 짧은 기간 동안 여러 가지 직업을 가졌던 것이 아이에게 그다지 긍정적이지는 못했던 것 같았다. 아이는 점점 집중력을 잃어갔으며, 고용주의 설명에 의하면 업무 의욕도 잃어갔다.

스웨덴으로의 귀향

그 해 8월, 나는 마침내 가족 곁으로 와서 교사생활로 돌아갔다. 스테판은 성인학교에서 수업을 들었으며, 레나의 도움으로 모든 과정을 성공적으로 마칠 수 있었다. 그 후 몇 년간 스테판은 우리와 함께 집에서 지내다가 1988년 집 근처에 아파트를 얻어 독립해 나갔다. 아이는 고정적인 직업이 없었고, 2년간 지역 클럽에서 테니스를 쳤다. 비록 건강이 좋지 않았지만 스테판은 유고슬라비아 테니스 국가대표단과 함께 2년간 쉬지 않고 훈련했다. 스테판은 청년정신과의 여자 심리학자와 연락이 닿았다. 그녀는 특히 입양 분야의 전문가였다. 아이는 이 심리학자를 신뢰하는 듯했으나 가끔 면담 중간에 뛰쳐나온 적도 있었다. 스테판의 상태는 더욱 나빠졌고, 심리학자는 몇 차례 면담 끝에 스테판을 지역 정신과 병동으로 보냈다. 그녀의 판단으로는 스테판에게 의사의 도움이 필요하다는 것이었다. 의사의 검진 결과, 스테판의 정신 활성화를 위해 특별히 정신과에서 일하는 두 명이 아이를 돕도록 지명됐다. 그러나 우리는 이 시스템이 효과가 없다는 사실을 곧 알 수 있었다. 그들이 찾아올 때마다 스테판이 자주 잠적해버렸으니까. 1990년 스테판은 사회보험청과 AMI(실업자 직업훈련소)가 주도한 교육과정에 참여했으나 상태가 크게 호전되지는 않았다. 이 기간 동안 우리는 스테판과 연락이 잘 닿지 않았다. 스테판이 대부분의 시간을 자신의 세계에 갇혀 지내기를 원했기 때문이다.

우리는 스몰란드에서 크리스마스 휴가를 보내면서 스테판이 깊은 생각에 자주 빠지고 정신적으로 불안정하다는 것을 눈치챘다. 집에 돌아온 후 아이의 담당 의사를 만나 증세에 대해 상담한 것이 월요일이었는데, 그 이후로 아무런 연락도 받지 못하다가 그 주 금요일 병원으로부터 스테판이 경찰에 체포됐다는 연락이 왔다. 잠시 후 스테판의 담당의사가 전화를 걸어왔다. 그는 우리와 전화 통화한 후 스테판을 면담했는데 아이의 정신상태가 정상이 아니며, 긴급 조치가 필요하다는 진단을 내렸다. 우리는 스테판의 상태가 그 정도로 악화될 때까지 병원 측이 어떠한 연락도 취하지 않은 것에 걷잡을 수 없이 화가 났다. 우리가 미리 알았더라면 스테판이 자율적으로 병원의 지시를 따랐을 것이라고 나는 확신한다. 그 다음날 나는 스테판의 아파트로 갔다. 아파트 문은 잠겨 있지 않았고 텔레비전도 켜 있는 상태였다. 아이를 데려가던 순간의 상황이 그토록 급박했던 것일까? 스테판은 정신분열증이라는 진단을 받았다.

그 이후 10년 넘게 스테판에게는 심리학자 면담이라는 힘겨운 과제가 이어졌다. 스테판에게도 우리에게도 이것은 쉬운 일이 아니었다. 아이는 정신과 처방도 받았는데, 이것은 아이에게 정상적 삶을 살 수 있는 기회를 주려는 시도로 보였다. 그러나 이외에는 별달리 도움이 될 만한 일이 없었다. 정신과에서는 스테판의 전문 담당의를 두었으나 그는 스테판을 찾는 일이 거의 없었다. 아마도 스테판이 원치 않았기 때문일 것이다.

스테판의 일상

세월이 흘러 스테판은 어느덧 서른여덟 살이 됐다. 아이는 고양이 시몬과 함께 자신의 아파트에서 생활하고 있으며 아무런 문제 없이 일상생활을 해나가고 있다. 그러나 가족 외에 다른 사람과의 접촉은 거의 없다. 다만 한국에서 온 입양아나 병원에서 사귄 옛날 친구 몇 명과 만날 뿐이다. 레나는 스몰란드에 내려가 살고 있는데, 식구 가운데 가장 자주 스테판과 전화로 접촉하고 있다. 스테판과 나는 아주 가까이 살고 있는 덕에 자주 만나고 있다. 스테판은 지난 수년간 상태가 훨씬 호전됐으나 그 병은 아직도 아이의 삶에 영향을 미치고 있다. 스테판이 정신장애를 보였던 그때는 아주 힘든 시기였다. 스테판은 이 시기에 대부분의 친구를 잃었다. 그 시기는 아이가 교육과정을 마치고 성인 생활을 시작했어야 할 때였다. 그러나 스테판의 이 시기는 질병으로부터 헤어나기 위한 투쟁으로 흘러가버렸다. 스테판의 이 시간은 정말 잃어버린 시간일까? 부모에게, 자신의 사랑스러운 아이가 그렇게 힘든 과정을 겪는 것을 지켜보는 일은 쉬운 일이 아니다. 나는 죄책감을 느낄 때가 많다.

'왜 스테판이 아프게 된 것일까? 우리가 뭔가 다른 조치를 취했더라면 결과는 달라지지 않았을까?'라고.

「딸에게 쓰는 편지」

…… 마리안 스바츠(Marianne Swartz)

> 66 1969년에 태어난 우리 딸은 두 살 반 됐을 무렵인 1972년 우리 가족에게 왔다. 당시 남편은 엔지니어였고 나는 기자였으며 우리에게는 아들이 셋 있었다. 딸아이는 우리집 식구가 되면서 두 명의 오빠와 남동생을 갖게 됐다. 우리집은 스톡홀름 근교에 있었는데, 그 집에는 넓은 마당이 있었고, 그 마당에는 오래된 사과나무가 서 있었다. 남편의 말에 의하면, 누군가 버려진 우리 딸을 발견해 신고했으며, 아이의 친부모를 찾지 못했다고 한다. 아이가 일곱 살 됐을 무렵 나는 남편과 이혼했고 이후 새 남편과 막내아들을 데리고 해외로 이민가게 됐다. 99

항상 우리 관계를 주도하던 너

그 어느 때보다도 네가 더 멀게만 느껴지는구나. 요즈음은 무엇을 하며 어떻게 지내는지, 혹은 너의 아이들은 잘 지내고 있는지 알 길이 없구나. 종종 내가 먼저 전화를 걸어야 된다고 생각했고, 실제로 몇 차례나 통화를 시도했지. 그때마다 네가 전화를 받지 않으면 오히려 내가 구제받는 느낌이 들었단다. 더 이상 말을 하지 않아도 됐으니까.

지난 봄, 너의 심리상담사와 면담한 이후 내게는 큰 변화가 있었단다. 이제 더 이상 온종일 네 생각에 휩싸여 살지 않게 된 것이지. 내가 끊임없이 네 걱정을 한다거나 고통스러워한다는 뜻은 아니야. 그러나 그동안 머릿속에 자리잡고 있던 너에 대한 생각은, 잊고 있다가도 혀로 건드리기만 하면

통증이 되살아나는 치통과 같은 것이었다고나 할까.

　심리상담사를 만나러 가는 길에 난생처음으로 가슴 저 깊은 곳에서부터 화가 치밀어 올랐단다. 나를 대하는 너의 행동에 화가 나서 욕설이 터져 나올 지경이었어. 나를 거부하고 무시하는 너의 행동에 내가 깊은 상처를 받았다는 사실을 깨닫게 됐기 때문이야. 너는 늘상 나의 전화를 피하려고 애쓰는데도 나는 계속 너와 통화하려고 했었지. 그것은 내가 너를 버리지 않았다는 것을 보여주기 위한 노력이었어. 그렇게 노력하고 또 노력했는데도 이런 대접을 받아야 한다는 것은 정말 불공평한 일이야. 전화를 걸면 너는 내 귀에 대고 냉정하게 소리지르며 수화기를 내려놓았지. 어떻게, 무엇을 이야기해야 하는지 결정하는 것은 언제나 너였어. 어떤 주제에 대해 말하든, 아니면 대화를 이어가는 동안에도 이제 충분히 이야기를 나누었다며 너는 먼저 대화를 끝낼 권리가 있다고 우겼지.

　너는 항상 네 관점이 옳다고 주장했어. 우리가 대화를 나눌 때면 너는 내가 반년 전쯤 말해서 이제는 기억도 나지 않는 이야기들을 끄집어냈지. 그리고 내가 무슨 생각으로 그런 말을 했는지 따지곤 했어. 때로는 네가 오해한 것이기도 하고, 단어나 표현을 나와는 전혀 다른 방향으로 해석했거나, 내가 우연히 말했던 사소한 것을 네가 심각하게 받아들이기도 한 것이었어.

이제 공은 네 손에

　너의 심리상담사와 상담한 후, 나를 둘러싸고 있던 분노와 한탄, 그리고 자포자기했던 심정으로부터 자유로워졌단다. 네가 누군가로부터 도움을 받고 있으며, 네 인생을 꾸려나가기 위해 노력하고 있다는 것을 알게 됐거든. 이 사실을 알고 난 후 나는 긴장을 풀고 쉴 수 있었단다. 마치 내 어깨에 얹혀 있던 젖은 솜이불을 걷어낸 듯한 기분이었지. 슬픔과 일종의 버려진 느낌, 그리고 불공평한 대우를 받았다는 기분은 여전히 남아 있지만, 내가 모든 책임을 지지 않아도 된다는 생각이 마음을 어느 정도 가볍게 해주었어. 네 인생은 네가 만들어가는 거야. 모든 것은 네게 달려 있단다. 나는 언제든 너와 얼굴을 맞대고 대화를 나눌 준비가 되어 있어. 그렇지만 조건이 있단다. 이 조건들은 지금 이 순간부터 적용되는 거야. 이제까지 일어났던 일이나 지금까지 내가 말했던 것들은 모두 잊어주렴. 내가 바라는 것은 우리가 어른으로서 서로를 알아가야 한다는 것이란다. 만약 서로 마음이 맞는다면 앞으로 단지 엄마와 딸의 관계가 아니라 친구로 만날 수도 있겠지. 그러나 우리가 전혀 다른 성향의 사람들이라고 할지라도 여전히 상대방을 존중하며 가족 구성원의 하나로 만날 수 있기를 바란다. 온 집안에 긴장감을 조성하지 않고 말이지. 한 인간으로서, 그리고 엄마로서 나는 이제까지 너와 네 형제들에게 많은 실수를 저질러 왔단다. 나는 너무 이기적이었고 나밖에 생각하지 못했으며, 너희들이 어려운 상황에 처하도록 내버려두었어. 특히 감정적으로 상처를 준 것 같구나. 그러나 나는 내 삶을 후회하지 않는단다. 나 자신을 있는 그대로 받아들이려 노력하고 있어. 너 또한 앞으로 조금씩 그러기를 바란다.

  네가 나를 엄마라고 부른 것이 언제인지 모르겠다. 이 편지에 '우리 딸'이라고 부르고 있지만 사실 네가 나를 '엄마'라는 호칭 대신 내 이름을 부르기 시작한 것은 이미 오래 전이지. 너의 이름도 또한 우리 사이에서는 논쟁거리 중 하나였어. 혹시 우리는 그동안 힘겨루기를 한 것일까? 네 성의 첫 번째 부분은 내가 정말 사랑했던 네 외할머니의 이름에서 가져왔단다. 그 이름은 내 이름의 일부분이기도 해. 그 이름을 네게 지어준 것이 네가 집안 식구들과 유대감을 갖게 하기 위해서였단다. 가운데 이름은 나의 친할머니에게서 따왔으며 마지막 부분은 너의 한국 이름이지. 네가 스무 살 됐을 무렵이었던가? 네 이름의 마지막 부분을 다른 것으로 바꾸어버렸지. 너를 그 새로운 이름으로 부르는 것이 나는 정말 쉽지 않았단다. 새 이름이 네게 얼마나 큰 의미를 갖는지 이해하고 나도 그 이름에 적응하기 위해 많이 노력했지만, 그 일로 인해 내가 상처를 받은 것은 사실이란다. 그 이름을 너는 원치 않았지만, 그 이름은 내가 꼭 네게 주고 싶었던 중요한 것이었어.

우리가 왜 너를 입양했느냐고, 언젠가 네가 물어왔었지. 왜 너를 입양하고 싶었을까? 만약 내가 너에게 왜 자식을 낳았느냐고 묻는다면 너는 뭐라고 대답할까? 이 질문에 대답하기는 쉽지 않을 거야. 그렇다면 나에게 던져졌던 너의 질문이 얼마나 대답하기 어려운 것인지 너도 이해해줄 수 있겠지? 나의 대답이 결국 하나의 합리화일지 몰라도 일단 대답을 해보자꾸나. 나와 너의 아빠가 입양 문제를 생각하기 시작한 것은 무엇보다도 당시의 시대 상황 때문이었단다. 당시 스웨덴은 국제사회에서의 활동이 어느 때보다도 왕성했던 시기였어. 우리도 역시 국제사회에 어떤 기여를 하고 싶었고, 게다가 우리는 경제적으로도 충분히 여유가 있었거든. 우리는 우리가 가진 풍족함을 누군가와 함께 나누고 싶었단다. 남에게 풍족함을 베풀고자 하는 자세는 어떻게 보면 정말 순진해 보이기도 하겠지. 더욱이 나는 신문사에 근무했었는데, 동료 중에 친자식이 있으면서도 여러 명의 아이를 입양한 사람이 있었어. 그 사람은 입양에 대해 늘 좋은 이야기만 늘어놓았단다. 당시만 해도 아직 입양과 관련된 연구 ─ 예를 들면 핀란드의 전쟁고아 입양 사례 같은 것 말이지 ─ 가 진행되지 않았단다.

너의 성장기

너와 나 사이가 걷잡을 수 없이 악화일로를 치달을 때면, 나는 네가 아기였던 시절을 떠올리곤 했단다. 까만 머리가 가늘게 삐죽삐죽 나온 작은 여자아이가 분홍색 털실로 짠 원피스를 입고 양말을 신은 채 나타났었지. 알란다 공항에서 너를 만나 집에 오는 차에서 너는 내 품 안에 몸을 파묻었었지. 그러고는 집에 도착했는데도 내리려고 하지 않아. 나의 검은 생머리가 친숙해서였을까. 내 품에 안겨 있던 너는 턱수염이 잔뜩 난 아빠와 할아버지를 보고 겁에 질렸었지. 우리는 몇 달 동안이나 네가 도착하기를 기다리며 준비해야 할 것을 미리 마련했었단다. 당시 한 살이었던 너의 남동생과 함께 쓰게 될 네 방도 정리했었지. 침대를 새로 칠하고, 새 커튼을 달고, 옷장에는 직접 뜨개질한 반짝이를 달고, 내가 직접 바느질해서 지은 옷으로 그곳을 가득 채웠단다. 우리가 얼마나 널 그리워했으며 네가 오는 것을 얼마나 기뻐했는지 느끼게 해주고 싶었던 거야. 빨간 점퍼 원피스에 꽃을 수놓은 모자를 만들고 카디건을 뜨고, 네게 입힐 원피스를 만들 생각이었지. 네가 오기 전까지 너는 내게 마치 인형과 같았어. 그런데 너를 품에 안고서야 비로소 네가 사람으로 느껴지더구나. 그때 너는 두 살 반이었기 때문에 계단을 걸어 올라가기도 힘들어했고, 눈 쌓인 길에 발을 내딛기를 싫어했단다. 우리는 너에게 한참 동안이나 집안 계단을 오르내리는 연습을 시켰단다. 그 당시 너의 몸무게는 11킬로그램 정도였으며, 내가 접시에 담아주는 음식은 무엇이든 잘 먹었지. 너는 특히 밥을 좋아했는데 어쩌다가 식탁에 밥알을 흘리면 그걸 하나하나 집어먹었어. 네 오빠들은 처음에 너의 그런 모습을 보고 놀려대며 웃었지. 너는 밤이면 곧잘 깨어나 울곤 했단다. 결국 너를 우리 침대에 재우거나, 내가 네 침대에 웅크려 함께 잤었어. 그래도 네가 편히 잠들지 않을 때면 너는 두 손으로 내 얼굴을 감싸고 내 눈을 쳐다보면서 한국말로 짐작되는 알아들을 수 없는 말로 무엇인가 장황한 연설을 늘어놓곤 했단다. 그 내용을 알아들을 수는 없었지만, 네가 누군가를 무척 그리워하고 있으며, 우리가 그것을 보상해줘야 한다는 것만은 이해할 수 있었단다.

  네가 우리 가족의 품에 안긴 것은 3월이었지. 그리고 몇 개월 후, 여름이 되자 온 가족은 보트 여행을 떠났어. 그때 두 살이었던 너는 여섯 살, 여덟 살 된 오빠들, 그리고 동생과 신나게 놀며 산을 뛰어다녔단다. 햇볕에 까맣게 탄 작고 동글동글했던 너는 이 바위에서 저 바위로 뛰어다녔지. 여느 세 살배기 또래와 마찬가지로 즐겁고 활기차고 무척 고집이 강했단다. 너는 새로운 세상에서 행복한 삶을 살기를 마음속 깊이 기원하는 한 작은 소녀로 보였어.

이혼과 아프리카

나는 미국의 대학에 가서 잠시 공부하기로 했단다. 입학이 허가된 그 해 가을에 나는 미국으로 건너가 반년을 지내게 됐지. 이제 와 돌이켜보면 그때는 나에게 절망적인 시절이었다. 물론 그때도 그렇게 느꼈지만. 너의 아빠와 나는 서로 잘 지내지 못했단다. 아빠는 다른 여성을 만나 내가 미국에 있는 동안 우리집에서 동거하고 있었고, 나는 신문사의 쳇바퀴 돌듯 반복되는 일상에서 벗어나 무엇인가 새로운 것을 찾고 싶었단다. 나는 아빠와 헤어지고 싶었지. 그러나 나의 아이들을 위해 최선의 방법을 찾기 위해 노력했었어. 아빠와 이혼하면 나는 아빠로부터 너희들의 양육비를 받을 수 있었단다. 아빠로부터 양육비를 받는 것이 이상한 일일까? 나는 스웨덴으로 돌아와 이혼절차를 밟았고, 너희들은 곧 나의 지금 남편인 새아빠와 만나게 됐지. 그러고 나서 나와 남편은 아프리카로 떠나게 됐어.

이 많은 사건과 그때마다의 감정, 경험을 한 줄로 늘어놓자니 나 스스로 내가 정상이 아닌 사람처럼 보이는구나. 네가 새아빠에게 거부감을 느끼고 내게 더욱 마음의 문을 닫은 것도 이상한 일은 아니야. 여름이면 우리는 스몰란드에 갔었지. 네가 열네 살 때였던가? 내 친구의 딸이 자기 엄마와 이야기하는 거만한 태도를 보며 너는 경악했었지. 그때 자신은 절대로 그러지 않을 것이라고 다짐했었던 네가 2년이 지난 후에는 그 아이와 똑같은 모습이 되어 있더구나. 십대 시절 내가 어머니에게 하던 행동을 떠올리며 시간이 지나면 나아질 것이라는 희망을 가졌지만, 그것은 결국 헛된 소망이었어. 내가 말한 것들과 내가 한 것들 — 혹은 아마 하지 않은 것일지도 모를 — 을 떠올려봐도, 네가 그렇게 말하는 진정한 목적이 무엇인지 나는 잘 모르겠구나. 내가 최고의 엄마가 되어주지 못했다는 것은 나도 알아. 내 행동 가운데는 옳지 못했던 것도 있지. 나 스스로 무척 후회하는 것도 있어. 그러나 네가 용서해줄 수는 없는 것일까? 혹은 최소한 그러려니 하고 참아주는 것조차도 어려운 것일까?

다 큰 내 딸과 좀더 가까이

    네가 잠시 나와 가까이 지낸 적이 있었지. 그러나 그 후로 너는 더 멀리 도망가버렸어. 내가 너를 사랑하는 마음이나 너의 다른 형제들을 사랑하는 마음은 항상 변함이 없단다. 다만 사랑의 방법이 달랐다고나 할까. 그렇지만 너희들을 키우면서 차별대우를 했다고는 절대로 생각하지 않아. 너는 나의 사랑을 받았으며 내가 늘 그리워해오던 아이였는걸. 그러던 네가 어느새 서른다섯이 됐고, 이제는 두 아들을 키우고 있구나. 나는 그 아이들의 외할머니가 되어주고 싶단다. 그러나 그 아이들이 나에 대한 네 행동을 보면서 어떻게 나를 사랑하는 마음을 가질 수 있을까? 네가 나를 마치 전염병 환자라도 되는 듯 피하는데, 아이들이 어떻게 나를 따뜻하게 안아주겠니? 나는 늘 딸아이를 갖고 싶었고, 그래서 네가 내 품에 안기게 된 것이란다. 나는 솔직하고 당당하게 말할 수 있단다. 공항에서 너를 품에 안아들던 순간 복받쳐 오르던 기쁨과 사랑은, 산고 끝에 막 출산한 갓난아이를 받아들었을 때와 조금도 다르지 않았다는 사실을. 그러던 내 딸을 돌려받고 싶은 것, 그것 이외에 지금 내가 바라는 것은 아무것도 없단다.

    너에 대한 내 사랑을 견고하게 지켜주는 것은 너의 어린 시절의 모습 — 그 작은 꼬마 여자아이에 대한 기억들이란다. 나는 너를 이해할 수가 없구나. 네가 감히 '존중'이란 말을 할 수 있는지도 이해할 수 없어. 마치 상처받게 될 것이라는 전제하에 내 말을 듣는 것처럼, 내 전화를 받고 수화기를 집어던지던 네가 아니었니. 정확하게 말하자면 네가 날 버린 거야. 언젠가 다시 버려질지 모른다는 두려움과 공포가 너를 그렇게 만든 것일까? 아니면 네가 옳았다는 것을 보여주기 위해 내가 널 떠나게끔 행동하는 것일까? 어쨌든 결국은 네가 가장 두려워하던 일이 벌어진 꼴 아니니.

내 사랑은 이제 닳고 닳아서 거미줄처럼 가늘어졌단다. 그러나 거미줄은 가늘면서도 강하지. 나는 한 가지 일을 오랫동안 마음에 담아두는 사람이 아니야. 내가 죽기 전에 언젠가 네가 다시 내게 마음을 돌리는 날이 올까? 나는 아직 그 희망을 포기하지 않았단다. 네가 다시 돌아올 것이라고 나는 믿고 있어. 나는 다 큰 우리 딸과 친해지고 또 너를 사랑하고 싶구나. 어제 네가 전화를 했었지. 밝고 편안한 목소리였어. 마치 어제 만나고 헤어진 사이인 듯 친숙하게 네 생일잔치에 나를 초대하더구나. 당연히 갈 거야. 이번이 아마도 우리가 서로에게 가까이 가기 위한 길고 긴 여정의 시작이 아닐까.

「엘린 이야기」

······ 토미 함마르스트룀(Tommy Hammarström)
술벡 텐스트룀(Solveig Ternström)

❝ 국립극장 소속 배우인 술벡 텐스트룀과 스웨덴 석간 《익스프레센》 기자인 토미 함마르스트룀은 1982년 여름 한국에서 여자아이를 입양했다. 대구의 보육원에 있었던 진경은 스웨덴에 도착할 당시 다섯 살이었으며, 같은 해 9월 교회에서 엘린 안나라는 세례명을 받았다. 현재 엘린은 스물아홉 살이 됐으며, 여전히 부모와 함께 살고 있다. 그녀는 몇 년째 병가 상태로 스스로 생활을 꾸려가기 힘들다. 긍정적이며 상냥하고, 사교적이며 유머러스하고, 손재주가 많으며 음악적 재능이 뛰어난 아이지만, 아이의 마음 한구석은 어둠에 사로잡혀 있다. 버려진 것에 대한 충격과 자기 경멸을 극복하지 못하는 것이다. 이 어둠이 사라지도록 노력하는 것. 이것이 지금 우리 앞에 있는 문제다. 비록 출구가 분명하게 보이지는 않지만, 어디선가 가능성의 빛이 들어오고 있는 것은 분명하다. ❞

토미의 이야기 : 첫만남

첫아이를 유산하고 나서 우리는 입양 문제를 생각하기 시작했다. 입양이란 편리하기도 하지만 무척 번거로운 일이었다. 사람들은 심지어 불임 부부가 입양을 하기로 결정하면 곧 아이를 임신하게 된다고 말하기도 했다. 그래서 나는, 입양에 대한 생각이 아내의 몸을 천천히 일깨워주기를, 그래서 다음번에는 유산이 되지 않기를 간절히 기도했다. 다시 기회가 허락된다면 말이다.

우리에게 입양은 자연이 허락해주지 않는 경우에 선택해야 하는 차선책이었다. 그러나 실제로 우리가 이 문제를 심각하게 고민해본 적은 없다. 다만 아내는 나에게 내 피가 섞이지 않은 자식을 가져도 좋은지 물어왔다. 나는 아무 상관 없다고 대답해주었다. 정말로 나에게는 나의 생물학적 유전자를 나눈다는 것이 그다지 중요한 일은 아니었다.

세 번째 임신에 실패한 후, 우리는 더 이상 다른 대안이 없다는 사실을 인정했다. 입양에 대한 생각은 점차 진지해졌으며 구체화됐다. 우리는 입양센터 회원이 됐고, 결국 입양 대기자 명단에 이름을 올리게 됐다.

입양에 대한 부정적 시각만 안겨주는 입양 준비 과정

우리는 사회복지위원회의 예비 양부모를 위한 교육과정에 참가했다. 이 과정에 참가한 이유는, 마치 운전면허증처럼 입양 허가를 받기 위해서는 꼭 필요한 과정이라고 사회복지사가 말했기 때문이다. 그들은 나중에 유관 기관이 이를 확인한다고 주장하기도 했다. 나는 도대체 이런 교육과정이 왜 필요한지 도저히 이해할 수 없었다. 강사들은 강의 내내 잔뜩 겁만 주었다. 그들은 입양의 불편함과 입양 후의 걱정거리에 대해서만 토론했으며, 입양으로 인한 기쁨과 행복에 대해서는 거의 언급하지 않았다. 소변을 가리지 못한다, 옴이 옮는다, 수면장애, 불안정한 식사 습관, 정신적 충돌, 자기 관리 장애, 언어장애 등 그들이 제시하는 부정적 사항은 끝이 없었다. 매번 모임을 가질 때마다 입양의 불편함과 단점이 산더미같이 쌓여 갔다. 그러나 동시에 우리의 결심도 또한 단호해졌다. 고난이 클수록 우리의 열정은 단단해져 간 것이다. 우리를 겁주려던 시도는 우리에게 입양에 대한 확신만 안겨줄 뿐이었다.

왜 아이를 원하는가?

　이것은 참으로 이상한 질문이다. 왜 아이를 원하지 않는단 말인가? 우리는 정말로 자녀를 갖기를 소망했다. 아내가 세 번이나 유산한 것이 충분한 대답이 되지 않는가? 사회복지사가 마치 시험을 하는 듯한 눈빛을 던지며 묻는 말에 갑자기 말문이 막혔다. 뭔가 불쾌하고 심지어 부당하다는 느낌이 치밀어올랐다. 그들은 그저 대답을 원하는 것이 아니라 '바른 대답'을 원하고 있었다. 정확한 답에 체크하기를 원하는 것이다. 그러나 우리는 아이를 원해서 아이를 갖고 싶을 뿐이다. 참으로 오랫동안 소망해왔으니까. 그것은 당연한 인간사며, 자연스러운 자연의 섭리고, 아주 근본적인 필요이자 또한 의무이지 않은가! 전혀 앞뒤가 맞지 않는 장황한 설명들이었지만 어쨌든 유산에 대한 이야기는 사회복지사의 질문에 매우 구체적이고, 고통스럽고, 심각하고, 거부할 수 없는 대답이 됐다.

　가정방문, 건강증명, 생활환경 조사, 소득증명 등등 끝없이 시간과 에너지를 빼앗아가는 관료적 과정을 거쳐 마침내 우리는 양부모가 될 수 있다는 허가를 받게 됐다. 그러나 아내가 마흔이 넘었기 때문에 우리는 신생아가 아니라 최소한 3세 이상의 아이를 받게 될 것이었다.

　그 후 우리는 입양센터의 대기자 명단에 올라 뱀처럼 똬리를 틀고 새로운 기다림의 시간을 갖게 됐다. 반년 후 마르가레타 블롬크비스트가 전화를 걸어와 한국 아이를 입양하는 것에 대해 어떻게 생각하는지 물었다. 이것이 우리가 생각할 수 있는 문제였던가? 아이가 어땠으면 좋을까에 대해 상상해본 적이 있던가? 아이가 온다면 어떻게 생겼으며, 어디에서 온 아이일까? 우리는 라틴아메리카 출신 아이에 대해 이야기를 한 적이 있었다. 아내의 친구 한 명이 콜롬비아에 머물면서 여자아이 한 명을 입양했던 것이다. 우리는 어림짐작으로나마 어두운 피부색에 갈색 눈을 가진 아이를 생각하고 있었다. 너무 낯설거나 너무 이질적이지만 않으면 되기 때문이었다. 인도 아이를 생각해보기도 했으나 한 번도 한국 아이에 대해 생각해본 적은 없었다. 그러나 우리는 이 제안을 당연히 받아들였다. 즉시 우리 아이에 대한 영상이 좀더 구체적으로 머릿속에 그려지기 시작했다. 가느다란 눈에 석탄처럼 까만 머리이리라. 그리고 나서 엄청난 생각이 머리를 때렸다. 이미 지금 지구 건너편 저 아시아의 장벽 너머에서 한 아이가 우리를 기다리고 있구나! 우리가 전혀 알지 못하고, 한 번도 보지 못한 아이가 지구 반대편 저쪽에 오랫동안 존재해왔던 것이다.

우리는 말로 표현할 수 없는 환상적인 기분에 젖어들었다. 그러나 우리의 그리움이 구체적으로 실현되기도 전에 또 다른 관료주의의 장벽이 우리를 가로막았다. 한국 정부로부터 입양 허가를 받는 일이 쉽지 않았던 것이다. 더 이상 희망을 키울 용기가 나지 않았다.

길고 복잡한 서류 절차

뒤이어 시작된 한국의 서류 절차는 스웨덴보다 훨씬 요구하는 것이 많았다. 새로운 서류 증명서, 심지어 스웨덴 목사에게서 양부모로 적합하다는 인증을 받아야만 했다. 재산증명서가 필요했고, 새로운 건강진단서와 범죄기록을 비롯해 주변의 수많은 사람에게서 오만 가지 증명서에 서명을 받으러 다녀야 했다. 그 상세한 질문지에는 어쩌면 너무 당연할지도 모르지만, 보는 순간 우리를 깜짝 놀라게 한 우리가 무슨 인종인가에 대한 질문까지 포함되어 있었다. 우리는 무엇이라고 대답해야 할지 감이 잡히지 않았다. 백인종? 유럽인? 아리안인? 북구인? 끝내 전문가의 도움을 요청한 끝에 우리가 코카서스 인종에 속한다는 사실을 알게 됐다. 코카서스? 도대체 왜 내가 코카서스 인종이란 말인가? 백과사전을 뒤져보니 코카서스 인종은 인도유럽인들을 통칭하는 말이었다. 이 모든 것이 지금 무슨 의미가 있단 말인가.

1982년 1월, 우리는 마침내 한국에서 요구한 모든 서류를 보낼 수 있었다. 그리고 다시 하염없이 기다려야 하는 세월이 시작됐다. 말 그대로 영원히 끝나지 않을지도 모르는 세월이 말이다. 그들의 결정은 우리의 남은 삶을 좌우하게 될 것이다. 입양 자녀를 얻는 과정은 출산만큼이나 길고 많은 준비를 필요로 하며 때로는 고통스럽기도 하다. 그러나 여기에서 해방된 우리는 함께 아프고, 함께 기뻐했으며, 걱정이 우리 몸 안에 함께 존재하는 것을 느꼈다. 수년에 걸친 기나긴 입양 처리 과정은 점차 막바지에 이르렀고, 모든 것이 정상적으로 진행된다면 한 여름쯤에는 아이의 소식을 들을 참이었다.

5월 중순 마침내 연락이 왔다. 우리는 양부모로 인정받았다. 우리의 신청서류와 사진은 모든 심사 기준과 과정을 무사히 통과해 합격 도장을 받았으며, 우리는 대구의 한 보육원에 있던 다섯 살 난 여자아이를 입양하는 것이 어떻겠냐는 제안을 받았다.

한국에서 온 다섯 살 난 꼬마아이

우리는 당연히 그 자리에서 이 제안을 받아들였다. 대안이란 없었다. 이미 입양 후보 대상으로 아이에게도 연락이 갔을 텐데 누가 이를 거절할 수 있겠는가? 막연히 아이를 그리워하던 마음은 이제 구체적으로 서진경이라는 다섯 살 난 꼬마 여자아이에게로 집중됐다. 어두운 갈색 머리칼에 둥근 얼굴, 그리고 나이에 비해 유난히 작은 키의 여자아이였다. 이 아이가 곧 태어날 우리 자식인 것이다.

우리의 입양 의사를 한국에 전보로 회신하고 나니 새로운 행정 처리 과정이 시작됐다. 얇은 반투명 종이에는 다음과 같은 사항이 적혀 있었다.

서진경은 1977년 1월 20일에 태어났으며, 출생지와 부모는 파악되지 않은 채 버려진 아이였다. 그러나 어디서 어떻게 발견됐는지에 대한 기록은 남아 있지 않았다. 보육원에 등록될 당시 아이는 한 살 반이었고, 보육원

사람들이 이름과 생일을 지어주었다고 한다. 진경은 동그란 얼굴에 통통한 볼을 가진 귀여운 아이라고 설명되어 있었으며, 키는 작았으나 의사 소견에 의하면 모든 것이 정상이라고 했다. 그 아이는 스무 명의 다른 아이들과 함께 방 한 칸에서 생활하며, 매일 아침 곧잘 스스로 옷을 챙겨 입고 세수를 한다. 밤에는 잠도 잘 자며, 하루에 세 번씩 밥 한 공기를 뚝딱 비운다. 식후에는 간식으로 과일이나 빵, 과자, 캐러멜을 받는다. 무엇이든 금방 배우고 수줍음이 없으며, 누구든 자신에게 관심을 보이면 친근감 있게 구는 아이다. 전반적으로 말해 '매우 안정적이며, 조심성이 있고, 고집도 있는' 아이라고 평가됐다.

    우리의 시선은 이 조심스러운 마지막 견해에 고정됐다. 고집스럽다는 성격은 완벽한 설명 중에 옥의 티와도 같았으나, 우리에게는 행운의 표시로 여겨졌다. 고집스럽다는 것은 뭔가를 강렬히 원하는 성격을 뜻한다. 그리고 우리의 입양이 지금 그 아이가 가장 강렬히 원하는 그것이 아니겠는가.

    며칠 후 우리는 아이 모습이 찍혀 있는 직사각형 사진 몇 장과 여권사진 복사본을 전달받았다. 처음에는 아이의 표정을 읽기가 어려웠으나 차츰 매우 심각하고 혹은 조금 긴장된 분위기를 얼굴에서 엿볼 수 있었다. 밝은 배경을 뒤로 하고 짧게 자른 머리에 소매가 짧은 줄무늬 니트를 입고 있었다. 머리는 약간 위로 들고 시선은 사진사를 향했으며, 심통이 난 듯 볼을 내밀고 있었다. 사진을 찍는 것이 도대체 맘에 들지 않았던 것 같다. 플래시가 정면에서 터졌는지 사진에 그림자라고는 없으며 빛이 너무 강렬했다. 그럼에도 불구하고 동그란 얼굴에 작고 예쁜 입술과 작은 눈이 얼마나 귀여운지 또렷하게 볼 수 있었다. 그러나 어깨는 가냘프고 겁 먹은 듯 움츠러들어 있었다. 이 아이는 무슨 일이 진행되고 있는지 알고나 있는 것일까? 자신의 운명에 대해 무엇을 눈치채고 있는 것일까? 아이가 무슨 생각을 하며 이 사진을 찍었는지 무척 궁금했다. 우리는 사진이 뚫어져라 보고 또 보았다. 그리고 모든 것은 점점 더 미궁 속으로 빠져들었다.

긴 여정의 시작

하지를 며칠 앞두고 마지막 연락이 왔다. 마침내 모든 준비가 끝났으니 아이를 데려가도 좋다는 것이다. 일주일간 정신없이 준비를 하고 우리는 6월 28일 오후 1시 5분에 스톡홀름을 출발했다. 프런트 데스크 너머의 여직원은 내 짐에 붙은 도착지명을 보더니 나를 동정하듯 쳐다보았다.

"장거리 여행이 되시겠어요." 여직원은 말했다.

"아, 네." 나는 대답을 대충 얼버무렸다. 그녀는 이 여행이 앞으로 얼마나 길고 긴 여정의 시작인지 짐작도 못하리라.

코펜하겐에서 일본항공으로 갈아타고 알래스카를 거쳐 도쿄로 갔다. 북극 위쪽을 비행하며 나는 백야의 태양에 반짝이는 갈라진 얼음덩어리를 내려다보았다. 빙산 가장자리의 바다와 접한 부분으로부터 얼음덩어리가 깨져 남쪽으로 천천히 흘러 내려가는 것을 뚜렷이 볼 수 있었다. 이것은 내게 어떤 상징적인 의미로 다가왔다. 주변에서 일어나는 일 하나하나가 의미심장했는데, 비행기 안에서 상영하는 영화를 보고는 놀라움을 금할 수 없었다. 그것은 잃은 자식을 그리워하는 중세 사람의 이야기를 다룬 버트 레인홀드의 영화였다. 그리고 나는 알래스카의 앵커리지 공항에서 흰 엄마 북극곰이 갓 태어난 새끼를 품에 안고 있는 엽서를 발견했다. 사진 속의 두 마리 곰은 무척 다정하고 행복해 보였다. 엽서의 강렬한 색채에선, 행복과 안정감이 물씬 풍겼다. 그 사진은 내게 '모든 것이 다 잘 될 거야'라고 용기와 힘을 북돋아주는 듯했다.

정확하게 스물네 시간을 날아서 나는 캄캄한 밤으로 가득한 서울에 도착했다. 택시를 타고 내 이름으로 방이 예약되어 있을 신라호텔로 갔다. 그러나 막상 호텔에서는 나의 도착에 대해 전혀 모르고 있었다. 아메리칸 익스프레스 같은 국제 신용카드가 없었던 나는 방을 얻기 위해 엄청난 금액의 달러를 리셉션에 맡겨야 했다. 조짐이 좋지 않았다. 지금부터 일주일간 한국에서의 여비가 부족하지 않도록 계획적으로 돈을 지출해야 한다. 나는 너무 피곤했기 때문에 침대에 몸을 눕히고 동면에 빠진 곰처럼 한없이 깊은 잠에 빠져들었다. 밤새 무어라 설명할 수 없는 복잡한 꿈에 휘둘렸던 나는 이튿날 아침 대한사회복지회(Social Welfare Society)의 관계자와 연락하여 그날 오후 4시까지 사무실을 방문하기로 결정했다. 그곳에서 나는 '진경', 혹은 복지사가 내내 칭하던 '나의 딸'을 만날 참이었다.

시계는 오전 10시를 가리키고 있다. 이제 여섯 시간이 남은 것이다. 수년간의 기다림 끝에 하루의 4분의 1이자 한 사람의 인생에서 지극히 짧은 순간에 불과한 여섯 시간이 남았다. 분명히 긴 과정의 끝에 나는 도착해 있었다. 무너져 내리기 직전의 긴장감과 그동안의 고통으로 완전히 지쳐버렸어야 하는데도 나는 매우 침착해졌다. 유일한 걱정은 한국의 규정이라고 하는 비행기 티켓을 재확인하는 것이었다. 그것은 매우 귀찮은 일이다. 고층건물이 쭉쭉 늘어선 멋진 사무실 거리를 지나 나는 항공사 사무실을 찾아갔다.

서울은 아시아와 유럽의 분위기, 옛것과 새것, 빈곤과 부유함이 섞여 있는 상당히 특이한 도시였다. 이때까지 내가 다녀본 유럽의 어느 도시보다도 교통량이 많고 소란스러웠다. 길거리는 온통 지하철 공사로 파헤쳐져 있거나 반쯤 지어 올라간 호텔, 쇼핑센터, 새로운 교차로 건설 공사로 막혀 있었다. 많은 사람이 한국은 산업화로 망가져 버린 오래된 농업국가라고 말하고 있다. 서울의 경제가 점차 무너져 내리고 있다는 신호를 곳곳에서 볼 수 있었다.

두 백화점을 연결하는 지하 통로에는 한쪽 다리를 잃은 남자 또는 남자아이들이 앉아 있었다. 그들은 칼자루 속의 칼처럼 온몸을 낡은 옷가지로 둘둘 감고, 한쪽 손을 쭉 뻗은 채 머리는 영원히 멈추지 않을 감사의 표시로 포물선을 그리며 천천히 앞뒤로 움직이고 있었다. 말 그대로 그들은 기어가듯 엎드려 동정을 구하고 있었다. 몹시 어색하고 불편해진 나는 그의 더러운 종이상자에 동전을 던져줄 생각이 없었다. 그리고 어서 그곳을 지나치고자 발걸음을 재촉했다.

첫만남의 순간

노란색 택시를 타고 한참을 달렸다. 마침내 대한사회복지회 사무실이 있는 아동병원에 도착했을 때는 면담시간까지 20분이나 남아 있었다. 그러나 내가 먼저 온 것은 아니었다. 사무실 문을 열고 들어섰을 때, 책상 아래 서 있는 딸아이를 발견했다. 책상 앞에는 아이의 위탁모로 여겨지는 풍채가 좋은 중년여성이 있었다. 아이는 잔뜩 움츠리고 서서 바닥만 바라보고 있었다. 얼굴은 어둡고 심각했으며 사진에서 보았던 것과 같은 무방비 상태의 두려움으로 가득 차 있었다.

우리의 첫 대면은 마치 출산의 순간과도 같은 것이었다. 모두들 이 순간에 강렬하고 예측할 수 없는 감정에 휩싸일 것이라고 말했었다. 나는 스스로 긴장해서 이 순간을 위해 단단히 마음을 먹고 있었던 터라, 마침내 이 순간이 찾아왔을 때 겉으로는 마치 감정이 없는 듯 매우 침착하게 행동할 수 있었다.

나는 눈앞에 서 있는 작은 아이를 보았다. 서류에 의하면 다섯 살 반이라는데 마치 세 살 난 아이처럼 작았다. 키가 90센티미터밖에 되지 않았으며 아기의 모습이 아직 남아 있었다. 아이를 번쩍 들어올려 무릎에 앉혔는데, 싫어하는 기색 없이 순순히 앉아 있었다. 내가 누군지 이해한 것일까? 무슨 일이 일어날지 이 아이가 알고 있는 것일까? 아이는 의심스러운 미소를 지으며 나를 바라보더니 조심스럽게 나를 만지기 시작했다. 팔을 잡아당기고, 손가락을 구부리고 머리카락을 잡아당겼다. 아이는 내내 이해할 수 없는 미소를 띤 채 마치 고양이처럼 호기심 어린 눈초리로 냄새를 맡기도 했다.

운명이었을까, 우연한 기회였을까? 아니면 만나고자 하는 강한 의지가 우리를 이끌었던 것일까? 서로 처음 만났으며 말도 통하지 않는 우리 두 사람은 소파에 앉아서 온갖 방법을 동원하며 의사소통을 위해 노력했다. 나는 한글이라고는 한 글자도 모르고 진경 또한 스웨덴어 같은 것은 한 번도 들어본 적이 없으리라. 우리는 대신 몸짓과 만국 공통의 감각을 사용해서 단 한 마디 말도 않고 놀라우리만큼 많은 것에 대해 이야기를 나눌 수 있었다. 아이가 점차 내 가슴에 몸을 기대자 나는 아이가 나를 믿는다는 것을 느낄 수 있었다. 그 순간 내 가슴은 평온과 확신으로 가득 찼다.

우리 주변의 다른 사람들은 흥분을 감추지 못한 채 미소를 띠고 있었다. 사회복지사 한 사람과 진경의 '업무'를 처음부터 담당해온 지희라는 젊은 아가씨는 연신 아이에게 무엇인가를 말했고 아이는 대답을 하고 있었다. 지희 씨는 진경이 나를 좋아한다고 열심히 통역해주었지만 그런 말은 전혀 필요가 없었다. 왜 이 어린아이에게 기분이 어떤지 자꾸 말하게 만드는지 나는 이해할 수가 없었다. 우리는 그들의 도움 없이도 충분히 서로 이해할 수 있는데! 내가 뭔가 불만을 느낄까 봐 눈치를 보는 듯한 기분이 들었으며 이것은 짜증나는 일이었다.

몇 시간 후 잠시 진경과 나 단둘이 남겨지자 아이는 비로소 울기 시작했다. 처음에는 조용히 흐느끼는 듯하더니 점점 소리가 커졌다. 혹시 내 목소리가 도움이 될까 싶어서 조용조용 이야기를 하며 아이를 달래려 했지만, 아이는 이제 참으려 하지 않고 점점 더 크게 울어댈 뿐이었다. 아이는 그제야 어떤 일이 자신을 기다리고 있는지 깨달은 것이리라. 곧바로 위탁모가 뛰어들어와서 아이를 데리고 어디론가 사라졌다. 다시 돌아왔을 때 진경은 안정을 되찾아 기분이 좋아져 있었다.

"소변을 보고 싶을 때마다 우는 버릇이 있어요." 위탁모가 설명했다.

이것은 약간 걱정되는 일이었다. 보육원에서 아이들의 용변 가리는 습관에 대한 교육이 어떠했는지 짐작할 수 있었다.

대구의 보육원으로

다음날 진경의 보육원을 둘러보고 아이가 어디서 어떻게 발견된 것인지 알아보고자 대구로 가는 버스에 몸을 실었다. 어쩌면 아이의 생모에 대한 이야기를 들을 수 있을지도 모를 일이었다. 대구는 서울에서 남쪽으로 멀리 떨어진 곳에 있는 중간 규모의 도시였다. 시내는 서울보다 더 지저분하고 온통 회색빛이며 아시아의 분위기가 물씬 풍겼다. 그러나 보육원은 훌륭했으며 분위기도 좋아 보였다. 그곳에서 생활하는 아이들은 엄격하게 규율을 지키면서도 밝고 개방적이었다. 여기저기 아이들이 노는 소리가 들려왔지만 시끄럽지는 않았고, 일부 보육 방식에 대해 충격을 받기 전까지는 모든 것이 매우 이상적으로 운영되고 있다는 생각이 들었다.

아이들은 세심히 보살핌을 받고 있는 듯이 보였고 영양부족의 기미는 찾아볼 수 없었다. 당연히 보육원생들은 대부분 여자아이들이었는데 모두 같은 스타일에 같은 길이의 머리 모양을 하고, 같은 모양의 머리핀을 꽂고 있었다. 백 명의 아이들이 좁은 마당에서 운동을 하고 스무 명씩 같은 방에서 생활했다. 진경이 사용하던 침실은 약 15제곱미터가량의 온돌방이었다. 그곳에서 아이들은 서로 엉켜서 한 이불 아래 같이 잠드는 것이었다. 나는 문득 진경이 푹신한 침대에서 혼자 자게 되면 어떤 반응을 보일지 궁금해졌다.

사회복지센터의 상냥한 간호사 아가씨가 대구에 남아 있는 진경의 정보를 찾는 일을 도와주었다. 우리는 가톨릭 교단에서 운영하는 유아원을 찾는 데 성공했다. 이곳은 진경이 발견된 후 처음 반년을 보낸 곳이었다. 그러나 그곳에는 아이에 관한 아무런 자료도 남아 있지 않았다. 어쩌면 서류가 뒤죽박죽되어 있어서 아이의 서류를 미처 못 찾아냈는지도 모른다. 어쨌든 아무런 소득 없이 나는 돌아와야 했다.

한국에서의 마지막 밤

　6월 3일 토요일 오후, 나는 진경을 위탁모의 가정에서 데리고 왔다. 한국에서의 마지막 밤은 호텔에서 함께 보낼 계획이었다. 나는 바짝 긴장했으며, 아이가 잘 지내왔다는 위탁모의 이야기를 들었을 때 특히 더 걱정이 됐다. 그러나 모든 일은 나의 걱정과는 달리 순조롭게 진행됐다. 아이는 기분 좋게 아무런 걱정 없이 내 손을 잡았고 우리는 가파른 언덕을 지나 위탁가정이 있던 곳의 골목길을 걸어 내려왔다. 그동안 아이는 단 한 번도 그동안 머물던 위탁가정을 뒤돌아보지 않았다. 호텔로 가는 택시에 탄 후 아이는 줄곧 내 품 안에서 땀을 흘리며 잠들어 있었다.

　　호텔에 도착했을 때 아이는 기분이 좋아 보였다. 신기해서 여기저기를 구경하고 다녔으며 종알종알 끊임없이 이야기하고 내게 연신 미소를 지어 보였다. 한 시간쯤 지나고 나서 아이는 갑자기 조용해지더니 침대에 걸터앉았다. 아이의 눈물이 방울방울 솟아나오는 것을 보자마자 나는 아이를 화장실 변기에 앉혀주었고 아이는 소변을 보기 시작했다. 그러고 나서 아이는 다시 침착해졌지만, 아까처럼 그렇게 신나 보이지는 않았다. 이것저것 물건을 꺼내보려 하지도 않았고 그저 문 뒤에 가서 쭈그리고 앉아 있을 뿐이었다. 나는 아이를 들어내어 온갖 장난감과 연필, 도화지를 보여주며 호기심을 사려 했다. 크게 웃고 장난치고 아이를 쓰다듬어 주면서 위로의 말을 해주려고 노력했다. 그러나 아이의 기분은 더욱더 가라앉아서 금방이라도 눈물이 떨어질 것 같았다. 아이는 깊은 혼란에 빠졌는지 조용히 눈물을 흘렸다. 그리고 갑자기 신발이며 양말, 내가 준 목걸이를 집어던지면서 구석에 가서 몸을 잔뜩 웅크리는 것이었다. 나는 어찌할 줄을 몰랐다. 아이에게 도저히 다가갈 수 없었다.

    얼마간 시간이 흐르고 나서 나는 다시 도화지와 크레용을 꺼내 들고 아이 옆에 앉았다. 무엇이든 해야만 했다. 나는 붉은색과 초록색 볏을 가진 닭을 그렸다. 아이가 조금 호기심을 갖는 듯 보이더니 갑자기 내 품에 안겨서 크레용 하나를 집어들고서는 꾹꾹 세게 눌러가며 세 번째 닭을 색칠하기 시작했다.

    아이는 양말과 신발을 신고 집어던진 물건을 주워들었다. 10분 정도 지난 후에는 다시 노래를 하기 시작했다. 나도 익히 들어 아는 곡이었다. 〈나의 사랑 클레멘타인〉이 아니던가! 나는 화음을 넣기 시작했다. 조금 이상한 듀엣이었지만 우리는 함께 노래를 부르기 시작했다. 나는 영어로, 아이는 한국어로. 그리고 나자 진경은 두 눈이 감기도록 소리내며 신나게 웃기 시작했다.

    체크아웃하고 나서 예치금으로 맡겨놓았던 상당한 금액의 달러를 돌려받았다. 한국의 예치금은 매우 비싼 편이었다. 덕분에 우리는 신라호텔에 있는 멋진 레스토랑에서 한국에서의 마지막 저녁식사를 즐길 수 있었다. 진경은 테이블에 예쁘게 앉아서 최근에 막 사용법을 배우기 시작한 것이 분명한 포크와 나이프를 사용해 가리는 것 없이 무엇이든 잘 먹었다. 식성이나 식욕에는 전혀 문제가 없었다. 우리가 미리 언질받았던 식사 습관에 대한 걱정과 경고는 모두 과장된 것 같았다.

    집으로 돌아오는 여행은 길었지만 달리 언급할 만한 것은 없다. 진경은 기분이 좋았으며 참을성이 있었고, 기내식도 착하게 곧잘 먹어주었다. 미모사 샐러드만이 아이가 유일하게 뱉어버린 음식이었다. 아이가 대부분의 시간을 잠으로 보낸 덕에 심지어 잡지를 읽을 여유까지 있었다는 사실에 지금도 감탄하고 있다.

새엄마와의 만남

아내 술벡을 알란다 공항에서 만났다. 입국장의 유리벽을 통해 진경은 처음으로 자신의 새엄마를 보게 됐다. 내가 시키자 아이는 손을 흔들면서 미묘한 미소를 지었다.

"이분이 엄마(mamma)야"라는 나의 말에 진경은 대답했다.

"엄마(umma)!"

아내는 솟아오르는 눈물을 애써 참으면서 무엇인가 표현하려고 노력했다. 나 또한 나 자신을 제어할 수가 없었다. 말로 표현할 수 없는 벅찬 기쁨 때문에 우리는 유리벽 양쪽에서 서로 얼굴을 맞대고 울어버렸다.

술벡의 이야기 : 엘린-영혼의 아픔

2005년 5월 20일, 시계는 오전 11시를 가리키고 있었다. 나는 아칼라의 구세군 사무실에 앉아서 여성 이민자 그룹이 스웨덴어 수업을 마치기를 기다리고 있었다. 속으로는 솟아오르는 걱정을 떨쳐버릴 수가 없었다. "다 잘 될 거예요." 구세군이자 스웨덴의 신여성을 위한 1,600만 클럽에 대해 이야기하고자 나를 초대한 브리트 마리가 말했다.

"그렇지만 그 사람들은 스웨덴어를 전혀 못하잖아요?"

"다들 오랫동안 이곳에 다닌 분들이라 다 이해하실 겁니다. 그리고 통역을 해주잖아요."

"그렇지만 제가 의학 연구와 교사 양성 분야의 여성평등에 대해 이야기한다면 그들이 이해할 것이라고 생각하세요?"

"간단하게 말해야 합니다. 그리고 다들 스웨덴 여성과 만날 기회가 생긴 것을 행운으로 여기고 있답니다."

"주로 어떤 언어를 사용하지요?"

"페르시아어, 힌두어, 다양한 아프리카 방언은 기본이고 일부 스페인어를 쓰기도 하지요."

"영어는요?"

"안 됩니다!"

문이 열리면서 회색, 갈색, 그리고 검은색 숄을 두른 여성들, 중년층, 장년층, 젊은 사람들, 그리고 어린아이들이 쏟아져나와 공간을 가득 채웠다. 우리는 서로 악수하고 인사를 하며 커피와 함께 샌드위치를 먹기 시작했다. 그리고 다들 내 앞에 있는 의자에 앉아서 호기심 어린 눈으로 나를 쳐다보았다. 서로 공통된 언어가 없는 상황에서 어떻게 해야 성공적으로 강연을 마칠 수 있을 것인가? 나는 불안감에 싸여 초조해졌다.

나는 그들의 눈을 바라보았다. 다들 탐색하는 듯한 눈빛으로 나를 쳐다보았다. 그들은 무엇을 본 것일까? 숱 적은 짧은 머리에 검은색 긴 바지와 분홍색 재킷을 입고 빨간 립스틱을 바른 매우 평범한 서양 여성의 모습을 한 나는 도저히 그들을 이해시킬 수 없을 것 같은 무력감에 빠져들었다. 어떻게 해야 그들에게 다가갈 수 있을 것인가.

"저는 술백이라고 합니다."

나는 조심스럽게 말문을 열었다. 그들은 전혀 이해하지 못한, 거의 반감에 가까운 눈빛으로 나를 바라보았다.

"나는 배우고, 왕립극장에 40년 동안 소속되어 있으면서 동시에 여성들의 건강 문제에 몇 년째 투신해오고 있습니다."

나는 나 자신을 소개했다.

대화를 이어가는 것은 나의 몸

청중은 텅 빈 눈길로 나를 쳐다보았고, 나 또한 공허한 눈길로 그들의 시선을 마주 받았다. 내가 무엇을 하고 있는 것인가? 자칭 배우라고 하는 사람이 여기에 서서 대화의 가장 핵심 부분을 잊고 있었다. 인간은 몸으로 의사를 소통하는 법이다. 이러한 생각이 떠오르자 나는 숨을 가다듬고 드디어 아이디어를 떠올리기 시작했다. 그리고 나자 들숨 후에 내뱉는 날숨처럼 온갖 어휘가 자연스럽게 떠오르기 시작했다. 나는 마음의 준비를 하고 심호흡을 한 뒤에 한 명 한 명씩 눈을 맞추었다. 시간이 많이 걸리는 과정이었지만 그들의 눈에 생기가 돌기 시작했다. 그중에는 미소를 짓는 사람도 있었다.

나는 다시 한 번 반복했다. "나는 술벡입니다"라고 말했다. 그리고 나의 가슴에 손을 대고 "술(SOL, 스웨덴어로 해를 뜻함)" 하면서 방 안을 비추는 햇살을 가리키고 또 길을 표현하며 "벡(VÄG, 스웨덴어로 길을 뜻함)"이라고 말했다. 그리고 한 명씩 이름을 물어보기 시작했다. "이름이 어떻게 되죠?, 이쪽 분은요?" 사람들은 이름을 대답하고 큰소리로 웃으면서 몸짓 표현을 하기 시작했다. 마침내 내 몸은 무엇이 문제인지 완전히 깨달았으며, 나의 눈은 앞에 무엇이 있는지 볼 수 있었고, 나의 귀는 상대의 소리를 듣기 시작했다.

머리를 말아올린 중년여성이 내 옆에 등장했다. 숄은 이마에 단단히 고정되어 있었으나 아름다운 회색 머리칼 한 줌이 그녀의 얼굴을 마돈나처럼 부드럽게 만들었다. 갑자기 그녀는 나와 몸이 닿을 만큼 그림자같이 내 뒤에 바짝 붙어 섰다. 마치 엘린처럼! 엘린, 진경! 아시아에서 온 나의 딸아이는 언제나 내 곁에 가까이, 아주 가까이, 완전히 내 뒤에 딱 붙어 있었다. 나는 가끔 아이의 존재를 잊고 움직이다가 아이 쪽으로 몸이 기우는 바람에 그 작은 발가락을 밟은 적도 있었다. 그 당시에는 아이가 왜 떨어져 있는 것을 배우지 못했는지 이해할 수 없었다. 아이는 울음을 터뜨리며 소리를 질러댔다. "아파, 아프다고! (apa, apdago)" 진경이는 소리치며 치마 안으로 기어 들어와 내 다리를 세게 끌어안고는 꼼짝도 하지 않았다.

나는 잠시 눈을 감고 주마등처럼 다가오는 지난날의 회상에 몸을 맡긴다. 그렇게 발에 밟혀 울던 일이 벌써 23년 전인데, 아이는 지금도 여전히 나의 치마폼에서 벗어나려 하지 않는다.

"아프니(aponi)?"

교실은 쥐죽은 듯이 조용해졌다. 다시 눈을 떴을 때 숄을 두른 여인은 나를 유심히 바라보고 있었다. 얼마나 오랫동안 이렇게 서 있었던 것일까? 나는 힘없이 그들을 바라보았다. 회색 옷을 입고 내 옆에 서 있던 여인은 마치 모든 것을 다 알고 이해한다는 듯이 고개를 끄덕거렸다. 내가 한 아이에게 시선을 고정시키자 유모차에 앉아 있던 그 아이가 키득키득 웃기 시작했다. 그것을 기점으로 얼어붙었던 정적이 깨지며 웃음이 걷잡을 수 없이 온 교실에 퍼져나갔다. 웃는 아이의 모습에 나도 그만 웃음이 터져나오는 것을 주체할 수 없었으며, 내 앞의 여성들 또한 갖가지 모습으로 웃어대기 시작했다. 나는 다시 몸짓을 이용해 대화를 이어나가기 시작했다. 몸짓으로 먼저 이야기를 한 후 언어로 표현하는 식이었다.

"나는 아이를 갖게 됐어요. 작은 여자아이죠. 그렇지만 내 배로 낳은 것이 아니라, 한국에서 데리고 왔어요! 그 아이의 이름은 엘린이에요!"

"한국? 한국이라고?"

교실이 놀라움으로 웅성거리기 시작했다. 모두들 한국을 알고 있는 것 같았다.

"나는 아이의 엄마가 됐어요. 한국어로 '엄마(umma)'라고 해요."

엄마, 엄마, 모두들 맞다는 듯이 고개를 끄덕였다.

"아버지는 한국어로 '아빠(abba)'라고 해요."

아빠, 아빠! 모두들 나를 따라 말하고는 킥킥대면서 자기들끼리 무엇인가 대화를 나누었다. 마치 나는 지휘자고 내 앞의 이민 여성들은 합창단이 되어 한 편의 고전 드라마를 연기하고 있는 듯한 느낌이었다.

"내 딸아이는 스웨덴에 왔어요."

"스베르크…, 스베쉬…, 스베지…, 스베…"

다양한 낯선 소리들이 들려왔다. 모두 스웨덴을 뜻하는 단어들이리라.

"문화적 충격이 일어났지요!"

"'문화적 충격!' 자, 이 말을 따라해 보세요, '문화적 충격!'"

문화척격? 문학층격? 다들 제대로 발음을 하지 못했고, 우리는 숨도 쉬지 못할 만큼 다시 웃었다.

"내 작은 딸! 정말, 정말 작은. 까만 머리, 귀여운, 가느다란 두 눈, 그리고 항상 즐거워하는!"

오, 오! 모든 여성이 조용히 집중해서 듣기 시작했다.

"내 작고 어린 꼬마아이가, 커다랗고 기다랗고 거대한 몸집의 스웨덴 사람을 만난 겁니다. 파란 눈을 하고 이…따만한 코에 스웨덴 말만 하는, 스웨덴 사람 말이죠! 알아들어요?"

응? 음… 그들은 중얼거리며 서로 설명해주기 시작했고 도움을 요청하는 눈길로 나를 쳐다보았다.

"내 딸은 스웨덴어를 전혀 못했어요. 나는 한국말을 하나도 못하고요. 이해되나요? 아이는 이곳에 와서 말이라는 것을 할 수가 없지요. 한국말은 잊어버리고, 천천히, 아주 천천히 조금씩 스웨덴어를 하기 시작했어요. '아파, 아프다고! (apa, apdago)' 이것은 한국말로 '아프다'는 뜻이에요. 이런, 이런! 나는 불평하며 중얼거렸어요. 감 잡았나요?"

이런, 이런, 오! 아하! 사람들은 내 말을 그대로 흉내냈다. 알아들었구나! 알아들었어!

"'아프니(aponi)'는 내가 제일 처음으로 배운 한국말이에요. 엘린은 자주 이 말을 했어요. 그렇다면 엘린이 가장 먼저 배운 스웨덴 말은? 껌이었어요!"

하하하하! 교실 안은 웃음바다가 됐다. 놀랍게도… 어떤 단어는 전혀 통역을 할 필요가 없었다.

"아파, 아프다고. 엄마, 영혼이 아파요. 엄마. 나는 가치 없는 사람이에요. 내가 존재해야 할 이유가 없어요. 난 내가 싫어요, 엄마. 나는 정말 하찮은 존재인가요? 두렵고 겁이 나요. 아파요, 엄마!"

아이의 자포자기하는 듯한 울음소리가 마음속에서 들려왔다. 내 심장은 쿵쾅대며 뛰기 시작했다. 온몸은 슬픔에 젖어 납덩이처럼 무거워졌다. 아아, 하느님, 왜 우리를 이 길로 인도하셨나요? 세상에서 가장 웃음이 많던 제 어린 딸을 어떻게 그런 끝없는 혼란에 빠져들게 만드셨나요? 아이는 고등학교에 진학하고 열여덟 살이 되면서부터 심리상담사를 만나야만 했어요. 우리가 스웨덴 사람이라는 것 말고, 부모로서 무슨 죄를 지었단 말입니까?

작은 교실에 정적이 흘렀다. 숄을 두른 여성은 깜짝 놀라 충격을 받은 듯이 나를 바라보았다.

"괜찮냐고요? 아파서 드러누웠냐고요? 천만에요, 그렇지 않아요." 나는 중얼거렸다.

"괜찮아요. 그저 약간 마음이 상했을 뿐이에요. 영혼 한구석에 말이죠. 여러분은 영혼에 상처받은 적이 있나요? 영혼이라는 건 어디 있죠? 영혼! 영혼이 어디 있나요?"

이제 청중은 다시 심장, 머리, 배, 그리고 머리 위쪽을 가리키며 서로 이야기하고 속삭이기 시작했다. 어떤 사람은 천장 위쪽을 가리키기도 하고, 어떤 사람은 창문으로 가서 그것을 열려고 했다. 집에 돌아오는 지하철에서 나는 내면 깊숙한 곳에서 기쁨과 행복이 가득 차오르는 기분을 느꼈다.

이민자 여성들과의 만남은 내가 오랫동안 기다려왔던 것이다. 아직 이 모든 것의 연결고리를 제대로 이해하거나 분석할 수는 없지만 나는 알고 있다. 그들로부터 무엇인가 가치 있는 것을 배울 수 있을 것이라는 것을.

입양은 사랑의 선물

「당신의 꼬마 아들
내일 도착합니다」

...... 카린 비베리(Karin Viberg)

66 1973년 한국에서 태어난 우리 아들 마르쿠스(Markus)가 이듬해 스웨덴에 왔다. 칠레에서 1976년에 태어난 딸 안나(Anna)는 태어난 해에 우리 품에 안겼다. 두 아이는 스톡홀름 교외에서 성장했으며 우리는 몇 년 후 이혼했다. 99

    1974년 6월 20일 우리는 계획보다 한 달 먼저 우리의 첫아이를 받게 됐다. 그 이틀 전 퇴근 후, 나는 현관문을 열다가 문 아래에 한 장의 전보가 놓여 있는 것을 발견했다. 그 전보에는 스칸디나비아 항공사 직원에게 다음 날 전화해달라는 내용이 담겨 있었다. 무슨 일일까? 나는 궁금증으로 온 밤을 뒤척이다가, 다음날 아침 항공사로 전화를 걸었다. 항공사 여직원은 먼저 내가 자리에 앉아 있는지 확인하더니 "당신의 꼬마 아들이 내일 스웨덴에 도착합니다"라고 말했다.
    수화기를 내려놓자마자 나는 아이 맞을 준비로 분주하게 움직여야 했다. 우리는 그때까지 아이 맞을 준비를 전혀 해놓지 못했었다. 우리에게는 먼저 올 아이가 있었으나 병이 나서 오지 못하고 있었다. 그래서 이 아이가 먼저 오게 된 것이다. 집 안을 말끔히 청소하고 직장에 사직서를 제출하고, 저녁에는 침대와 유모차며 옷가지, 기저귀 등을 정신없이 사들였다. 다음날 아침, 아이가 탄 비행기가 세 시간 연착한다는 소식을 듣고 우리 부부는 공항 가까이 위치한 식투나로 갔다. 200년이 넘는 오래된 건물들 사이를 걷노라니 머릿속이 차분히 정리되는 느낌이었다. 그리고 다시 돌아간 공항에서 우리는 마침내 생후 8개월 된 우리 꼬마를 받아 안았다. 아이는 마치 하늘에서 보내준 선물 같았다. 아무런 수고도 하지 않고 이 축복받은 작은 생명을 얻게 되다니! 무엇이라고 표현할 수 없는 느낌이 온몸에 젖어들었다. 집으로 돌아오는 길 내내 아이는 내 무릎에 조용히 누워 있었다. 그리고 큰 눈을 깜빡이며 작은 손가락으로 내 목걸이를 만지작거렸다.

돌이켜보면, 아이는 이날 엄청난 충격을 받았을 것이다. 무슨 일이 일어날지 전혀 모르는 상태에서, 마음의 준비 없이 난생처음 보는 외국인에게 둘러싸인 기분이 어떠했을까? 아이는 며칠 지나서야 이런 충격에서 벗어나 여느 아이들처럼 울고 소리지르기 시작했다. 아이의 이름은 마르쿠스로 지어주었다. 처음 얼마 동안 마르쿠스는 혼자 앉지도 못했고 물건을 쥘 줄도 몰랐다. 아기의 발달과정을 잘 알지 못했던 나는 그저 시간이 지나면 모든 일이 잘 되어가리라고 대수롭지 않게 여겼으니, 모르는 것이 약이었던 셈이다. 몇 주 지나자 마르쿠스는 마치 전차처럼 앞에 어떤 장애물이 놓여 있든지 상관하지 않고 두 손 두 발로 기어다니기 시작했다.

늘 그리웠던 아기

우리 부부뿐만 아니라 집안 친척들 모두가 마르쿠스의 도착을 고대해 왔던 터라, 아이는 온 집안 사람의 사랑을 듬뿍 받았다. 하지만 나는 가끔 나의 선택이 올바른 것인지 고민하기도 했다. 한번은 버스에서 나이 지긋한 한 남자가 내 옆에 앉았다. 남자는 주저하지 않고 자신은 해외입양에 찬성하지 않는다고 말했다. 조금 놀랐지만, 이렇게 입양에 대해 토론할 수 있도록 자신의 의사를 공개적으로 밝혀주는 것은 오히려 감사한 일이었다. 그 해 내내 "아이가 양부모를 엄마 아빠라고 잘 부르나요?", "노랑둥이네!" 혹은 "분명

빵보다는 쌀을 좋아하겠죠?"라는 식의 말을 들을 때마다 나는 정말 깜짝 놀라곤 했다.

우리는 마르쿠스에게 입양아라는 사실을 어릴 때부터 이야기해주었다. 한국에서 비행기를 타고 건너왔으며, 그래서 머리가 검다는 것도. 세 살이 되자 마르쿠스는 아기가 엄마 뱃속에서 태어난다는 사실에 대해 무척 궁금해하기 시작했다. 가끔 마르쿠스는 자기가 내 뱃속에 들어 있었는지 슬그머니 물어보곤 했다. 내가 무심결에 "응응" 하고 대답하면, 아이는 대뜸 "그렇지 않아요! 난 엄마 뱃속에서 나오지 않았다고요!"라고 말했다.

햇살 좋은 어느 날, 나는 아이와 그림자놀이를 하고 있었다. 마르쿠스는 나의 그림자와 겹치도록 내 뒤에 서더니 이렇게 말하는 것이었다.

"쨘, 드디어 엄마 뱃속에 있게 됐네."

이따금 아이는 한국의 생모에 대해 알고 싶어 했다. 그리고 생모도 자신처럼 검은 머리칼과 검은 눈동자를 가지고 있는지 궁금해했다.

잠이 없는 아이

유아기에 마르쿠스는 잠이 거의 없었다. 우리 부부는 이 문제를 상담하기 위해 소아과 의사를 찾아갔다. 의사는 "활발한 아이는 잠을 많이 잘 필요가 없답니다. 이 아이는 활달하니까 이건 지극히 정상적인 현상입니다. 다만 부모님들이 좀 힘들 뿐이지요"라고 말하며 우리를 안심시켜 주었다.

처음 우리집에 도착했을 때, 마르쿠스는 안아서 재워야 했다. 한 시간을 안고 얼러서 간신히 재우면 20분쯤 후에 다시 깨곤 했다. 이것은 분명히 아기가 성격이 활달한 까닭만은 아닌게 분명했다. 낯선 환경이 영향을 준 것은 아닐까? 마르쿠스에게 수면장애가 없어지고 우리가 마음을 놓기까지는 상당히 오랜 시간이 흘러야 했다. 아이가 초등학교에 입학한 후에 나는 생명의 기운이라고는 전혀 없는 사막 한복판에 단 한 그루의 야자수가 서 있는 곳을 아이 혼자 걷는 악몽을 반복해서 꾸었다. 많은 의미를 나타내는 꿈이 아닐 수 없었다. 아이가 혼자 집에 있어도 될 만큼 자라서 우리 부부가 같이 외출을 할 때면, 우리가 어디에 가는지, 언제 돌아오는지 적은 메모를 남기는 일에 무척 신경을 써야 했다. 심지어 잠시 이웃집에 갈 때도 꼭 메모를 남기곤 했다. 아이가 안정감을 갖는 것이 매우 중요했기 때문이었다. 마르쿠스가 열네 살 때였다. 우리 부부는 동네 집에 저녁 초대를 받아 나가면서 12시에 돌아온다는 메모를 남겼다. 그런데 어쩌다 보니 12시 30분이 되어서야 집에 돌아왔다. 마르쿠스는 공포에 질린 모습으로 우리 침대에 앉아 울면서 말했다.

"엄마 아빠가 돌아올 줄 알았어요. 그래도 무서웠어요."

생후 8주 만에 도착한 여동생 안나의 경우는 이와 전혀 달랐다. 며칠 안 됐는데도 아기는 벌써 스웨덴의 시차에 적응했으며, 심리적 불안 증세를 전혀 나타내지 않았다.

자기 자식과 만나는 것은 누구에게나 매우 특별하고 소중한 일이기에, 우리 가족은 아이들의 생일은 물론 아이들이 스웨덴에 도착한 날은 생일보다 더 특별한 날로 축하한다.

여동생을 얻는 것

세 살짜리 아이에게 여동생이 생기는 것은 견디기 어려운 일일 수도 있다. 마르쿠스도 예외는 아니었다. 인형처럼 귀엽고 작은 여동생 안나가 도착하고, 모두의 관심이 여동생에게 쏠리면서 마르쿠스는 무척 힘들어했다. 몇 달이 지나자 마르쿠스는 여동생이 가끔은 정말 재미있는 놀이친구가 될 수 있다는 사실을 깨달았다. 물론 두 아이는 싸우기도 많이 싸웠다. 그리하여 서로 다른 대륙에서 두 아이를 입양한 것이 과연 잘한 일인지 이따금 걱정이 됐다. 그 때마다 나의 언니는 자기 아이들에 대한 이야기를 해주며 나를 안심시켰다. 언니의 친딸 두 명은 너무나 자주 싸워서 한동안은 같은 방에서 아침 식사도 할 수 없었다고 했다. 이제 성인이 된 우리 두 아이는 서로 자주 연락하며 필요할 때마다 도와가며 살아가고 있다.

스웨덴 사람

안나는 비록 뜨거운 태양과 따뜻한 날씨를 그리워하기는 했지만, 정서적으로 완전히 스웨덴 사람이 됐고, 행동 또한 그랬다. 안나는 항상 부드럽게 행동하고 남의 사정을 잘 이해해주었다. 다만 종종 라틴아메리카의 다혈질적인 성격이 내비쳤을 뿐이다. 정의롭지 못한 일이나 거짓을 보면 안나의 감정은 곧장 욱하며 폭발했다. 안나는 난독증을 가지고 있었으므로 학교생활에 어려움이 있었을 것이다. 그러나 고등학교에 들어갈 때까지 별달리 눈에 띄는 점은 없었다. 안나의 난독증에 대해 나 스스로 진지하게 고민해보았다. 그러나 안나가 저렇게 안정되어 있으며 학급활동을 무난하게 소화하고 있다는 사실과 시간이 지나면 나아질 것이라는 희망으로 난독증이 안나에게 큰 장애가 되지 않으리라고 확신했다. 안나 또한 기대하던 대로 모든 일을 잘 이겨나갔다. 나의 권유로 시작한 몇 가지 특별활동을 마치고 나서, 아이는 실업고등학교에 진학했다. 이 학교는 난독증이 있는 아이들을 위한 특수 교육이 제공되는 곳이었다. 전문적인 관리를 받으면서 아이의 증세는 훨씬 호전되기 시작했다. 안나는 숫자, 복잡한 정부의 기관명을 철자 하나 틀리지 않고 척척 써나갔다. 안나는 이렇게 성장해갔다. 그리고 지금은 자신의 직업을 가지고 있다. 초등학교 6학년까지 숫자의 순서를 바꿔 쓰는 바람에 간단한 계산도 못했던 우리 아이가 이제는 스스로 생계를 책임지는 직업여성으로 성장했으니, 얼마나 감동적인 일인가!

안나는 어른 아이 할 것 없이 누구와도 쉽게 친해지고 대화를 나눌 수 있는 밝은 성격을 가지고 있다. 우리 이웃에는 아이가 없는 노인 부부가 살고 있다. 그들은 우리 가족의 가장 친한 이웃인데, 우리 아이들을 친자식처럼 여기고 모든 관심과 애정을 쏟아주었다. 안나는 이분들의 사랑을 역시 기쁘게 받아들이며 행복해했다. 노인 부부는 안나를 항상 데리고 다녔다. 동네 슈퍼마켓에서 물건을 살 때도 데리고 다니고, 친구들과의 모임에도 데리고 다녔다. 안나는 어릴 때부터 얼마나 진이 빠지게 놀았던지 저녁식사 후에는 곧장 곯아떨어지곤 했다.

시간이 흐르면서 안나는 통통하게 살이 올랐다. 안나의 학교생활이 시작됐다. 학교 의사가 우리 부부를 만나기를 원했다. 우리는 학교 의사가 아이의 비만을 지적하고, 이 원인이 우리집 식단에 있다고 말하지 않을까 걱정됐다. 우리는 이에 대한 답변 준비를 단단히 하고 의사를 만나러 갔다. 운 좋게도 우리는 정년퇴직한 의사를 만났는데, 그는 얼마 전에 폴리네시아에서 근무한 적이 있던 터라 안나의 체질에 대해 잘 알고 있었다.

"원래 이런 체형이 있습니다. 지극히 정상이니 아무 걱정 마십시오."

나는 안도의 한숨을 내쉬었다. 나중에 라틴아메리카 인디언 사진이 담긴 책 한 권을 보게 됐는데, 사진 속의 그들은 안나와 똑같은 체구를 하고 있었다. 안나도 친부모를 거슬러 올라가면 인디언의 피가 흐르고 있을 것이다. 이 사진을 보고 나니 한층 안심이 되면서 그간의 모든 불안감을 내려놓을 수 있었다. 안나는 피부색도 밝았고 특별히 남반구 출신 같아 보이지 않았다. 그래서 사람들이 입양아인지 몰라보는 경우가 많았다. 한번은 아이가 친구에게 자신은 칠레에서 태어났으며, 반은 인디언이고, 반은 사람이라고 농담 비슷하게 말한 적도 있다. 심지어 안나가 딸을 낳자 사람들은 "아기 아빠가 외국인인가 봐요?"라고 물어보기도 했다.

재치와 순발력

아이들을 키우면서 정말 재미있고 재치 있는 순간을 많이 경험했다.

하루는 마르쿠스가 너무 뛰어다니며 흥분하는 것 같아서 좀 차분하게 놀았으면 하는 생각에 그에게 말했다.

"마르쿠스, 내가 너라면 거기 그 재미난 퍼즐놀이를 할 텐데?"

마르쿠스는 곧장 이렇게 대답했다.

"흥, 엄마나 하세요. 잠깐 엄마를 마르쿠스라고 불러 드릴게요."

또 어느 날인가는 아침 일찍 아이들이 침대로 올라와 나를 흔들어 깨우더니 이렇게 말하는 것이었다.

"엄마는 앞으로 혼자 사세요. 그러면 자고 싶은 만큼 맘대로 자고, 설거지도 엄마 것 한 개만 하면 되잖아요."

아이들의 이런 한 마디 한 마디가 나의 생각을 전환시키는 계기가 된다. 우리 아이들은 모두 따돌림 같은 것은 경험하지 않았다. 마르쿠스에게 '중국놈', '까망 대가리'라고 불리는 것은 그다지 대수로운 일이 아니었다. 마르쿠스는 이미 "나는 중국 사람이 아니야. 한국에서 왔어"라거나, "내 머리가 무슨 색이건 무슨 상관이야"라고 쉽게 받아넘기고 있었다. '이런 수입품 같은 녀석' 같은 말은 모르는 사람이 들으면 깜짝 놀랄 일이지만, 절친한 친구들끼리 장난 삼아 부르는 것임을 익히 알고 있던 우리에게는 오히려 재미있게 들릴 뿐이었다.

원하는가, 할 것인가, 할 용기가 있는가?

입양을 결정하는 마지막 순간에 한 번 더 심사숙고하게 되는 것은 누구에게나 있는 당연한 일이다. 과연 입양을 진정으로 원하는지, 과연 입양을 할 것인지, 과연 입양할 용기가 있는지 누구나 생각하는 것이다. 이것은 한 사람의 생애에 있어서 가장 중요한 결정이라고 할 수 있다. 왜냐하면 이 문제는 입양하는 사람뿐만 아니라 입양되는 아기의 삶과도 관계 깊기 때문이다. 나는 입양을 결정하기 전에 아이 셋을 가진 직장 동료에게 조언을 구했다. 그녀는 내게 말했다.

"내가 어떻게 하라고 말해줄 수는 없어. 그러나 한 가지 확실한 것은 만약 지금 입양을 하지 않는다면, 평생을 두고 그때 입양을 했더라면 어땠을까 하는 아쉬움을 지우지 못할 거라는 거야."

나는 마침내 입양을 단행했다. 그리고 오늘날 확신을 가지고 말할 수 있다. "만약 우리 아이들이 없었다면 인생은 훨씬 공허하고 의미 없이 흘렀을 것이며, 삶이 훨씬 편안하고 단순했겠지만, 동시에 무척 지루했을 것이야"라고.

자식에게 느끼는 애정과 연대감은 입양한 자식이나 내 배로 낳은 자식이나 다를 바 없다. 우리 아이가 우리와 무척 닮았다고 말하는 사람들이 많다. 외모가 다른 것은 당연하지만, 아이들의 말투나 관심거리는 실제로 우리와 무척 닮았다.

아이에 대한 배경지식이 전혀 없는 상태에서 점차 아이의 성격을 하나씩 발견해가는 과정은 말할 수 없이 매력적인 일이다. 집안의 유전적 특성에 대해 전혀 모른다는 것이 이 과정을 방해하기도 했지만…. 그렇기에 딸에게 가벼운 난독증이 있다는 것을 발견하기까지 그렇게도 불필요한 시간이 그토록 길게 흘러야 했던 것이다. 유전적으로 난독증이 발현할 가능성이 있다는 사실을 미리 알았더라면, 더 일찍 치료할 수 있었을 것이고, 중고등학교를 거치며 힘든 시기를 보내지 않아도 됐을 것이다. 또한 양부모들은 아이가 말썽을 일으킬 때도 "당신 닮아서 저 모양이야"라고 말다툼할 필요가 없다. 또한 무엇보다도 자기 아이에 대한 자부심과 자랑을 아낌없이 늘어놓아도 모든 사람이 즐거운 마음으로 기꺼이 들어준다. 이것은 얼마나 멋진 일인가! 자신을 낮추고 주변 사람들에게 자랑하는 것을 금기시하는 스웨덴의 전통도 양부모에게만은 적용되지 않는다!

아이는 소유하는 것이 아니라 잠시 맡아주는 존재

우리 부부는 아이들이 태어난 곳으로 돌아가고 싶다고 하면 어떻게 대처해야 할지에 대해서도 많이 고민해왔으며, 부모는 그저 아이들을 잠시 맡아서 키워주는 존재일 뿐이라고, 특히 양부모에게는 더욱더 그러하다고 생각해왔다. 딸아이가 사춘기에 접어들고 나서 나와 아이 사이에 종종 의견 대립이 있었는데, 그럴 때면 아이는 내가 자신의 친엄마가 아니어서 그렇다는 식으로 불평을 늘어놓았다. 그러나 그렇다고 해서 생모를 찾는 일에 관심을 보인 적은 없었다. 내 기억에 의하면 안나가 스웨덴에 사는 동안 유일한 불만거리는 바로 스웨덴의 날씨였다.

우리 아들 마르쿠스는 이십대가 되고 나서 한국 정부가 제공하는 해외 한국 청년을 위한 코스에 참여했다. 한국으로 출발하기 전에 아이는 입양센터의 도움으로 자신의 뿌리를 찾고자 노력했다. 입양센터에서 받은 서류에는 아이의 아버지가 어머니를 버렸고, 그 후 아이가 입양됐다고 기록되어 있었다. 여행 전 마르쿠스는 친아버지를 찾아내는 데에 성공했다. 재혼한 그는 마르쿠스를 만나고 싶다는 의사를 전해왔다. 그러나 한국 문화, 한국인들의 인간관계에 대해 잘 알고 있었던 마르쿠스는 친아버지의 부인이 동의해야만 만나겠다고 선언했으며, 그런 일이 이루어질 가능성은 거의 없다고 생각하며 비행기에 올랐다.

점쟁이의 예언으로 발생한 비극

아이로부터 아무런 소식도 듣지 못한 채 몇 주가 흘렀다. 그때는 한여름이었는데, 사실은 남편과 스코네의 여름 별장으로 내려갈 계획이었다. 그러나 왠지 집에 남아 있어야만 할 것 같다는 느낌이 들었다. 그런 결정을 내린 날 오후, 한국에서 마르쿠스의 여자친구로부터 전화가 왔다. 두 사람이 헤어지기로 하고 서로 연락을 끊은 상태라면서, 혹시 마르쿠스가 집에 전화를 하거든 다시 만나고 싶다는 말을 전해달라는 내용이었다. 이때만 해도 요즘처럼 누구나 핸드폰을 가지고 있던 시대가 아니었다. 그러고 나서 비로소 아이의 여자친구를 통해 그간 한국에서 무슨 일이 일어났는지 듣게 됐다. 마르쿠스는 고향 광주에서 친아버지와 상봉했는데, 그 자리에는 아이의 친어머니도 함께 나왔다. 입양센터에서 가르쳐준 이야기는 사실이 아니었다. 마르쿠스의 친할머니는 마르쿠스의 아버지를 임신하고 점쟁이를 찾아갔다가, 아이를 포기하지 않으면 남편이 25세 전에 죽게 될 것이라는 예언을 들었단다. 그녀는 아이를 버리지 않았으며, 우연의 일치였는지 그녀의 남편은 점쟁이가 예언한 것처럼 젊은 나이에 세상을 떠났다.

마르쿠스가 태어날 무렵 다시 그 점쟁이를 찾은 아이의 친할머니는 이번에도 비슷한 내용의 예언을 들었고, 곧장 아들에게 달려가 마르쿠스를 보내버리라고 사정을 했다. 결국 마르쿠스는 태어나자마자 생모 몰래 고모들에게 보내졌다가, 몇 달 후 대한사회복지회에 넘겨져 입양 대상 명단에 등록됐다.

이것은 충격적인 소식이었다. 나는 잠시도 진정할 수가 없었다. 마르쿠스가 이 모든 이야기를 듣고, 어떻게 견뎌냈을지 걱정되어 잠을 이룰 수가 없었다. 마침내 전화벨이 울리고, 저 멀리 한국에 있는 아들의 목소리가 들렸다. 아이의 목소리는 밝고 의연했다.

"엄마, 같이 안 오시길 정말 잘했어요!"

아이는 친부모와의 만남과 자신이 입양 보내진 사연에 대해 이야기했다. 입양 이유가 경제 사정 따위가 아니라 점쟁이의 말 때문이었다는 것은 좀처럼 이해하기 어려웠다. 마르쿠스의 한국 가족은 고등교육을 받은 중산층 집안이었다. 친 아버지는 고등학교 수학선생이었으며, 태권도 유단자이기도 했다. 마르쿠스는 이 부분을 이야기할 때 무척 자랑스러워했다. 지금 그는 딸 하나, 아들 둘과 함께 연립주택에 살고 있었다. 마르쿠스가 가족들을 만나던 날, 집안의 모든 일가친척이 모였다. 마르쿠스의 행동은 외국에서 자란 사람의 티가 났지만 생김새만큼은 남동생들과 무척 닮았다고 했다. 아이는 한국에 머무는 동안 가족을 다시 만나 그 집에 머물면서 과학기술박람회 등을 보러 함께 돌아다니기도 했다.

마르쿠스가 한국의 가족과 상봉하는 순간, 남자친구와 함께 사이판에 있던 우리 딸 안나가 난생처음 오빠가 나오는 악몽을 꾸고 엉엉 울다가 잠에서 깨어났다. 마르쿠스가 죽은 채로 그물망에 덮여 누워 있는데, 자신이 아무리 말해도 나와 남편이 계속 잠들어 있는 것이라고 우겼다는 것이다. 이상하게 생각될 수도 있지만, 딸아이 또한 오빠가 무엇인가 극적인 상황에 놓여 있다는 것을 순간적으로 느낀 것이리라.

수화기 너머로 마르쿠스의 목소리를 들은 지 며칠이 지나자 점차 마음이 안정되기 시작했으나, 순간순간 땅이 그네처럼 흔들리듯 불안감이 몰아치는 것을 피할 수 없었다. 나는 자기 아들을 내게 주어야 했던 아이의 생모에 대해 생각했다. 그간 어떻게 지내왔으며, 이 모든 사실을 알게 된 후 부부관계가 어떻게 유지될 수 있을까? 아들이 스무 살이 되어 자기 앞에 등장할 때까지, 생모는 자신에게 이렇게 장성한 아들이 있다는 사실조차 몰랐던 것이다. 그 배신감을 어찌 말로 다 표현할 수 있을까?

나는 생모가 느꼈을 온갖 감정에 동화되어 사무실을 나서는 순간 완전히 지쳐버렸다. 버스가 코앞을 지나가는데도 뭘 생각조차 할 수 없었다. 멍하게 앉아 다음 버스가 오기까지 기다리다가, 문득 김 스코글룬드 선생님을 찾아가 머릿속의 온갖 생각을 털어놓아야겠다고 결심했다. 기대했던 대로 선생님은 나를 진정시키면서 아이의 생모가 비록 아들을 잃었지만, 대신 남편을 지킬 수 있었으며(그 점쟁이의 예언이 맞다면!), 자식을 세 명이나 더 얻었고, 한 아들은 스웨덴에서 이렇게 잘 자랐으니 생모 역시 이 상황을 기꺼이 받아들일 것이라고 말해주었다. 김 선생님은 한국에서 출생해 성장했기 때문에 한국 문화를 잘 알고 있었으며, 게다가 심리상담 경험이 많아 나는 그녀의 판단을 믿고 모든 걱정을 내려놓을 수 있었다.

얼마 후 마르쿠스의 친아버지로부터 편지 한 통이 도착했다. 그는 아이를 잘 보살펴준 데 대해 감사하며, 입양 당시의 상황에 대해 죄책감을 느끼고 그동안 하루도 마음 편할 날이 없었다고 했다. 충분히 공감이 간다. 어느 날 오후 그는 마르쿠스와 통화를 하고자 전화를 걸어왔다. 그의 서툰 영어와 나의 턱없이 부족한 한국어 실력으로 우리는 제대로 대화를 나누지 못했다. 그의 옆에는 영어를 통역해주는 사람이 있는 듯했지만 큰 도움이 되지는 못했다. 나는 마르쿠스의 전화번호를 가르쳐주려고 노력했지만 수화기 너머에서 제대로 받아 적었는지 확신이 서지 않았다. 그리고 난 후에는 두 번 다시 그로부터 전화가 오지 않았다.

모든 고민이 제 자리를 찾다

마르쿠스는 한국에서 일가친척을 만나면서 머릿속을 혼란스럽게 하던 질문에 답을 찾아냈다. 자신의 뿌리를 찾아냈으면서도 스스로 스웨덴 사람이고, 스웨덴 사람으로 남고 싶다고 결정했다. 그러나 그는 한국인으로서의 정체성이 확고했다. 마르쿠스와 그의 배우자는 한인입양아협회에서 활발하게 활동해왔으며, 입양 관계자들과도 널리 인맥을 구축하고 있다. 두 사람은 마르쿠스의 어린 시절과 똑 닮은 두 아이를 낳았으며, 아이들에게 스웨덴 이름뿐 아니라 마르쿠스의 한국 가족의 성을 붙여주었다.

나는 한국에 있는 마르쿠스 친어머니에게 몇 차례 스웨덴 생활을 적어 보냈다. 그러나 답신은 받지 못했다. 우리가 아이를 얻게 되어 얼마나 감사하고 기쁜지 그녀에게 꼭 전해주고 싶은 마음에 연락을 취했으나, 다른 한편으로 생각해보면 이러한 소식을 듣는 것이 그녀로서는 괴로울 수도 있을 것이다. 그 후 나는 몇 차례 한국으로부터 크리스마스 카드를 받았다. 그러나 이제는 완전히 연락이 끊겼다. 마르쿠스도 한국의 형제들과 전혀 접촉이 없는 듯하다. 안타까운 일이다. 그러던 차에 한국에 있는 여동생이 출산을 했다는 소식을 듣게 됐다. 이제 우리의 손자는 한국에 최소한 한 명의 사촌을 가지게 된 것이다. 얼마나 신기한 일인가. 먼 후일 언젠가는 두 아이가 서로 연락을 주고받을지도 모른다. 세상은 점점 좁아지고 인터넷으로 지구 반대편과도 얼마든지 쉽게 연락할 수 있으니까.

세 명의 손자 손녀를 품에 안아 얼러주고 있노라면, 자연스럽게 그 아이들의 부모들의 어린 시절을 회상하게 된다. 그 당시에는 가끔 앞일을 걱정하기도 했다. 아이들이 행여나 학교에서 따돌림을 당하지 않을지, 사춘기는 무사히 넘길 수 있을지 등등. 그러나 이제까지 모든 일은 더할 나위 없이 좋은 방향으로 진행되어 왔다. 마르쿠스와 안나는 모두 훌륭하게 스웨덴에 정착했다. 그리고 그들은 가족과 친구들, 그리고 좋은 직장을 가지고 자신의 삶을 즐기며 살아가고 있다.

「스웨덴은 나의 고향」

······크리스티나 브로만(Christina Broman)

❝ 1973년 6월 안드레아스(Andreas)는 스웨덴 중부 린셰핑 외곽에 있는 세게스타드의 한 가족 품에 안겼다. 이 아이는 여동생인 안젤리카(Angelica)와 같은 1969년에 태어났다. 입양을 신청하고 오랜 시간을 기다려야 했지만, 두 사람 모두 교사로 일하던 우리에게 여름방학이 막 시작될 무렵인 6월에 아이가 도착한 것은 최상의 타이밍이었다. 우리는 거의 석 달간을 아기와 함께 보내며, 학교와 유아원이 시작되기 전까지 서로 낯을 익힐 시간을 충분히 가졌다. ❞

창밖에는 진눈깨비가 날리고 실내에는 금방 내린 커피향이 가득한 2월이다. 나와 남편이 함께 일하는 성인학교로 우리 마을 우편배달원인 라세가 찾아와서 항상 그랬듯이 커다란 우편배달 주머니를 펼쳤다. 커다란 갈색 서류 봉투 하나가 우리 앞으로 도착했다. 우리는 이야기를 멈추지 않으며 좀처럼 손쉽게 열리지 않는 봉투의 서류를 꺼내어 보았다. 거기에는 우리가 제출한 입양신청서의 부족했던 부분을 채워주는 추가 제출서류가 들어 있었다. 그리고 작은 흑백 사진이 한 장 떨어졌다. 터틀넥 니트를 입은 작은 한국 남자아이였다. 아이는 겁에 질린 얼굴로 카메라를 뚫어지게 바라보고 있었으나, 나는 사진을 보는 순간 이 아이가 바로 우리가 기다리던 그 아이라는 것을 한눈에 알아볼 수 있었다. 걷잡을 수 없는 울음이 솟구쳐나왔다. 내가 감격에 겨워 어쩔 줄 몰라 하는 것을 보고 사람들은 무슨 일이라도 생겼나 하고 놀랐으나, 모두들 곧 우리의 '출산'을 함께 기뻐해주었다. 사진 외에도 카드에는 우리가 김공륭이라는 아이를 받아들이고 싶은지에 대한 질문과 함께 이 세 살짜리 어린아이의 한국 생활이 어떠했는지 기술되어 있었다. 아이는 1972년 어느 보육원 입구 계단에서 발견됐으며, 발견 당시의 나이는 세 살로 추정되고 몸에는 아무런 상처도 없었다고 기록되어 있었다.

동갑내기 형제

우리는 출생 국가에 상관없이 한 살에서 세 살 사이의 아이를 입양하기를 원했다. 우리의 세 살짜리 딸도 동갑내기 형제를 갖기를 희망했다. 이제 우리는 연락을 기다리는 것이 아니라 아이가 도착할 날을 기다리고 있다. 아이가 도착하기까지는 아직 몇 달 남았는데도 우리는 안드레아스라는 이름을 지어놓고, 유치원에 입학 신청을 해놓는 등 아이가 도착한 이후 필요한 일을 준비하기 시작했다.

1973년 성령강림절 바로 전날, 우리는 알란다 공항에서 아이를 건네받았다. 양부모들은 공항 안쪽에 마련된 별도의 대기실에서 기다렸으며, 아이를 데리고 온 스튜어디스의 수고료는 그날 같은 비행기로 도착하는 아이들을 맞는 양부모들이 나누어 냈다. 오랜 시간 기다린 끝에 마침내 입양아들이 대기실로 들어왔다. 안드레아스는 손에 한국 동전 몇 개를 쥐고 있었다. 아이가 동전을 떨어뜨리자 나는 얼른 달려가 아이가 동전 집는 것을 도와주었다. 당연히 아이는 내 행동을 이해하지 못하고, 내가 동전을 뺏으려는 것으로 오해했다. 아이는 내가 주운 동전을 미처 건네주기도 전에 화를 내면서 발길질을 하기 시작했다. 긴 비행시간 동안 아이를 챙겨주었기 때문에 아이가 유일하게 믿는 스튜어디스에게서 어린아이를 떼어내는 것은 쉬운 일이 아니었다. 그러나 마침내 아이를 안을 수 있게 됐다는 기쁨은 이루 말할 수 없었다. 아이는 내내 소리 지르며 울고 있었지만.

스톡홀름에서 연결되는 고속도로가 끝날 즈음에 우리는 차를 길가에 세우고 잠시 멈췄다. 울음은 멈췄지만 아이가 여전히 바짝 긴장되어 있으며 슬퍼하는 기색을 느꼈기 때문이었다. 자동차 히터가 내뿜는 갑갑한 공기를 들이마시며 장시간 달리다가 차에서 내려 신선한 공기 속으로 들어서니 우리 모두 기분이 상쾌해졌다. 아이들은 들판을 뛰어다니기 시작했고, 잠깐 쉬는 중에도 안드레아스는 동갑내기 새로운 여자 형제와 동그란 민들레씨를 훅훅 부는 데에 완전히 열중해 있었다. 우리는 서로 수다를 떨어가며 농담을 했다. 그러나 안드레아스가 말하는 것을 한마디도 알아들을 수 없었고, 안드레아스도 우리가 말하는 것을 알아들을 수 없었다.

집에 도착한 것은 그리 늦지 않은 시간이었다. 집 주변에 사는 안젤리카(우리 딸)의 친구들이 새로 온 외국아이의 소식을 듣고 우리집에 놀러왔다. 그러나 아이가 이미 '우리집'이 어디인지 파악하고, 낯선 아이들이 자기 영역을 침범하는 것을 강력히 거부했기 때문에 안젤리카는 할 수 없이 대문 입구에서 아이들을 맞이해야만 했다. 안드레아스는 마당에서 놀거나 혹은 놀거리를 찾는 듯하면서도 아이들이 문으로 들어오지 못하도록 지키고 있었다. 아이는 여전히 여행 내내 입던 옷을 그대로 입고 있었으며, 날씨가 따뜻한데도 절대로 옷을 벗으려 하지 않았다.

씻고, 놀고, 먹기 - 생활습관 익히기

며칠이 지나자 우리는 조금 더 친숙해졌다. 안드레아스가 화장실에 가는 법을 익혀서 한시름 덜었으나, 욕조를 볼 때마다 아이는 미친 듯이 소리를 지르며 온몸이 막대기처럼 뻣뻣해졌다. 첫날은 잠깐 씻는 것으로 해결됐는데, 이튿날은 아이가 모래상자에 거의 벌거벗은 채로 온종일 앉아 놀았기 때문에 목욕을 하지 않고서는 도저히 침대에 눕힐 수 없는 상황이 벌어졌다. 어떻게 이 문제를 해결할까? 우리는 적당히 따뜻한 온수를 받아놓고 목욕 준비를 한 다음 안드레아스를 품에 안고 낮은 목소리로 아이를 진정시키며 천천히 욕조로 갔다. 아이는 처음에 소리를 질러댔지만 차차 물의 촉감을 익히고, 욕조 가득한 거품을 가지고 노는 데에 재미를 붙이기 시작하자, 이번에는 욕조 밖으로 나가지 않겠다고 떼를 썼다. 목욕은 아이가 기대하는 것 중 하나가 된 것이다.

우리 바로 이웃에는 우리의 좋은 친구인 직장 동료 한 사람이 살고 있었다. 그녀는 심리학 선생이었으므로 당연히 안드레아스의 도착과 생활에 큰 관심을 보였다. 아이와 함께 나간 첫 번째 외출 목적지는 그녀의 집 베란다였다. 다 같이 둘러앉아 차를 마시던 중에 그녀는 앞으로 몇 달 안에 우리 딸이 '동생에게 지쳤다'면서 아이를 돌려보내자고 할 것이라고 말했다. 그녀의 끝없이 이어지는 예언에 우리는 여러 차례 웃었다.

안드레아스가 온 다음 주는 안젤리카의 생일이었다. 그날 할머니, 할아버지를 비롯해서 온 집안 식구를 초대했다. 쇠고기 토마토소스 스파게티로 막 상차림을 끝낼 무렵 안젤리카는 첫 번째 손님이 도착하는 자동차의 주차 소리를 듣더니 테이블에서 일어나 뛰어나갔다. 안드레아스도 누나를 뒤쫓아갔다. 손님들을 초대한 입장이니 커피를 끓이고 후식 준비를 하려고 나와 남편은 식사를 서둘러 끝냈다. 남편 예란이 먹고 난 접시를 식기세척기에 넣고 있는데 안드레아스가 와서 주먹을 휘두르고 발길질을 하기 시작했다. 남편은 아이를 번쩍 들어올려 의자에 앉히고 여전히 음식이 가득 남아 있는 아이의 접시를 앞에 놓아주었다. 아이는 거의 숨도 못 쉴 만큼 계속 먹더니 그날 이후로 먹을것이 언제 바닥날지 모른다는 불안감에서 벗어났다.

달걀과 나무 - 언어 발달 과정

여름방학이 찾아왔다. 우리는 자주 밖에 나가 물놀이를 했으며, 안드레아스는 가족의 품 안에서 무럭무럭 자랐고, 우리는 서로를 훨씬 더 이해하게 됐다. 아이가 어떻게 스웨덴어를 배우게 됐는지에 대해 기록을 남기지는 않았지만, 우리집에 도착하고 두 달여가 지난 후 아이는 '수확 탈곡 겸용기'와 같은 어려운 단어를 아무런 문제 없이 사용하기 시작했다. 아마도 우리가 사는 지역에 이 기계를 사용하는 농가가 많았기 때문이었을 것이다. 10월인가 11월이 되면서 유치원 선생님은 아이가 혹시 색맹이 아닌지 걱정된다고 연락을 주었다. 다른 아이들보다 색깔 이름을 맞히는 것을 어려워한다는 것이었다. 그러나 그것은 아이가 색을 구별하지 못해서가 아니라 색이라는 단어의 의미를 제대로 이해하지 못했기 때문이었다. 아이의 언어 발달 과정에서 우리가 마지막으로 기억하는 것은 아이가 문법적으로 틀리지 않은 말을 하기까지 거의 일 년이 걸렸다는 사실과, 가장 힘들어했던 부분은 복수형과 단수형이 동일한 단어의 사용이라는 사실이었다. 이를테면, '달걀'과 '나무'라는 것을 익히기 전까지 아이는 항상 '달걀들', '나무들'이라고 말하곤 했다 (스웨덴 말의 달걀과 나무에는 복수형이 없다).

  8월, 안드레아스는 유치원에 다니면서 누나와 같은 반으로 옮겼다. 입학 초기에 우리는 종일 유치원에 머물렀는데 그 기간 중에는 모든 것이 정상으로 돌아갔다. 아이들은 뛰어 놀고 안드레아스는 선생님과 아이들과 점차 친해졌다. 마침내 아이를 처음으로 혼자 남겨두게 된 날, 우리는 유치원 보모 중 한 명에게 아이를 특별히 부탁했다. 내가 유치원을 나서자 아이는 막대기처럼 온몸이 뻣뻣하게 굳은 채로 말썽을 부리기 시작했다. 집에 돌아오는 길 내내 아이의 고함소리가 머리에서 떠나지 않았다. 도착하자마자 유치원에 전화를 거니, 아이가 다시 안정을 되찾고 다른 아이들과 잘 놀고 있다는 대답이 들려왔다. 나는 혹시라도 비상 연락이 올까 봐 걱정되어 종일 집에서 기다리고 있었다. 그리고 유치원이 끝나는 시간에 맞추어 달려가 아이들을 데려왔다. 시간이 지나면서 점차 아이가 우는 시간이 줄어들고, 다른 아이들과 노는 시간이 늘어났다. 9일 후, 나는 아이가 울지 않는 모습을 보며 유치원을 나올 수 있었다. 얼마나 다행스러운 일인가!

　　10월이 끝날 무렵의 어느 날, 온 식구가 사우나를 하러 갔다가 내가 정강이를 어디엔가 부딪쳐 다리에 피가 흐르기 시작했다. 상처는 크지 않았으나 출혈이 멈추지 않았다. 안드레아스는 피를 보더니 흥분해서 손을 보여주며 피가 흐른 적이 있다고 설명하기 시작했다. 그때서야 우리는 아이의 손바닥에 있는 기다란 흉터를 발견했다. 곱게 꿰매어 잘 아문 이 상처를 우리는 이제까지 눈치채지 못했다. 무슨 일이 일어났는지 궁금해서 물어보았다. 아이는 당시 상황을 분명하게 기억했지만 새로 배운 언어로는 설명하기 힘들어했다. 어머니가 나를 병원으로 데리고 가는 도중에 우리는 스무 고개를 넘듯 질문을 해서 아이가 살던 한국 집의 침대가 높은 곳에 있었다는 것을 간신히 알아냈다.

　　11월이 되자 우리는 어머니 댁에서 저녁식사를 함께했다. 어머니는 밥과 양상추, 그리고 고기 스튜를 준비하셨다. 안드레아스는 잘게 찢지 않은 큰 양상추 한 잎을 통째로 앞접시에 놓더니 거기에 밥을 얹어 작은 보퉁이 모양으로 만들어 소스에 찍어 먹었다. 이런 광경을 본 적이 없는 우리는 신기하게 여기며 아이가 그 다음 쌈을 어떻게 만드는지 감탄하며 지켜보았다. 우리의 질문에 아이는 "한국에서는 이렇게 먹어요"라고 자랑스레 대답했다.

　　안드레아스가 우리와 함께 맞는 두 번째 여름이 찾아왔다. 우리는 부모님과 영국에서 놀러오신 부모님의 친구들을 모시고 커피를 대접했다. 밖에서 놀고 있던 안드레아스는 뛰어 들어와 반갑게 할머니와 할아버지에게 인사를 했으나, 손님들이 영어로 이야기하는 것을 보더니 인사를 하는 것은 고사하고 경계심을 보였다. 나중에야 우리는, 아이가 또 다른 낯선 언어를 듣고 낯선 사람을 만나는 것이 얼마나 스트레스를 받는 일인지 이해할 수 있었다.

한국에 대한 교양 과정

성인학교는 언제나 독특하고 흥미로운 여름학교 과정을 마련한다. 시간이 흐를수록 우리는 아이의 출생 국가에 대한 관심이 커졌으며, 1975년 여름에 처음 시작된 한국이라는 나라와 그곳 사람들에 대한 과정을 수강했다. 한서협회에서 유능한 강사를 주선해준 덕분에 매우 알찬 수업이 됐다. 서로 같은 상황에 있는 다른 많은 부모를 만날 수 있었던 것도 흥미로웠다. 우리는 한국의 역사와 지리, 전통문화와 사람들에 대해 많은 것을 알게 됐다. 그중에서도 가장 기억에 남는 것은 마지막 날 불고기와 김치로 벌인 종강파티였다.

아이들이 자라는 몇 년 동안 우리는 아프리카의 케냐에서 생활했다. 거주권을 신청하는 과정에서 아이들의 서류는 거절당했는데, 두 아이가 같은 해 6월과 10월에 태어났다는 것이 말이 되지 않는다는 것이었다. 출생일자 옆에 스웨덴과 한국이라는 출생지를 기록한 두 아이의 출생증명서를 떼어왔지만, 그들은 여전히 인정하지 않았다. 케냐에는 아직 입양이라는 개념이 잘 알려지지 않은 듯했다. 남편은 갑자기 "두 번째 아내가 낳았거든요"라며 눈을 찡긋했다. 일부다처제는 그곳 아프리카에서는 통상적인 부부관계였다. 우리는 남편의 순발력으로 마침내 서류를 처리할 수 있었다.

흥미로운 나라, 한국

1994년 하지, 우리는 축구에 열광하는 사람들의 환호성 소리로 잠에서 깨어났다. 스웨덴이 러시아를 이긴 것이다. 우리는 안드레아스를 알란다 공항에 그 다음날 5시까지 데려다 주기로 했다. 다시 잠자리에 들면 시간에 맞추어 일어나지 못할 것 같았다. 안드레아스는 성인으로서 고향을 경험하기 위해 한국에 가기로 결정했다. 그는 한국 YMCA에서 진행하는 코스를 들을 예정이었다. 아이는 우리와 포옹을 하고 출국 심사대로 들어갔다. 우리 두 사람은 아이가 잘 해나갈 수 있을지 걱정했다. 그러나 분명코 잘 해낼 것이다. 공항에 마중 나온 사람이 있으면 누군가 이 아이를 돌봐줄 텐데. 아이의 방향감각이 좋지는 않지만, 이만큼 성장했으니 스스로 모든 문제를 해결해낼 것이다.

    3주 후, 우리는 안드레아스를 만나러 다시 공항으로 갔다. 늦은 밤이었다. 마침내 안드레아스가 걸어나오는 것을 보았다. 긴 여행으로 지쳐 있을 텐데도 그의 인사는 따뜻했다. 안드레아스는 말했다.

    "엄마, 정말 신났었어요! 그렇지만 집에 돌아오니 살 것 같네요. 한국은 정말 흥미로운 나라지만 나의 고향은 스웨덴이에요."

「레바논 여행」

…… 말레네 칼손(Malene Karlsson)

❝ 1980년 3월 2일, 생후 3개월 된 이다(Ida)는 말레네와 예란 칼손의 품에 안겼다. 이다는 전쟁이 한창인 레바논의 베이루트에서 태어났다. 말레네와 예란의 첫 번째 레바논 방문은 평생 잊지 못할 추억이 됐다. 16년이 지난 후, 온 식구는 중요한 만남을 위해 다시 레바논을 찾는다. ❞

토요일에 레바논으로 와주실 수 있겠습니까?

1980년 2월 27일 수요일, 고대하던 전화가 왔다.

"축하합니다! 따님을 얻게 되셨어요. 생후 3개월된 아기입니다. 이번 주 토요일 베이루트로 오시면 됩니다."

급속 분만을 말하는 것인가! 전화 수화기를 내려놓는 순간부터 우리 부부는 정신없이 입양 준비에 들어갔다. 필요한 모든 서류를 갖추고, 항공권을 예매하고, 보험에 가입하고, 아기 옷을 마련해야 했다. 아아, 아기는 얼마나 클까? 어떤 사이즈의 옷을 사야 할까? 다니던 직장까지 정리하며 내 삶에 한 번의 전환점을 맞이하게 되는구나 하는 생각에 감회가 새로웠다. 게다가 남부 스코네 지방에 사는 한 가족을 위해 나는 산파 역할을 해주었는데, 우리와 함께 여행할 계획인 이 가족도 아들을 얻었다는 소식을 듣게 됐다. 우리는 물론 이 가족도 같은 시기에 아이를 얻게 됐으니 얼마나 신기한 일인가!

토요일 아침 일찍 우리는 비행기에 몸을 실었다. 코펜하겐에서 스코네 가족과 합류해 아테네를 지나 베이루트로 향했다. 여행 내내 부모 역할에 대한 생각이 머릿속을 맴돌았다. 25세, 대학에 다니던 시절 나는 예란을 만났다. 우리는 서로 미래를 함께할 것을 확신하고 결혼했으며, 집도 장만했다. 모든 것이 순조롭게 진행됐다. 그러나 단 한 가지, 우리에게는 아이가 생기지 않았다. 기다리고 기다리다 지쳐서 화를 내기도 하고, 걱정이 되기도 하고, 혹시나 하는 기대를 가졌다가 어김없이 낙담하고서도 혹시나 하는 희망에 갖은 방법을 알아보고 다녔던 시간. 그것은 정말로 끔찍한 시간이었다. 마침내 임신이 불가능하다는 판정을 받고 나서 우리는 아이를 입양하기로 결심했다. 아이를 간절히 원했던 것이다.

운 좋게도 우리는 정말 자상하고 이해심 많은 사회복지사를 만났다. 그는 우리 상황을 이해하고 보다 쉽고 빠른 방법을 찾아주려고 노력했다. 그는 민영기관을 통해 알아볼 것을 권했다. 우리 부부 모두 나이가 많아 입양 심사에서 떨어질 우려가 있으며, 특히 기다림에 지칠 대로 지친 나는 한없이 기다려야 하는 입양 대기자 명단에 이름을 올려놓고 기다릴 여유가 없었기 때문이다. 게다가 우리는 가능한 한 어린 아기를 찾고 있었다. 집안 식구들과 주변의 지인들을 총동원해 입양 가능성을 물색했다. 어느 나라에서 입양이 가능한지 어디서 알 수 있을까? 입양을 하려면 어느 기관과 접촉해야 하는 것일까? 이렇게 알아보던 중 레바논이 후보에 올랐다. 아는 사람의 아는 사람이 몇 년 전 건강하고 활발한, 너무나도 귀여운 사내아이를 입양했는데 이 아이의 부모들이 입양을 도와준 기관 사람이 얼마나 친절하고 열성적이었는지 입이 마르도록 칭찬했던 것이다.

레바논 사람인 아들라, 그는 기독교 학교의 선생님으로서, 혼외 관계에서 태어난 아이들에게 해외입양을 통해 제2의 인생을 열어주는 것을 평생의 업으로 삼고 있었다. 당시 레바논은 내란이 나날이 심각해졌다. 이런 가운데 여러 차례 생명이 위험했던 순간도 있었지만 아들라는 해외입양 지원사업을 멈추지 않았다. 그녀는 주변의 지인들이 추천해주는 사람들만 도와주었다. 자신의 도움을 악용하는 사람들을 걸러내기 위해서였다. 또한 그녀는 일반적인 입양 관련 서류 이외에 추가로 신실한 종교인임을 증명하는 목사의 증명서를 요구했다.

그녀는 우리가 제출한 서류를 검토한 끝에 우리를 양부모로 인정하고 준비절차에 들어갔으며, 지금 우리는 마침내 비행기에 몸을 싣고 전쟁이 벌어지고 있는 베이루트 상공을 천천히 돌고 있는 것이다. 걱정과 우려가 커지고, 상황은 점차 악화되고 있었다. 언제든지 새로운 전투가 발발할 수 있는 상황이었다. 아이를 데리고 나가지 못하면 어쩌나? 만약 일이 잘못되기라도 한다면, 혹은 입양한 아이에게 정을 붙이지 못하거나, 입양한 이후에 '이건 아니다'라는 생각이 들기라도 하면 어떻게 할 것인가?

분명하게 각인된 전쟁의 흔적

공항 곳곳에는 전쟁의 흔적이 남아 있었다. 눈길이 닿는 곳마다 중무장한 경비병이 돌아다니고 있었다. 우리가 전달받은 계획은 공항에서 택시로 함라 가(街)로 이동하는 것이었다. 그곳의 한 호텔에서 아들라가 우리를 기다리고 있었다. 호텔로 가는 길은 여기저기 폭격을 맞아 움푹 패어 있었다. 폐허가 된 곳곳에서 사람들이 무리 지어 불을 쬐고 있었다. 교통은 완전히 통제 불가능한 상황이었다. 모든 방향의 자동차들이 한데 엉켜 저마다 먼저 가려 기를 쓰고 있었다. 마침내 우리는 시내 중심가에 위치한 아파트형 호텔인 퍼펙트 호텔에 무사히 도착했다. 아들라는 메시지를 남겨놓았는데, 다음날 아침 당장 아이를 데리고 와서 함께 지낼 수 있다는 것이었다. 월요일에는 우선 해야 할 일을 처리하고, 화요일에는 시내 법원에 가서 아기를 정식으로 입양할 예정이었다. 전날 밤, 오만 가지 생각과 낯선 소음들, 여기저기서 들리는 총성과 개 짖는 소리, 영원히 멈출 것 같지 않은 요란한 자동차 소리와 호텔 맞은편 이슬람 사원에서 들려오는 기도 소리가 뒤섞여 나는 잠을 이룰 수 없었다.

일요일 아침에 옷을 챙겨 입는데 누군가 방문을 두드렸다. 아들라가 포대기를 품에 안고 등장했다. 조심스럽게 건네받은 포대기 속에선 세상에서 제일 예쁜 아기가 나를 바라보고 있었다. 크고 검은 눈동자를 보는 순간, 모성애가 어떤 것인지 나는 바로 깨달을 수 있었다. 우리 아이, 내 자식, 나의 사랑스러운 딸! 혹시 아이를 좋아하지 않게 되면 어쩌나 하던 걱정은 한낱 기우일 뿐이었다. 후에 또 다른 양부모와 그들의 아이를 보고 나서, 나와 예란은 우리 아이는 세상에서 단 하나뿐인 '우리 아이'라는 것을 더욱더 확신하게 됐다. 그들 부부 또한 감격에 겨워 어쩔 줄 몰라 하고 있었다. 그 사람들이 얻은 사내아이가 귀여운 것은 사실이지만, '내 자식'은 아니지 않은가? 아무렴, 비교 따위는 절대 할 수 없지.

입양식, 평생 잊을 수 없는 기억

이틀 후 치른 입양식은 우리에게 평생 간직될 소중한 기억이다. 그날 아침 일찍 아들라가 우리를 데리러 왔다. 시내를 지나 약속장소로 가는 길은 눈길 닿는 곳마다 폐허로 변해버린 건물더미와 긴급한 도움의 손길이 필요한 상황이 계속되고 있었다. 참으로 낯선 정경이었다. 그러나 입양식이 진행될 성공회 회당의 분위기는 이와 달리 정결한 느낌을 주었다. 입양식을 진행하고 입양을 인정하는 절차는 재판관이 하게 되어 있었다. 그런데 이 재판관은 재판관이자 목사였다. 모든 절차는 서류 처리와 예배 형식으로 짜여 있었다. 성경에 손을 얹고 이 작은 아이를 친자식처럼 사랑으로 양육하겠다고 선언하는 과정은 정말 상상할 수 없을 만큼 강한 인상을 주었다. 아들라가 아기를 내 품에 안겨주면서, "여기 당신의 자녀를 드립니다"라고 말했을 때, 나는 감격의 눈물을 흘렸다.

베이루트의 일주일은 눈 깜빡할 사이에 지나갔다. 여전히 해결해야 할 세세한 일이 남아 있었지만, 그래도 주변을 여행할 짬이 주어졌다. 우리는 차를 빌려서 아들라의 고향인 산간지방도 방문했다. 그녀의 아버지의 뒤를 이어 그녀의 오빠가 시장 자리를 차지하고 있었다. 그곳 산간 지방의 여름 날씨는 비교적 선선했기 때문에, 사우디아라비아는 물론 이웃 아랍국가 부유층의 여름 피서지가 되었다. 곳곳에 호화로운 고급 호텔과 여름 궁전이 있는 그곳은 전쟁의 비참한 현실 속의 오아시스였다.

미혼모에게서 태어나는 아이들

아들라는 매일 아침 우리를 찾아와 많은 이야기를 해주었다. 그녀가 도와주고 있는 아이들은 대부분 미혼모들이 낳은 아이들이다. 미혼모들은 대개 부모와 떨어져 시내에 사는 젊은 여성이나 학업 또는 취업을 위해 이곳 베이루트에 와 있는 여성들이었다. 그리고 이들이 낳은 아이가 머물도록 허락하는 가정은 대개 부모가 기독교인인 집안이다. 그러나 그들이 비록 교회에 나간다 할지라도 그들은 아랍문화권에 살고 있기 때문에, 혼외정사로 낳은 아이는 용납할 수 없다. 심지어 임신을 한 미혼여성은 같은 집안 남자들에 의해 살해당할 위험에 처하게 된다. 일부 의사들과 봉사자들은 출산에 임박한 여성들이 숨을 수 있도록 피난처를 제공해주고 있으며, 레바논 법에 의해 아이들의 부모에 대한 정보는 외부에 공개되지 않기 때문에, 공개적으로 입양 지원 활동을 한다는 것은 생각조차 할 수 없었다. 이러한 이유로 입양은 합법적인 것임에도 불구하고 진행 절차는 매우 비밀스러울 수밖에 없다. 이러한 특수한 문화적 환경에서 오는 갖가지 제약을 스웨덴 관계 당국에 설명하는 것은 좀처럼 쉬운 일이 아니었다. 오늘날 스웨덴 사회에서 논의되고 있는 아랍문화권의 '가문의 명예로 인한 살해'라는 개념이 소개되기 훨씬 전에 일어난 일이었다.

두 얼굴의 베이루트

베이루트에서 가장 인상 깊었던 것은 양극화 현상이었다. 나는 그렇게 화려한 보석가게는 태어나서 처음 보았다. 온갖 금 장신구며 거대한 수정까지. 그러면서도 가게 옆 길가에는 헐벗은 젊은 여자가 자식을 무릎에 누이고 구걸을 하고 있었다. 사람들은 무척 친절했으며, 심지어 길거리 노점상들조차 영어와 프랑스어를 유창하게 구사할 정도로 언어 수준이 높았다. 그러나 두 손에는 총을 들고, 두 눈에는 공포가 가득 담긴 어린이들을 곳곳에서 발견할 수 있었다. 길거리 자동차들은 대부분 너무 낡아서 굴러가기나 할는지 신기할 지경인데, 그와 동시에 스웨덴에서는 찾아보기 힘든 명품 브랜드의 엄청나게 큰 자동차가 돌아다니고 있었다.

안정과 평온함이 있는 스웨덴 집으로 돌아오니 마음이 놓였다. 그러나 얼마 지나지 않아 스웨덴에서도 대규모의 파업과 데모가 발생했는데, 레바논의 상황을 보고 온 우리에게 데모대의 요구는 부끄러울 만큼 사치스러운 것으로 보였다. 모든 입양 관련 절차가 완료되고, 우리는 드디어 아기를 둔 부모로서의 삶을 시작했다.

입양에 대한 작은 책

이다의 유년기를 한마디로 표현하자면, '모든 것이 정상'이라고 말할 수 있을 것이다. 아동 건강진료소의 직원들조차 이 아이가 스웨덴 아동 표준 키와 체중에 맞추어 자라나는 것에 감탄을 금치 못했다. 물론 몇 번 병치레를 겪고 감기의 합병증으로 중이염까지 앓았지만, 여느 아기들이 겪는 것 이상의 증세가 나타난 적은 없었다. 외모 또한 검은 피부를 가진 나와 닮은 구석이 많았다. 아동병원 의사가 아직도 내가 모유 수유를 하고 있는지 묻거나, 치과의사가 이다의 어금니에 특이한 줄이 나 있는 것이 나를 닮아서인지 내 이를 검사하겠다고 하는 등, 재미있는 상황이 연출되기도 했다. 이다와 나를 보고, "어머나, 엄마랑 똑 닮았네! 그런데 아빠가 곱슬머린가?" 하고 묻는 사람도 있었다. 이 모든 것을 이다는 거부감 없이 자연스럽게 받아들였다. 어느 날 이다를 데리고 직장에 갔다가 전혀 기대하지 못한 상황이 벌어진 적도 있다. 직장의 여자 동료 한 명이 이다에게 다가가 한참 같이 이야기하며 놀더니 조금 후 내게 다가와 묻는 것이었다.

"너 스웨덴 남자랑 결혼한 줄 알았는데?"

나는 그렇다고 대답했다. 그러자 다시 질문이 날아왔다.

"그럼 다른 남자하고 재미본 거 아니야?"

그녀가 보기에 이다는 스웨덴 아빠를 가졌다고 하기엔 어색한 '약간의 유색인종'이었던 것이다.

우리는 아주 자연스럽게 처음부터 이다와 그녀의 고향에 대해 대화를 나누어야 한다고 생각했다. 그래서 나는 작은 책을 만들어서 글과 그림으로 채워나갔다. 한동안 이다는 침대 머리맡에서 그 책을 읽어주어야 잠들곤 했다. 그 아이를 얻게 된 것이 우리에게 얼마나 큰 행운이었는지 이루 말할 수 없다. 이따금 이다는 우리가 자기를 입양해준 것을 감사하게 생각해야 한다고 말하는 사람들이 있다고 했다. 그러나 감사해야 하는 것은 우리다. 우리 세 식구가 모이게 된 것에 감사하며, 이다가 원할 때면 언제나 함께 레바논에 관한 책을 같이 읽을 수 있다는 것에 감사한다.

이다는 모든 면에서 매우 안정되고 조화로운 정서를 갖춘 여자아이였다. 그런데 아이가 겁에 질려서 충격을 받은 적이 딱 한 번 있었다. 여름이면 우리는 보트를 타곤 하는데, 어느 날 비행기 한 대가 거의 수면 위로 저공비행을 하다가 바로 머리 위를 스쳐 지나갔다. 그러자 갑자기 아이는 완전히 이성을 잃고 가까이 있는 사람을 꼭 붙들고 소리를 질러대기 시작했다. 전쟁에 대한 기억이 남아 있었던 것일까? 아이는 여전히 이러한 상황에 충격과 공포심을 느꼈다. 분명 이스라엘 전투기가 날아다니던 베이루트를 떠올린 것이리라.

아주 어렸을 때부터 유치원을 거쳐 학교에 입학하기까지 이다는 사람들과 쉽게 친구가 됐다. 아이에게 있어서 친구는 가장 중요한 존재였던 반면, 학교 공부는 큰 흥미를 주는 것 같지 않았다. 한번 들은 것은 절대 잊어버리는 일이 없었으나, 무엇인가를 배우는 데에는 많은 시간이 걸렸다. 그럼에도 불구하고 학교생활은 무난히 지나갔다. 고등학교를 졸업한 후, 이다는 공부에 대한 흥미를 완전히 잃었다. 이때까지 학교에 다닌 것도 친구들과 함께 지내기 위한 것이었다고 볼 수 있다. 그즈음 아이는 정신적으로 힘든 시기를 겪게 됐다. 이는 물론 우리에게도 어려운 시기가 다가왔음을 뜻한다. 당시 우리는 이민자들이 많은 지역에 살고 있었는데, 여기에는 다양한 나라에서 모인 이민자, 심지어 레바논에서 온 가족도 있었다. 이민 가족의 자녀들과 어울리면서 이다는 자신의 정체성에 대한 의문을 제기하기 시작했다. 이민자 가족의 친구들은 이다를 그들 편이라고 말하는데, 스웨덴 사람들은 이다를 스웨덴 사람이라고 하는 것이다. 아이는 자기 자신이 누구인지 자주 묻기 시작했는데, 결론은 "난 레바논 사람도, 스웨덴 사람도 아니에요"라는 식으로 마무리되곤 했다.

베이루트로의 귀향

이다가 어렸을 때부터 우리는 레바논의 상황이 안정되면 함께 그곳을 방문하기로 약속했었다. 1995년, 이다가 열여섯 살 되던 해에 그곳의 상황이 드디어 호전되기 시작했으며, 이다 또한 간절하게 자신이 태어난 곳을 직접 가보고 싶어 했다. 그곳에서 가슴속에 품고 있던 질문에 대한 대답을 구할 수 있을지도 모를 일이었다. 우리 가족은 아이가 가을방학을 맞이하면 레바논 여행을 가기로 결정했다.

우리는 그동안 아들라와 지속적으로 연락을 해왔다. 이스라엘 군이 베이루트를 침공했을 때는 그녀 역시 다른 주민들과 마찬가지로 피난을 가기도 했다. 그러나 현재는 그녀의 아들 중 한 명이 살고 있는 암스테르담에서 지내고 있다. 우리는 몇 차례 그곳으로 그녀를 만나러 가곤 했다. 레바논 여행을 준비하는 과정에서 우리는 만약 아들라가 우리와 함께하면 여러 모로 큰 도움이 될 것이라고 판단했다. 상황이 다소 호전될 때마다 자주 레바논을 방문해왔던 아들라는 여행경비를 대주겠다는 우리의 제안을 흔쾌히 받아들였다. 다만 숙소는 우리가 묵는 호텔이 아니라 자신의 여동생 집으로 결정했다. 공항에서 호텔까지 오는 길에 보이는 차창 밖 풍경은 16년의 세월 동안 많이 변해 있었다. 곳곳에 도로와 건물이 세워졌으며, 공항에도 길에도 군인의 모습은 예전처럼 많이 눈에 띄지 않았다. 택시가 호텔로 들어서는 순간, 우리는 깜짝 놀라지 않을 수 없었다. 우리가 머물 호텔 맞은편에 그 옛날 우리가 묵은 퍼펙트 호텔이 있는 것이 아닌가! 그리하여 우리는 그 당시와 똑같은 창 밖 풍경과, 자동차의 소음과 개 짖는 소리, 그리고 기도 소리를 듣게 됐다. 신기한 일이었다. 말로만 듣던 그 상황을 직접 보고 듣는 것은 이다에게도 말할 수 없는 놀라운 경험이었다.

아들라의 안내로 우리는 베이루트 주변을 둘러보고, 다시 북쪽 외곽의 바빌로스와 남쪽의 사이다까지 가볼 수 있었다. 북부와 남부 사이에는 엄청난 차이가 있었다. 남부 지역은 무너져 내린 건물과 황폐한 마을이 그대로 남아 있는 반면, 북부 지역은 전쟁의 흔적을 찾아보기 힘들 만큼 말끔하게 재건되어 있었던 것이다. 가장 충격적이었던 것은 호화로운 건물이 즐비하던 아들라의 고향을 다시 방문했을 때였다. 건물들은 하나도 남김없이 폭격을 맞았으며, 많은 사람이 사망했고, 온갖 폐허의 잔해들이 다른 곳으로 운반되어 갔다. 무슨 이유일까? 그것은 질투심 때문이었다. 너무 부유했던 이 마을에 대한 주변 사람들의 시기와 질투 때문이라고 아들라는 말했다. 그러나 이제 서서히 희망을 잃지 않은 일부 사람들이 돌아와서 건물을 복구하기 시작했다. 그녀는 몇 년 내에 다시 이곳에 와서 살게 될 것이라고 말했다.

시위와 외출 금지

어느 날 아들라가 어두운 표정으로 나타났다. 대규모 반정부 시위를 벌이기 위해 열악한 상황에서 살아오던 일반 서민이 모여들고 있으며, 정부는 시위 금지를 선언하고, 외출 금지령을 내렸다는 것이다. 시리아 군이 베이루트로 향하기 시작했고, 길에는 온통 탱크와 전차가 들어찼다. 아들라의 권유로 우리는 비상식량과 음료를 잔뜩 챙겨놓았다. 당장 내일이라도 길가의 식당들이 모두 문을 닫을지도 모를 일이었다. 만약 반정부 시위가 정말로 벌어지면 시내 곳곳에서 무력 충돌과 총격전이 벌어질 위험이 컸기 때문에, 아들라의 연락을 받을 때까지 호텔 방에서 한 걸음도 나가지 않기로 그녀와 약속했다. 다음날 아침 눈을 떴을 때, 무엇인가 이상한 느낌이 들어 창가로 달려갔다. 거리가 너무 조용했다. 자동차가 한 대도 지나가지 않았으며, 사람들의 목소리도 들을 수 없었다. 호텔 아래의 길에는 꼬마 남자애가 어느 집 문에서 뛰어나왔으나, 곧 누군가 아이를 집 안으로 끌어들이고 문을 닫아 버렸다. 그러고는 다시 정적이 흐르기 시작했다. 저 멀리 어디선가 사람들의 목소리와 연설을 하는 것 같은 목소리가 들려왔다. 호텔 방에 긴장감이 더해가고 있는데 갑자기 아들라가 문을 두드렸다. "모든 일이 종결됐어요. 다 잘 끝났다고요." 외출금지령은 아직 해제되지 않았으나 아들라는 방 안에 가만히 앉아 있지 못하고 벌떡 일어났다. 그녀는 "나이든 아주머니를 누가 쏘겠어요"라고 말하며 방문을 나섰다.

전쟁이 남긴 공포의 흔적과 황폐는 안타까웠으나 그럼에도 불구하고 이번 방문은 의미가 깊었다. 좋은 사람들을 만나 큰 도움을 받았으며, 많은 사람에게서 국가의 미래에 대한 희망과 믿음을 엿볼 수 있었다. 음식은 훌륭했고, 이다도 매우 좋아했다. 단 한 가지 아이가 불편하게 여겼던 것은 길거리의 모든 남자들이 자신을 뚫어지게 바라보는 것이었다. 모두들 몸을 돌려 아이를 하염없이 바라보았다. 우리 딸이 귀엽게 생기긴 했지만, 그 정도의 여자아이는 길거리에서 쉽게 찾을 수 있었으며, 머리 스타일이나 옷차림새가 남달랐던 것도 아니었으니, 도대체 남자들의 그런 반응은 무엇 때문이었는지 지금도 풀리지 않는 수수께끼다. 사람들은 종종 이다에게 아랍어로 말을 걸어왔으며, 그때마다 아이는 아랍어를 못한다는 사실을 설명해주어야 했다.

"저는 레바논 사람이자 스웨덴 사람이에요"

아들라는 아이와 함께 앉아서 이다의 입양 당시의 상황이 어떠했는지, 언제 이다가 태어났으며, 왜 부모에 대한 정보가 하나도 남아 있지 않은지 등에 대해 하나하나 차분히 설명해주었다. 고향의 좋은 모습과 안 좋은 모습까지도 직접 보고 경험한 것과 가슴속에 품어왔던 의문을 털어놓고 고향 사람들과 이야기하는 기회를 가진 것은 아이에게 무척 큰 영향을 미쳤다. 아이는 아랍어를 배울 생각을 하기 시작했으며, 언젠가 그곳으로 돌아가 국가의 재건을 돕고 싶어 했다.

그러나 이러한 생각은 오래가지 않았다. 집에 돌아오자 아이는 다시 이민자 친구들과 어울리는 일에 더 관심을 갖기 시작했다. 그러나 이번 여행은 큰 의의를 띤다. "이제 깨달았어요." 이다는 말했다. "저는 레바논 사람이자 스웨덴 사람이에요." 이것은 얼마나 놀라운 발전인가!

오늘날 이다는 자신이 원하는 일을 찾았다. 이다는 청각 시각 장애자를 위한 통역사 교육과정을 밟고 있는데, 이것은 이다에게 완벽하게 어울리는 일이다. 이다는 남편과 함께 우리집 가까운 곳에 집을 사서 살고 있다. 2004년 12월, 우리는 눈에 넣어도 아프지 않을 만큼 귀여운 사내아기의 할머니 할아버지가 됐다. 자손을 번성시키리라고는 꿈도 꾸지 못했던 우리에게 이것은 얼마나 큰 행운인지 모른다.

「이보다 더 어려운 일은 없었다」

······에바와 울프 헤덴(Eva, Ulf Hedén)

> 수미아티(Sumiati)는 1979년 인도네시아에서 태어나서, 1980년 에바와 울프 헤덴(Eva, Ulf Hedén)의 가정으로 오게 된다. 그리고 6년 후인 1985년에 한국에서 태어난 의경이 오게 된다. 이 아이들은 스톡홀름 외곽인 솔렌투나에서 자랐고, 엄마인 에바는 입양센터에서 입양에 관한 일을 하면서 다른 입양 엄마들과의 네트워크의 중요성을 주장하고 있다.

"자식을 갖기 원하면 다른 여자와 결혼하세요."

나는 이런 조건으로 아이들의 아버지와 사귀기 시작했다. 내 나이 스물세 살, 나는 아이를 낳지 않으리라고 확신하고 있었다. 어디서 비롯된 생각인지 모르지만 나는 힘든 임신 기간을 보낼 것이라고 믿었다. 그래서 그랬는지 아니면 시대의 흐름을 따랐는지, 내가 "이런 어지러운 세상에 어떻게 애를 낳지?"라고 하면 남편은 "뭐라고? 자식을 가지려면 당신과 갖고 싶다니까"라고 대답하곤 했다. 나는 "정 그렇다면 입양을 합시다"라고 말했다.

입양, 이보다 더 어려운 일은 없었다

우리가 아이를 갖기로 합의한 후, 입양을 하기로 결정한 것은 어려운 일이 아니었다. 그러나 우리는 결혼을 하고 일정 기간이 지나야 입양이 가능하다는 사실을 모르고 있었다. 우리는 사귄 지 6개월도 안 되어 결혼을 해야만 했고, 그로부터 2년 후에 입양을 기다리는 대열에 서게 됐다.

그때의 입양 결정은 정말 잘한 일이었다. 입양 과정은 3~4년이나 걸렸고 기다리는 동안 나에게는 아이를 기다리는 마음이 자라났다. 그렇지만 자카르타에 6개월 된 수미아티가 우리 딸로 입양되기를 기다리고 있다는 소식을 듣기 전까지는 별로 실감이 나지 않았다. 소식을 들은 후, 수미아티를 데리러 가기까지 4개월을 기다려야 했는데, 이 기간은 정말로 힘든 나날이었다. 나는 자바에서 화산이 폭발하고 지진이 발생하는 꿈을 자주 꾸었다. 나는 완벽주의자이기 때문에 아이를 기다리는 동안 입양이 무엇인가 알아보고 남편과 함께 양부모를 위한 교육과정에 참여했다. 그리고 양부모들의 네트워크를 잘 조직해놓았다. 또한 입양센터의 여러 활동에 참여했다. 이러한 일은 힘은 들었지만 즐거운 일이었다. 돌이켜보면 물론 후회하지 않으며 참 잘한 일이었다고 여겨진다.

여동생이 오다

수미아티가 우리에게 온 후 몇 년 지나자 다시 또 한 아이를 입양하기로 결정했다. 이번 입양은 더 힘들고 더 오랜 시간을 요구했다. 드디어 열 달 된 의경이 부산에서 왔다. 온 날부터 이제까지 의경은 우리집에서 가장 활발하게 움직이는 존재다. 요구하는 것이 많은 대신 우리에게 준 것도 많았다. 얼마 안 있으면 일곱 살 되는 수미아티는 동생을 무척이나 기다리고 있었다. 우리는 수미아티에게 이렇게 말했다.

"착하지, 동생은 어리니까 네가 잘 돌보아야 돼."

그러나 우리는 곧 이런 말이 전혀 불필요하다는 사실을 깨달았다. 수미아티는 그때나 지금이나 동정심 많고 남을 잘 이해하는 부드러운 성격의 소유자다. 반면에 동생인 의경은 언니 자리를 차지하고 우리집에 온 지 몇 주 후부터 내가 오직 자기만의 엄마라고 떼를 썼다. 그래도 수미아티는 동생이 하자는 대로 따라가는 인내심 많은 언니였다.

입양은 나에게 너무나도 훌륭한 두 아이를 주었을 뿐 아니라, 해외입양 사업을 나의 직업으로 만들어주었다. 이로 인해 나에게는 세계와 사람을 보는 새로운 안목이 생겼음에 감사할 뿐이다.

처음부터 조직된 네트워크

입양에 대한 경험을 써달라는 부탁을 받고 처음에는 거절했다. 별달리 쓸 것이 없을 것 같았기 때문이다. 나는 불임의 위기도 거치지 않았으며, 아이들은 특별한 말썽 없이 잘 자라주었다. 한마디로 순조로운 나날이 계속됐던 것이다. 그래도 생각해보니 아이들이 입양이라는 데에서 오는 어려움이 없었던 것은 아니다. 그때마다 입양 전부터 있었던 네트워크가 얼마나 중요한 역할을 했는지 모른다.

입양을 통해 만난 몇몇은 아주 가까운 친구가 됐고, 처음에는 부모들끼리, 입양 후에는 아이들과 함께 가족들끼리 만났다. 그러나 아이들이 사춘기에 들어서면서 가족들과 함께 만나기를 꺼렸기 때문에 지금은 부모들끼리만 만나고 있다.

다른 엄마들의 도움

아이를 기르는 과정에서 지난 25년 동안 계속 만나왔던 다른 엄마들의 역할이 매우 컸다. 우리는 함께 대화를 나누고 서로 도왔다. 서로의 사정을 이해하기 때문에 당연한 일이었다. 특히 기억나는 것은 민족차별이 표면화되고 레이저 맨이 한창 설칠 때다. 나는 그때처럼 무력감을 느낀 적이 없었다. 그때 처음으로 나와 아이들 사이에 이질적인 것이 존재하는데, 이것을 아이들에게 설명할 수 없다는 것을 깨닫게 됐다. 나는 다른 사람들과 다르다는 것이 도대체 무엇인지 알 수 없었다. 나는 이 문제를 생각하려 노력은 했으나 이에 대한 의견을 아이들과 자연스럽게 토론할 수는 없었다. 이때 엄마들은 거의 매일 만나서 아이들을 위해 할 수 있는 일이 무엇인지 논의했다. 이 시기는 수미아티가 사춘기여서 밤에 친구들과 만나는 날이 잦았다. 나의 근심과 두려움은 감당하기 어려울 만큼 커졌다. 다른 부모들도 자식에 대한 근심 걱정이 있지만 우리 아이는 입양아이기 때문에 더욱 두려움이 컸다.

'친구들보다 살빛이 검다고 미친 녀석에게 봉변이라도 당하면 어쩌나?'

이것이 나의 근심 걱정이었다.

부정 앞에 무능함

세상에서 내가 제일 사랑하는 내 아이가 불공평한 대우를 받았는데 속수무책일 뿐, 이에 대한 대책을 아이들과 토론할 수 없을 때, 나는 온몸이 쪼개지는 듯한 아픔을 견뎌내야 했다. 너무도 불공평했다. 나는 아이들의 생각을 들어주고 아이들 편이 되어주었다. 나의 감정을 행동으로 옮기는 것이 언제나 좋기만한 것은 아니다. 그럼에도 나는 여러 일에, 특히 나의 아이가 개입된 일에는 참지 못하고 나섰다. 한번은 이런 일이 있었다. 학교에서 어떤 선생님이 우리 아이에게 듣기 어색한, 이상한 말을 했다고 아이는 서러워했다. 나는 즉시 교장에게 항의 편지를 보냈다. 이 말을 들은 내 딸은 "엄마는 왜 그래?"라고 화를 버럭 냈다. 그래도 마음속 깊은 곳에는 자기를 옹호하는 적극적인 엄마의 행동을 흐뭇하게 생각했으리라고 믿는다. 우리 딸들은 학교나 디스코텍에서, 인종차별에서 오는 이상한 말을 듣고 온다. 그럴 때마다 나의 반응은 격렬했다. 이 감정이 분노에서 오는 것인지 아니면 슬픔에서 오는 것인지는 잘 모르겠다. 그러나 궁극적으로는 엄마로서 도와줄 수 없는 무능함에서 오는 것 같다. 다른 아이들과 다르다는 것을 어떻게 이야기해야 좋을지 알 수 없는 경우가 적지 않다. 예를 들면 체구가 작고 마른 딸이 파티에 갈 때 "열여덟 살 전에는 술 마시면 안 되는 것 알지? 그래도 혹시 마시게 되면 너는 체구가 작다는 것을 염두에 두어야 한다. 조금만 마셔도 친구들보다 빨리 취할걸" 또는 아름다운 까만 머리를 가진 딸이 "나는 내 외모가 싫단 말이에요. 나도 다른 친구들같이 키 크고 날씬하고 살결이 희고 파란 눈을 갖고 싶단 말이에요"라고 말할 때, "내 눈에는 네가 세상에서 제일 예쁜데"라고 말하는 것은 아무 소용이 없다. 언제나 자기만 시민권을 제시해야 하고, 여권조사를 받는 데에도 제일 오래 걸려야 한다면서 화를 내는 딸에게 내가 뭐라고 말해주어야 하는지 알 수 없다.

너의 엄마는 나 하나뿐

대부분의 입양 가정에서는 자기 아이가 입양아라는 사실을 잊고 산다. 그냥 자식인 것이다. 즐거움도 걱정거리도 다른 아이들과 다를 것이 없다. 아이들은 아플 때 함께 밤을 새우고, 형제들끼리 다투기도 한다. 아이들이 다니는 탁아소나 학교로 말미암아 생기는 걱정, 실연해서 우는 일, 장래의 직업 선정에 대한 걱정 등 모든 것이 일반 가정과 동일하다. 내가 낳은 딸이라면 어떠했을까? 내가 낳지 않았으니 알 수 없으나 아마도 같은 심정이었을 것이다. 나는 언제나 딸들 곁에 있으면서 그들을 위해 존재하는 것이 무엇보다 중요하다고 생각했다. 한번은 한 아이가 내게 불평을 했다. 내가 자기를 불공평하게 대했다는 것이다. 그러면서 "내 일에 간섭하거나 결정하려고 하지 마세요. 엄마는 친엄마가 아니란 말이에요"라고 말하는 것이 아닌가? 그때 나는 다음과 같이 말했다.

"그래? 미안하지만 너는 그렇게 쉽게 나를 내치지 못할걸. 네가 가진 엄마는 나 하나뿐이니까."

주저 없이 나온 나의 대답이었다. 그 이후로 아이는 다시는 나의 사랑을 시험하려 들지 않았다. 입양이 그들에게 주어진 최선의 선택이었음을 확신했으므로 나는 내가 그들의 엄마라는 안정감을 가질 수 있었다. 그들이 자기를 낳아준 친엄마 밑에서 자란다는 것은 이제 불가능한 일이기 때문이다.

무조건의 사랑

우리집에서는 입양에 대한 문제가 언제나 공개되어 있었다. 아이들이 자기의 뿌리를 찾기 원한다면 언제든 부모로서 최선을 다해 도와주겠다고 말해왔고, 나는 직업적으로 다른 입양아를 돕고 있었으므로 이것은 당연한 일이었다. 또한 우리집에는 항상 많은 외국사람이 드나들었기 때문에 우리 딸들이 외국에서 태어났다는 것은 매우 자연스러웠다.

수미아티가 어릴 때, 동네 아이들은 내가 수미아티를 낳지 않았으며, 또 다른 엄마가 있다는 것을 너무도 이상하게 생각했다. 자기네끼리 얻은 답은 내가 수미아티를 자바에서 낳았기 때문에 아이의 살빛이 검다는 것이었다. 어딘가 우리 아이의 친어머니와 친아버지가 있을 것이다. 나는 그들을 종종 생각한다. 그들의 아픔과 불행이 나의 행복이 됐으므로. 이것은 너무나도 불공평한 일이다. 슬픔 섞인 행복을 느끼며, 그분들에게 감사의 마음이 스며든다.

나이 차가 있어서 자매로 생각하는 것이 힘들었지만 수미아티와 의경은 좋은 관계를 유지하고 있다. 그들은 여러 면에서 서로 다르지만 우리는 그들이 나름대로 자랄 수 있는 공간을 마련해주었다고 생각한다. 바로 이 점이 입양만이 줄 수 있는 스릴이다. 우리 가족에 들어오는 아이들은 부모와는 전혀 다른 유전인자의 소유자들이다. 더욱이 우리 아이들은 전혀 다른 환경과 조건에서 왔기 때문에 우리에게는 더 큰 도전이 됐다. 물론 아이들은 환경의 지배를 받으면서 성장하므로 그들 사이에는 이질적인 것보다는 비슷한 점이 더 많이 눈에 띈다. 의경이 고등학교를 졸업할 때, 나와 수미아티는 축하 연설문을 함께 쓰기로 했다. 이 축사 준비 과정에서 나는 또 새로운 것을 배우게 됐다. 흥미로운 것은 부모로서 듣지도 보지도 못한 일이 적지 않다는 사실이다. 예를 들면 그들 사이에 부모가 모르는 일이 진행되고 있었다는 점이다. 다행이라고나 할까?

우리 아이들과 살면서 느끼는 무조건의 사랑은, 사실은 내가 나의 부모님에게서 받은 당연한 것이며 자연스러운 것이다. 그리고 그것은 서로를 존중하고 언제나 서로를 위해 존재하는 것이다. 이제 아이들이 성년이 되고 나니 나와 아이들의 관계는 마치 나와 동생, 나와 어머니의 관계와 매우 흡사하다는 것을 느낀다.

우리 가정에서 가장 어려웠던 시기는 몇 년 전 나와 아이들의 아버지가 이혼을 할 때였다. 이혼을 하면 아이들이 많은 타격을 받게 되는 것은 누구나 아는 사실이다. 그러나 입양아들에게는 더욱 심한 충격을 주게 된다. 그들은 최소한 한 번은 어른들에게 이미 배반을 당했거나 버림을 받은 경험이 있기 때문이다. 아이들의 발목을 잡아당긴 것 같아 나의 아픔은 컸다. 몇 년이 지난 오늘날, 그때를 돌아보면, 아이들은 어려운 고비를 잘 넘겼고 새로운 현실에 잘 적응하고 있다. 한창 어려운 가운데도 우리가 얼마나 명철한 아이들을 길러놓았는지 알 수 있었다. 아이들은 부모들이 보지 못한 것들, 미처 이해하지 못한 것들을 지적하기도 했고, 부모들의 말다툼에 휘말리지 않고 자기들의 위치를 지키면서 부모로서의 의무를 요구했다.

어른이 된 두 딸

수미아티는 스물다섯 살, 지금은 남자친구와 동거하면서 교사로 일하고 있고, 의경은 고등학교를 졸업하고 프랑스에 가 있다. 아이들의 아버지와 나는 두 딸을 잘 길러놓았고, 이제는 각자의 길을 가면서 삶을 즐기고 있다. 생각하면 이상스럽기도 하고, 놀랍기도 하고, 기쁘기도 하다. 입양아건 아니건 두 딸은 우리 자식이다. 친자식과 비교할 수 없으나 아이를 기르는 과정은 거의 비슷할 것이라고 생각한다. 즐거운 일, 어려운 일, 근심, 장래에 대한 걱정 등 모든 것이.

　　아이들이 분가해서 집을 나갈 때도 처음 왔을 때와 비슷한 것이 너무나 신기하다. 수미아티는 슬며시 집을 나갔다. 하룻밤, 이틀 밤, 일주일, 남자친구 집에 가서 잠을 잤고, 빨랫거리를 가지고 와서 빨고는 다시 돌아갔다. 그러더니 하루는 남자친구와 함께 아파트를 사겠다고 했다. 이런 과정에 나도 모르는 사이에 적응이 되었다. 조용하고 당연스럽게 집을 나간 후에도 가까운 곳에 살면서 항상 연락을 하면서 살고 있다. 의경은 언제나 그랬듯이 집을 나갈 때도 예외가 아니었다. 짐을 싸 들고 하루아침에 프랑스로 떠나버렸다. 일주일 여행도 아니고, 우선 일 년 계획으로 떠났다. 우리는 모두 울고불고 난리를 쳤으며, 보고 싶어 하고 그리워했다. 그러나 의경이 그곳에 정을 붙이며 즐겁게 지내는 것이 다행스럽다. 나의 딸이 즐겁게 지내므로 나도 즐겁다.

　　성인이 된 자식을 가진 다른 많은 부모처럼 나에게도 손자에 대한 꿈이 있다. 손자가 생길까. 생기면 얼마나 좋을까. 이런 조심스러운 소망으로부터 이제는 손자 손녀를 갖고 싶다는 강한 욕구가 인다. 이것은 나의 욕심뿐만은 아니다. 나는 우리 아이들이 친자식을 낳기를 바란다. 그래서 눈, 귀, 구부러진 손가락, 산술에 대한 재능, 음악 소질 등을 보면서 자기를 닮았나 안 닮았나 비교도 하고, 혈통이 이어지는 것도 경험하기를 바란다. 자식을 낳으면 자기 일생의 출발점을 생각하지 않을 수 없을 것이다. 나의 엄마, 애를 낳고 버려야 했던 그 심정은 어떠했을까? 꼭 그랬어야만 했나? 좀더 참을 수 없었을까? 나를 낳은 후에 또 애를 낳았을까? 아마도 이런 생각을 할 것이다.

　　우리는 임신과 분만의 경험을 비교할 수도, 나눌 수도 없다. 그러나 나는 우리 아이들이 아이를 낳을 때 도움을 주고, 함께 생각을 나누는 친구가 되고, 즐거움도 함께 나누고, 하는 일이 원하는 대로 되지 않을 때 슬픔도 함께 나눌 수 있기를 바란다.

「편모로서의 나」

…… 엘리사베트 드 용(Elisabet De Jong)

> 66 선과 광은 1968년과 1970년, 생후 10개월에 접어들 때 한국에서 입양되어 왔다. 99

젊은 시절 나는 삶이 영원할 것이라고 생각했고, 다양한 경험과 평생 잊을 수 없는 추억으로 인생을 풍요롭게 일구어왔다. 다만, 다른 사람과 달리 당시에 나는 '2세 출산'에 대해 그렇게 큰 의미를 부여하지 않았다. 모두들 결혼을 하면 아이를 갖는 것이 순리라고 생각했으나, 내 삶은 그러한 순리를 따르지 못했다. 너무 일찍 결혼한 나는 결국 이혼을 하게 됐던 것이다.

이혼하고 몇 년 후 재혼을 했으나, 항상 젊은이들과 함께 지내는 직업 덕분에 아이가 없는 것에 대한 허전함 같은 것은 느끼지 못했다. 그러던 내가 처음 입양에 관심을 갖게 된 것은 남아프리카의 어느 지역에 머물던 때였다. 당시 그곳에서 살아가는 입양아들은 아무런 인간적 권리도 보장받지 못한 상황에 놓여 있었다. 나는 그 아이들을 입양하고 싶었지만 불행하게도 외국인인 내가 이 지역 아이를 입양한다는 것은 도저히 불가능한 일이었다.

마침내 선을 만나다

이러한 경험을 통해 입양에 대한 나의 관심은 점차 깊어갔고, 그동안 별로 관심이 없었던 스웨덴 시민권도 취득했다. 남편과 내가 한국 아이를 입양하기 위해서는 우리 두 사람 모두 법적으로 스웨덴 사람이어야 했던 것이다. 그러나 이것 외에는 1960년대라고 해서 입양을 신청하는 데에 유달리 힘든 일은 없었다. 이렇게 일이 순조롭게 진행된 것은 우리 부부가 살던 지역구가 재정적으로 안정됐으며, 앞서 다른 사람이 해외입양을 한 일이 몇 차례 있었기 때문일 것이다. 우리집을 방문한 친절한 사회복지위원회 감사관들은 딱히 어떤 질문을 던져야 할지 잘 모르는 것 같았다. 그저 아이들에게 이나 벼룩과 같은 해충이 있을지도 모른다고 귀띔해주었을 뿐이었다.

학교나 유치원이 새 학기를 시작할 때면 언제나 한 번씩 발생하는 이나 벼룩에 대해서 1960년대 당시에 그토록 히스테릭한 과민반응을 한 것은 오늘날 거의 코미디라고 할 만큼 우스운 일이다.

우리 부부가 양부모 자격을 인정받은 후로 기나긴 기다림의 시간이 시작됐다. 한국으로부터 연락을 받을 때까지 나는 우리 아기가 이제는 태어났는지 아닌지 궁금하기 짝이 없었다. 아기에 대한 소식을 듣기란 하늘의 별 따기였다. 아이는 아마도 이때쯤 무사히 태어나서 앞으로 몇 달 동안 다시는 느끼지 못할 생모의 친밀함을 느끼고 있을 것이다. 나는 그것을 알고 있기 때문에 아기를 내 품에 안는다는 사실에 마냥 기뻐할 수만은 없었다.

마침내 선의 사진을 담은 편지 한 통이 도착했다. 생후 5개월 만에 버려진 선은 순한 여자 아기라고 적혀 있었다. 이 아기를 정말로 입양할 것인가 묻는 질문에 답신을 보내자 아기는 한 위탁가정으로 보내졌다. 안타깝게도 아기는 복통으로 열흘 동안 병원에 누워 있어야 했다. 5월의 눈부시게 아름다운 그날, 우리는 정들면 곧 헤어져야 하는 이별을 이미 다섯 번이나 겪은 우리의 작고 귀여운 선을 알란다 공항에서 받아 안았다. 스튜어디스의 품에 안긴 채 밖으로 나온 선은 긴 여행에 지쳐 있었으며, 여행 내내 선을 귀엽게 여긴 승객들이 건네준 군것질거리로 속이 불편한 상태였다. 아기를 품에 안는 것은 말로 도저히 표현해낼 수 없는 어떤 특별한 느낌을 준다. 우리는 이 아이를 잠시 빌려온 것이 아니다. 우리의 삶은 앞으로 이 아이와 함께 씨줄과 날줄이 엮이듯 함께 미래를 만들어갈 것이다. 이제 아기의 인생은 우리에게 맡겨졌다. 우리는 마침내 선의 부모가 된 것이다.

혼자 남겨질 것 같은 두려움

선은 생후 10개월 만에 우리집에 왔다. 선은 영양상태가 좋았으며 이도 여러 개 나 있고, 가리는 것 없이 무엇이든지 잘 먹었다. 한 살이 되기 전에 이미 아기는 기저귀 없이도 생활할 수 있었다.

선이 이곳에 도착하고 난 후 그는 항상 경계심 가득한 눈길을 보였다. 선은 혼자 남겨질까 봐 겁에 질려 있었던 것이다. 밤에는 혼자 자야만 했다. 그래도 누군가 곁에 있어주기만 하면 큰 문제 없이 자기 방에서 평온하게 깊은 잠을 잤다. 그러나 오후에 낮잠을 재우는 일은 쉽지 않았다. 아기는 점심식사 후에는 곧 피곤해져서 잠을 자고 싶어 하면서도, 마음 한구석의 긴장감 때문에 좀처럼 잠들지 못하고 보채기만 했다. 어떤 때는 거의 한 시간 가까이 쉬지 않고 울어댔다.

무서운 꿈 때문이었을까? 아니면 입양 전의 기억이 되살아났기 때문이었을까? 아기가 우는 이유를 도저히 알 수 없었던 그때가 가장 극복하기 어려운 시기였다. 시간이 흐를수록 아기는 잠에서 깨어나도 점점 차분해졌고 잠시 안아주면 바로 안정을 되찾아갔다. 낮잠 잘 때를 제외하면 대체로 아기는 우리가 옆에 있다는 것만 확인하면 기분이 좋아졌으며 상당히 만족스러워 보였다.

선이 첫돌을 맞이한 날 나는, 나의 부모님과 남편의 친척들을 만나기 위해 해외여행을 가게 됐다. 스웨덴 사람들은 다른 나라 사람들보다 해외입양 자녀에 익숙한 것 같다. 그들은 누구도 우리가 동양 아이를 입양한 사실에 대해 특별히 언급하지 않았다. 남편과 내가 모두 스웨덴에서 태어난 외국인 2세라는 사실은 이 아이에게 큰 장점이 됐다. '진짜' 스웨덴 사람이 아닌 부모를 통해서 이 아이는 자기 혼자만 생김새가 다르다는 소외감을 느끼지 않아도 됐던 것이다.

한국에서의 두 번째 입양

그 무렵 우리는 한국에서 아이를 한 명 더 입양하기로 했다. 선에게 같은 나라에서 태어난 동생이 생기는 것이 도움이 되리라고 믿었던 것이다. 그 해 가을 우리는 광의 사진을 받을 수 있었다. 광은 생후 5개월 정도 됐다. 선은 동생이 생긴다는 사실에 흥분해서 만나는 사람마다 사진을 보여주며 자랑을 하고 다녔다.

동생이 도착하기 전에 선과 나는 부모님 댁을 찾아갔다. 가는 길에 예테보리에 사는 절친한 친구를 만나려고 버스를 기다리는 중이었다. 어디선가 한 남자가 선에게 다가오더니 동전을 건네주었다. 우리 아이를 못사는 나라에서 온 불쌍한 아이 취급 하는 사람이 있다는 사실을 최초로 확인한 순간이었다. 선은 그저 동전 하나가 생겼다고 생각했겠지만, 그 남자는 필경 동정심에서 그 동전을 주었을 것이다!

크리스마스가 다가왔으나 동생이 온다는 소식은 들리지 않았다. 선이 동생에게 꼭 보여주고 싶다고 졸라서 해가 바뀌어도 치우지 않던 크리스마스 트리도 결국은 내다 버렸다.

마침내 광이 도착한 것은 눈이 줄기차게 내리던 3월의 어느 날이었다. 알란다 공항에서 우리는, 신기한 듯 두 눈을 커다랗게 뜬 채, 눈 내리는 풍경을 바라보는 작은 아기와 만났다. 우리는 아기가 추울까 봐 작은 판초로 온몸을 감싸주었다. 우리는 그 판초를 광의 첫아이가 태어났을 때 다시 둘러주었다. 광의 첫아이는 지금 두 살이다.

생후 10개월 만에 우리에게 온 광은 같은 나이에 온 선과는 달리 다리가 가늘고 체구도 작아서 욕실 세면대에서 목욕을 시켜야 했다. 이는 아직 하나도 없었지만 머리숱은 풍성했다. 광은 생후 2개월 무렵 부산에서 발견됐으며, 선과 마찬가지로 우리에게 오기 전까지 보육원과 위탁가정을 거쳐야 했다.

집에 오는 차 안에서 아기는 생기가 넘쳤고 주변에 대해 왕성한 호기심을 보였다. 광의 혀가 나에게 닿았을 때, 나는 사랑스러운 개가 핥아주는 느낌을 경험했다. 광은 음식이라는 사실을 어떻게 알았는지 버터쿠키 한 조각을 먹기도 했다.

선은 동생이 집에 오면서 생기는 모든 일을 잘 이해하지 못했다. 동생을 위해 만반의 준비를 한 선은 자기가 가지고 있던 것 중 가장 비싼 고무 젖꼭지를 큰 맘 먹고 동생의 입에 물려주었으나 동생은 곧 뱉어버렸다. 며칠 동안 시도해보았으나 별다른 호응을 얻지 못하자 선은 남동생을 갖는 것은 이것으로 충분하다며 이제 동생을 많이 봤으니 다시 한국으로 돌려보내자고 말했다.

동생이 도착한 첫 일주일 동안 우리는 선에게 가능한 한 많은 관심을 기울이려고 노력했지만 선은 곧잘 화를 내거나 시무룩해졌다. 그러나 점점 누나 역할을 익혀가기 시작했고, 동생에게 누나가 엄마 아빠만큼이나 꼭 필요한 존재라는 사실을 깨달아가면서 모든 일은 훨씬 쉽게 해결되기 시작했다.

두 아이와 함께 겪은 큰 변화

두 아이의 부모가 된다는 것은 실로 커다란 변화였다. 딸아이 한 명이 있을 때는 모든 것이 순조롭고 별다른 문제가 없었다. 그러나 이제는 우리가 챙겨줘야 할 이 작은 인간의 요구가 두 배로 늘어나버린 것이다. 당연히 아이들의 요구를 항상 우선순위에 놓으면서 행동했다. 그런 과정에서 나도 모르게 나의 어린 시절을 회상하게 됐다.

나는 항상 사랑받는 아이였다고 생각해왔으나, 돌이켜보면 그것은 아마도 나 스스로 만들어낸 상상의 이미지일지도 모른다는 생각이 머리를 스친다. 나의 부모님은 우리가 자식에게 왜 이렇게 많은 공을 들이는지 이해하지 못했다. 그들의 이런 모습을 보면서 나의 의심은 더욱 굳어져 갔다. 그것은 세대차이만은 아닌 것 같다. 나의 어린 시절에도 주위에는 아이들이 항상 중요한 자리를 차지했던 가정을 볼 수 있었다. 이전에는 이런 일에 대해서 깊이 생각해본 적이 없었다. 그렇지 않으면 생각할 엄두조차 못 낸 것일지도 모른다. 지금 나는 어머니 아버지가 나를 자식으로서 어떻게 바라보셨는지 궁금해지기 시작한다. 그들의 나에 대한 사랑이 형식적이고 표면적인 것일 뿐이었다는 사실을 인정하는 것은 고통스러운 일이다. 자식을 키우는 입장이 되어 보니, 항상 나보다는 당신들 자신을 우선적으로 챙기셨던 그분들을 이해하는 것은 쉽지 않았다. 짐작하건대 많은 사람이 아이를 키우면서 자신의 과거를 회상할 것이다.

선은 세 살 무렵에 처음으로, 그와 함께 놀던 친구로부터 내가 친엄마가 아니라고 놀리는 말을 들었다. 이미 내가 친엄마가 아니라는 것을 알고 있었던 아이는 그 친구에게 자신은 엄마가 두 명이나 된다고 자랑했다. 한국에 한 명, 스웨덴에 한 명 이렇게!

선은 네 살이 되면서 몬테소리 유치원에 다니기 시작했다. 선은 유치원 생활을 좋아했으며 언제나 완벽한 모범생이 되려고 노력했다. 그리하여 아이는 당연히 스트레스를 많이 받았으며, 집에 돌아오면 완전히 녹초가 되어버리곤 했다. 선은 항상 남들이 원하는 것을 도와주려고 노력했으며, 이에 대해 사람들이 고마워해주기를 기대했다. 그러다 보니 집에 와서야 간신히 긴장을 풀었다. 아이는 기분이 나쁠 때도 자신이 주변 사람의 사랑을 받고 있다는 것을 느끼고 있었다.

이듬해에 광도 같은 몬테소리 유치원에 다니기 시작했다. 두 각각 같은 나이에 유치원 생활을 시작했지만 흥미 있는 분야는 서로 달랐다. 선이 글읽기를 가장 좋아했다면 광은 산수를 좋아하고 금요일마다 책상과 의자 닦는 것을 즐겼다. 두 아이 모두 창의력이 뛰어났으며 언제나 부지런했다. 항상 뭔가 놀거리를 찾아내곤 하던 두 아이는 나이에 상관없이 모든 유치원생의 인기를 독차지했다.

가슴속 깊이 자리한 본질적인 의문들

아이들은 애정이나 죽음과 같은 삶의 본질적인 문제에 일찍 눈을 떴다. 광은 내가 자신을 사랑하는지 확인하는 일에 강한 집착을 보였다. 지치지 않고 반복되는 확인 질문에 나는 네가 어떠한 잘못을 해도, 심지어 살인죄를 저지른다 할지라도 나의 애정은 변하지 않을 것이라고 말해주었다. 사실 이것은 입양아들만의 문제는 아니다. 자신이 사랑받고 있는지 확인하고 싶은 마음은 남녀노소를 막론하고 누구나 관심 갖는 주제 가운데 하나일 것이다.

아이들과 나는 죽음에 대해서도 많은 대화를 나누었다. 우리 가족의 주변에서 먼저 죽음의 세계로 떠나간 아이들과 어른들, 그리고 동물을 떠올리면서 선과 광은 일찍부터 사람은 누구나, 심지어 자신의 부모도 언젠가 죽음과 만날 수 있다는 사실을 이해했다. 아이들은 우리 식구 중 누군가에게 그런 일이 생길 경우, 우리 가족은 어떻게 될 것인가에 대해 궁금해했다. 엄마 아빠가 죽으면 누구와 함께 살고 싶냐는 질문에 아이들은 망설임 없이 우리의 가까운 이웃을 손꼽았다. 그 집에는 세 명의 십대 자녀가 있었는데 모두 선과 광을 아껴주었다. 우리가 세상을 떠난다 할지라도 아이들이 다시 버려지는 일은 없을 것이라는 사실은 큰 의미를 갖는다. 모순일지 모르지만 아이들은 헤어짐에 대한 공포를 항상 가슴 한편에 품고 있으면서도, 죽음에 대해서는 두려워하지 않았다. 이것은 아마도 내가 믿는 윤회설, 즉 지상의 삶이 끝난 후의 다음 세상은 어떨까 하는 나의 호기심이 아이들에게 영향을 준 것 같다.

위기가 닥쳐오다

나는 언제나 아이들이 성장하는 과정에서 행복을 느껴왔기를 간절히 기도한다. 아이들은 나와 함께 즐거운 시간을 가졌으며 유치원에 다니는 것도 좋아했다. 형제나 다름없이 가까운 친구도 만났고, 어른 아이 할 것 없이 모두들 두 아이를 좋아했다.

우리 가정에 위기가 닥쳐왔을 때, 아이들은 다행히 굳건한 모습을 보여주었다. 그러나 변화는 변화였다. 첫 번째로 달라진 것은 한동안 우리와 함께 살던 나의 친정어머니가 자신의 조국으로 가게 된 것이다. 외할머니를 무척 따랐던 광은 외할머니가 고향으로 돌아가신 후 한동안 무척 슬퍼했다. 그리고 나서 바로 아이들은 동생 한 명을 얻게 됐다. 친엄마를 잃은 한 여자아이를 우리집에 살게 해달라는 요청이 들어온 것이다. 선보다 더 어린 세 살짜리 여자아이를 돌보는 것은 큰 관심과 많은 정력을 요구했다. 나와 함께 선도 여동생을 돌보게 되면서 광은 종종 소외감을 느끼기 시작했다. 게다가 서로 좋은 친구가 되고자 노력했던 나와 남편의 관계도 점점 악화됐다. 남편과 사이가 멀어질수록 광은 점차 아빠를 따르게 됐다. 저녁이나 주말이면 종종 둘이서만 운동경기를 관람하러 외출하곤 했다. 언제나 아빠의 말을 따르던 선은 이제 나를 위로해주는 임무를 떠맡게 되었다.

그렇게 시간이 흐른 어느 날, 나는 사랑하는 사람을 만나게 됐고, 결국 남편과 이혼했다. 그것은 우리 모두에게 말할 수 없는 고통이었으며, 광은 누구보다도 큰 상처를 받았다. 나는 아이가 나를 사랑하는 만큼 빨리 충격을 딛고 일어설 것이라고 믿었다. 그리고 아빠를 따라가기로 결정한 아이를 위해 최선을 다해 물심양면으로 도와주었다.

두 딸과 나는 애인과 함께 방이 셋 달린 아파트에 살림을 차렸다. 그런데 우연히 열여섯 살, 열 살의 여자아이 두 명이 새 한 마리와 개 한 마리를 데리고 와서 함께 지내게 됐고, 가끔 놀러 오는 광도 이 집에서 자고 가곤 했다. 당시 나는 직장에 다니고 있었고, 애인은 학생이었으며 우리 두 사람은 함께 NGO 활동을 했다. 가정을 꾸려나가기 위해서 식구들 모두 최선의 노력을 다해야 했다. 이 당시의 경험을 통해 우리는 실로 많은 것을 배웠다.

전남편이 일찍 세상을 떠나면서 아빠를 따라갔던 광은 우리에게 돌아왔다. 광의 등장은 아이뿐만 아니라 우리 모두에게 큰 변화를 요구했다. 나와 애인은 아이들에게 가능한 한 많은 공간을 주려 노력했고, 아이들은 필요에 따라 공간의 분배가 이루어질 것이라는 것을 이미 잘 알고 있었다. 아이들이 사춘기를 겪으면서 우리에게는 가장 힘든 시절이 찾아왔다. 부모는 넓은 포용력으로 아이들을 이해해주어야 한다. 내 기억에 의하면, 아이들이 가장 많이 응석을 받아주기를 원하는 경우는 몸 상태나 기분이 안 좋을 때다.

내가 기억하는 한, 선과 광은 나의 예상과 달리 사춘기 시절에 우울해하면서도 그것이 입양과 자신들의 배경 때문이라고 말한 적이 한 번도 없다. 그저 여느 십대 아이들과 마찬가지로 좋은 일이든 나쁜 일이든, 자신의 삶은 스스로 선택해야 한다는 일종의 해방 운동을 해온 것이다.

나는 아이들이 스스로 자신의 길을 찾아 나아갈 수 있는 힘과 용기를 가진 것에 감사한다. 이전과 마찬가지로 아이들은 내게 사랑과 배려와 믿음을 준다.

부모가 된다는 것은 가장 큰 선물이다.

영원으로 이어지는 삶

「뿌리 없는 외로움」

……마리안 오스트룀(Mariann Åström)

> 수잔(Susanne)은 생후 23일 되던 1971년 어느 날 우리의 첫째 딸이 됐다. 스웨덴과 미국을 오가며 살던 우리 가족은 당시 미국에 머무르고 있었다. 둘째 프레드리크(Fredrik)는 생후 6개월 되던 1974년 어느 날 한국에서 입양됐으며, 2001년 사망했다. 아이가 죽고 나서 우리 가족 세 명은 모두 SPES(자살예방과 유가족을 돕는 전국연합회)에 적극적으로 참여했다. 이 글을 통해 나는 대화 그룹이나 멘터 가족제도 도입 등 양부모들을 지원할 수 있는 방법에 대해 다양한 방법을 제안하고자 한다.

지식의 필요성

양부모로서 가장 아쉬웠던 점은 입양에 대한 사전 지식의 부족이다. 양부모로서 만날 수 있는 많은 문제에 대해 충분한 정보를 가졌거나 다른 양부모와 함께 의견을 나눌 수 있었더라면 상황은 달라졌을지도 모른다.

젊은 시절부터 나는 만약 자식을 낳지 못하면, 당연히 입양을 하리라고 다짐해왔다. 자식이 없는 삶은 생각할 수 없었다. 남편 톰과 나는 여러 번의 시도에도 불구하고 아이가 생기지 않자, 입양할 시기가 됐다는 점에 동의했다. 우리 두 사람은 너무 늦기 전에 자식을 갖기를 원했던 것이다. 1971년 당시에는 아이를 입양하면서 발생할 수 있는 문제에 대한 사전 지식이 매우 적었다. 나는 그저 애정을 쏟고 사랑으로 돌보아주며, 가족의 울타리 안에서 서로 믿으면 모든 문제를 극복할 수 있을 것이라고 생각했다.

미국에 거주하는 동안 우리는 수잔을 입양했다. 백인 엄마와 흑인 아빠 사이에 태어난 수잔은 생후 겨우 23일이 지났을 때 입양됐다. 17개월 되던 해에 스웨덴으로 돌아온 우리는 둘째 아이를 찾기 시작했다. 당시 많은 아이들이 한국에서 입양되어 왔다. 프레드리크는 태어난 지 6개월 되던 1974년에 우리 가족의 품에 안겼다. 우리는 두 아이를 가진 행복한 가족이 됐고, 작고 평화로운 마을 핀스퐁에서 다른 여느 가족과 마찬가지로 기쁨과 근심을 반복하며 아이들을 키웠다. 아이들을 위해, 또 온 가족을 위해 우리는 다양한 이벤트를 마련했다. 매주 토요일은 수영장 가기, 다른 가족들과 함께 소풍 가기 등.

학교에서 수잔과 프레드리크는 스웨덴에서 태어나지 않은 유일한 아이였다. 우리는 학부형으로서 아이들의 학교생활에 큰 관심을 기울였으며, 별다른 문제를 발견하지 못했다. 두 아이 모두 성격이 밝고 사람들과 쉽게 어울려 친구도 많았다.

한 가지 걱정거리는 프레드리크가 밤에 소변을 가리지 못하는 것이었는데, 온갖 방법을 써도 증세가 나아지지 않았다. 그래도 속으로는 아이가 크면 나아지겠지라고 생각했다. 돌이켜보면 그것이 아주 어릴적에 이별의 아픔을 겪은 후유증으로 발생한 증상의 시초가 아니었을까 하는 생각도 해본다. 그러나 이는 아무도 알 수 없는 일이리라. 어쨌든 아이는 열 살이 되면서 어느 순간 화장실에 꼭꼭 챙겨가기 시작했으며, 그 이후로는 대소변을 가리는 것에 전혀 문제가 없었다.

미국 생활 - 가족, 공부, 그리고 직장

1984년 남편이 미국에서 3년간 일할 수 있는 기회가 왔다. 우리 부부는 온 가족이 함께 바다 건너 다른 세상을 경험할 수 있는 좋은 기회라고 생각했다. 아이들은 그다지 반기는 눈치가 아니었다. 환경의 변화가 주는 흥미를 아이들이 어떻게 알 수 있었겠는가? 가족 간에 유대 관계가 좋았던 우리는 해외생활이 흥미롭고 멋진 경험이 될 것이라고 확신했다.

    뉴저지에서 생활하면서 우리는 해외로 이사한 가족들이 그러하듯 신나는 경험과 동시에 어려운 순간을 경험했다. 아이들은 처음에 말이 통하지 않아 애를 먹었지만, 금세 익숙해지고 친구도 사귀었다. 프레드리크는 같은 동네에 살던 스웨덴 아이와 테니스를 치기 시작했다. 남편 직장의 상황이 변하면서 3년 후에는 끝날 줄 알았던 미국 생활이 더욱 길어졌다. 우리는 버지니아로 이사하게 됐고, 일 년간 스웨덴에서 학교를 다녔었던 수잔은 우리와 함께 버지니아에서 생활했다. 그곳에서 아이는 많은 흑인 친구를 만난 반면, 프레드리크는 적응하는 데에 좀 애를 먹는 듯했다. 그러나 우리는 언제나 그러하듯 시간이 해결해주리라 믿었다. 프레드리크는 학교 테니스부에 선발되더니, 곧 피아노를 배우기 시작했다. 이미 일 년 전부터 음악에 대한 관심을 키워왔던 것이다. 성실하고 똑똑하며, 엄청난 연습벌레였던 아이는 배우기 시작한 지 얼마 되지 않아 눈에 띄게 실력이 향상됐고, 우리는 그와 함께 음악 콘서트를 관람하곤 했다. 아이가 어떤 것에 깊은 관심을 보이는 것 자체가 흐뭇할 뿐만 아니라 막 이사 와서 새로운 친구를 사귀기까지 힘든 시기 동안 관심을 쏟을 일이 생겼다는 것은 참으로 다행스러운 일이었다. 고등학교에 다니면서 아이는 학교의 특별활동에 그다지 적극적이지 않았다. 공부를 별로 열심히 하지도 않았는데 성적은 곧잘 나왔다. 대학에 지원할 시기가 되자 아이는 어떤 전공을 선택해야 할지 쉽게 결정하지 못했다. 당시 우리는 이 문제를 그 나이 또래의 아이들에게 흔히 일어나는 문제라고 생각했다. 학교를 졸업한 수잔은 간절히 스웨덴으로 돌아가고 싶어 했다. 미래에 대해 걱정하는 눈치였으나, 그거야 다른 많은 젊은이들이 똑같이 겪는 문제였고, 딸아이도 시간이 흐르면 자연스럽게 해결해나갈 수 있을 것이다. 경험을 통해 사람은 성숙해지는 법이다. 우리는 아이들을 위해 최선의 선택을 했다고 자부한다.

한국으로 귀향

졸업 후 대학에 진학한 프레드리크는 학교에서 한국 유학생들과 만나면서 한국 방문에 관심을 보이기 시작했다. 우리는 오래 전부터 아이가 자신이 태어난 나라에 가보고 싶다는 의사를 보이면 곧 함께 떠나기로 마음먹어 왔다. 아이와 나는 도서관에서 사전 준비를 하느라 많은 시간을 보냈다. 나는 또한 아이가 입양센터에서 주관하는 6월 여행(입양아 대상 연례 한국 방문 행사)에 참여할 수 있는 가능성을 물색했다. 아이는 그 해 여름에 진행되는 여름학기 과정을 들을 것 같더니, 이내 학기가 시작하기 전에 혼자 한국에 가보고 싶다고 주장했다. 열아홉 살 아들의 결정에 우리는 걱정이 됐으나, 학교에서 사귄 한국 친구들과 스웨덴의 오랜 친구들의 도움으로 아이는 3주간 한국 생활을 마음껏 즐길 수 있었다. 프레드리크는 스웨덴으로 돌아와서 한국어를 전공하고 싶어 했다. 그러나 그 전에 우리와 같은 도시에서 공부하기로 결정을 했었던 터였다. 그는 집 근처 학교에 다니기 시작한 지 나흘 만에 더 이상 나가지 않겠다고 선언했다. 그 대신 일을 하면서 한국어 기초를 배울 수 있는 선생님을 구했다. 한국에서 한국어 공부를 계속할 준비를 한 것이다. 아이의 한국어 실력은 한국에 머문 8개월 동안 부쩍 향상됐다.

프레드리크에게 닥친 혼란

우리가 이해하기 어려운 문제들이 생겼다. 우리는 문제 해결을 위한 출구를 제시하는 것뿐만 아니라 경제적으로도 많은 지원을 해주었다. 이번 일을 계기로 무엇인가 깨닫는 바가 있기를 기대한 것이다. 아이가 스물한 살 되던 때에야 비로소 우리는 아이에게 문제가 있음을 깨달았다. 몇 년 전부터 아이와 연락이 잘 되지 않았다. 아이는 전화를 잘 받지 않았으며, 한번은 아이의 룸메이트가 프레드리크가 더 이상 우리와 이야기하지 않겠다는 말을 전해달라고 했다는 연락을 해오기도 했다. 나는 말로 표현할 수 없을 만큼 긴장됐고, 도대체 이런 행동을 취하는 이유가 무엇인지 이해할 수 없었으며, 지금 대화의 끈을 놓쳐서는 절대 안 된다는 생각에 사로잡혔다. 꾸준한 노력 끝에 상황은 점차 나아졌으며, 거의 예전과 같은 분위기로 돌아갈 수 있었다.

일 년 후, 여자친구와 헤어지면서 프레드리크는 엄청난 혼란에 빠져들었다. 그것을 기화로 우리는 전부터 연락해오던 심리학자와의 면담을 주선했고, 신속하게 일이 진행되어 아이는 정신과 치료와 약물 치료를 동시에 받게 됐다.

응급실에 실려가야 할 만큼 위급했던 상황도 여러 차례 있었다. 부모로서 이 모든 상황을 당연히 감내해야 했지만, 우리의 인내심도 한계가 있는 법이다. 아이는 스웨덴으로 돌아왔다. 아이가 건강해질 때까지 전심전력을 다하리라고 다짐했던 우리는 스웨덴에서라면 도움의 손길을 쉽게 구할 수 있으리라는 기대에 차서 아이의 귀국에 마음이 놓였다. 프레드리크는 장기간 약을 복용했으나 증세가 호전되지 않았다. 삶에 대한 두려움과 우울증을 감당할 수 없었던 아이는 3년 후 결국 자살을 선택했다.

이제 우리는 아이가 우리에게 가르쳐주고 간 것과 아이와 함께했던 행복했던 순간에 의지하며 살아간다. 왜 이런 일이 벌어졌을까? 최선의 방법이 있지 않았을까? 이 두 가지 질문은 아이가 숨을 멈춘 그날부터 줄곧 우리의 가슴을 짓눌렀다.

프레드리크 추모 재단

우리 세 식구는 다양한 방법으로 프레드리크와의 이별을 슬퍼했다. 아이의 서른 살 생일을 기념하여 우리는 아이를 위해 추모 콘서트를 열었다.

프레드리크가 죽은 후, 아이의 이름으로 재단을 설립할 생각을 해왔다. 우리는 살아가는 과정에서 자신의 자리를 찾지 못하고 힘겨워하는 입양아들을 돕고 싶었다. 최근 연구 결과에 의하면 해외입양아들의 자살률은 스웨덴에서 태어난 청소년들보다 네 배나 높다는 것이 밝혀졌다. 힘겨워하고 소외감에 사로잡힌 이들을 어떻게 하면 도울 수 있을 것인가?

우리는 항상 프레드리크가 자신의 뿌리를 찾아야 한다고 생각해왔다. 그리고 아이가 그것이 옳다고 생각하는 날, 우리는 아이의 결정을 위해 최선을 다해 돕고 싶었다. 만약 내가 입양아라면 나 또한 내 뿌리를 찾고자 노력했을 것이다. 그러나 이런 일은 주변의 도움 없이는 어려울 것이다. 그러한 상황에 어떻게 대처해야 하는지 혼자서 답을 찾아내기는 쉽지 않다. 나는 양부모로서 새로운 임무를 얻은 느낌이었지만, 이것을 어떠한 방법으로 발전시켜야 하는지는 몰랐다. 나는 주변 사람들에게서 많은 아이디어를 얻었다.

프레드리크의 죽음을 통해 나는 우울증과 입양문제에 대해 많은 것을 배우게 됐다. 지금도 많은 입양아들이 주위 사람들로부터 이해받지 못하고 있으며, 자기 내면의 질문에 대해 도움을 얻지 못하고 있다는 사실을 나는 잘 알고 있다. 우리는 입양아들이 어떤 고민을 하는지에 대해 더욱 적극적으로 터놓고 토론해야 할 필요가 있다. 우리가 어떤 방법으로 이 거대한 해외입양아 그룹을 도와줄 수 있는지 많은 사람에게 알려야 하는 것이다.

SPES와 함께

우리는 SPES에서 활동하면서 마음 깊숙이 안정감을 얻었다. 누구나 나와 같은 고통의 시간을 겪었다는 것을 깨달았는데, 그 고통을 서로 이해하는 사람들을 만난 덕이다. 모두가 서로의 아픔을 이해했다. 이것은 입양아들에게도 좋은 방법이 될 수 있을 것이다. 아직 미흡하나마 몇몇 지역에 모임이 형성되어 있으며, 상담전화도 개설되어 있다. 자신이 혼자가 아니라는 것을 느끼고 이해하는 것은 문제를 극복해나가는 데에 큰 의미를 갖는다.

두 아이 모두 우리가 너무 자주 이사했다고 생각했으며, 프레드리크는 이것이 자신의 우울증과 공포심을 유발시킨 원인이라고 지목했었다. 그러나 평생 한 곳에 살아도 이와 같은 문제를 겪는 사람들이 많다. 프레드리크와 같은 문제는 자신의 내면에 원인이 있으며, 바로 그 순간 자신과 유사한 경험을 가진 사람들과 접촉하고 생각을 나누는 것이 필요했다. 그제서야 비로소 깊은 곳에 쌓아놓았던 감정과 생각을 드러내기 시작하며, 서로 의견을 교환하는 과정에서 그러한 감정에 익숙해지게 되는 것이다.

프레드리크가 죽은 후, 내가 이러한 결말을 미리 알았더라도 여전히 이 아이를 입양했을까 하는 질문이 떠올랐다. 대답은 당연히 '예스'다. 나는 프레드리크와 만나게 된 것을 절대로 후회하지 않으며, 결과를 알았더라면 입양 전에 더욱더 많은 공부를 했을 것이다.

프레드리크와 관련해 많은 일이 일어났고, 아이가 떠난 후에도 여전히 더욱 많은 고민거리가 남아 있지만, 이쯤에서 잠시 수잔의 근황을 언급하려 한다. 수잔은 최근 오랫동안 실업 상태로 지내왔다. 유치원에서 선생님이 결근하면 가끔 대체 교사 노릇을 하는 정도였다. 이것은 과연 아이의 출생 배경 때문일까, 아니면 아이의 태도 때문일까? 혹은 그저 모두가 구직난에 시달리는 시대 상황 때문일까?

퍼로사 치료원

약 한 달 후 나는 퍼로사(Forlåsa) 치료원에서 개인 간호보조사로 일하기 위해 교육받은 학생들의 그룹 활동에 참여한 적이 있었다. 퍼로사 치료원은 유럽에서 유일한 입양아 전문 치료기관이다. 이 소중한 과정을 통해 나는 입양아에게 발생하는 문제 전반에 대해 유익한 정보를 얻었다. 내가 이미 알고 있었던 것을 재확인함과 동시에 해를 거듭하면서 고민해왔던 문제에 대한 답을 얻을 수 있었다. 치료 기간은 일 년에서 일 년 반이 걸리는데, 13~17세 사이의 십대들에게 결코 짧은 시간이 아닌 이 기간을 소비하는 것은 그만큼 입양아 문제의 심각성을 보여준다.

많은 양부모들이 초기에 정신과의 도움을 얻으려고 노력하지만, 아이들의 상태에 대한 원인을 찾아내지 못한다. 치료원 과정을 통해 입양아들의 문제는 이미 태아 시절부터 발생할 수 있다는 사실을 알게 됐다. 어떠한 도움을 받았는가? 각종 영양소를 골고루 섭취할 수 있었는가? 산모의 정신 건강은 어떠한가? 임신 초기에 이미 산모는 아이를 키울 수 있을지 혹은 버려야 할지 알게 된다. 이것이 혹시 아기에게 우울증을 유발하는 것은 아닐까? 임신 기간 중의 환경은 아이의 성장시기와는 전혀 다른 환경이다. 이것이 아이에게 어떠한 영향을 미치지 않을까?

양부모들이 아이를 키우며 겪는 고통과 눈물은 이와 같은 정보를 더 일찍 알지 못했기 때문이다. 왜 이 분야의 전문가들은 이러한 정보 교환이 입양 문제를 해결하는 데에 큰 도움이 된다는 것을 깨닫지 못한 것일까. 오늘날 예비 양부모들이 아이를 품에 안기 전에 이러한 양질의 교육을 제공받는 것은 참으로 다행스러운 일이다. 그러나 가장 큰 딜레마는 아이들이 십대가 되고, 이러한 주변의 지적인 도움이 멈추고 난 이후에 발생한다. 이 시기에는 그동안 잠재해 있던 많은 문제들이 고개를 들며, 이에 따라 입양아들은 스웨덴에서 태어난 아이들과는 전혀 다른 길을 걷게 되는 것이다.

대화 그룹과 멘터 가족제도

이에 대해 나는 오랫동안 고민해왔다. 양부모로서 우리는 성장한 입양아들에게 어떠한 도움을 줄 수 있을 것인가? 입양아들이 참여할 수 있는 모임을 만들 수도 있을 것이다. 그러면 아이들이 자기 가족이 아닌 다른 입양 가족의 부모들과 더 쉽게 고민을 털어놓을 수 있을 것이다. 자신의 가족은 감정적으로 너무 가깝다. 청소년기 입양아들이 무엇을 어떻게 느끼며, 그 감정이 어떻게 진행되어 왔는지에 대한 대화를 나누는 것은 매우 중요하다. 부모와 자식 모두가 각자 고민을 토로할 지지 그룹을 갖는 것은 큰 의미가 있다.

　　성장한 입양 자녀를 가지고 있는 가족을 자녀 입양 시 조언자 가족으로 짝지어주는 것은 어떨까? 다른 지역의 경우 이러한 멘터 가족제도는 문제를 더욱 잘 해결하는 데에 큰 역할을 한다. 아니면 그저 긍정적인 미래를 이해해주는 이웃을 만난다는 것만으로도 큰 힘이 되리라. 나는 프레드리크의 이름으로 운영하고 있는 우리 재단이사회가 입양 가족을 위한 대화치료나 자녀의 모국 방문에 재정 지원을 해줄 수 있도록 기금을 확대해갈 수 있기를 소망한다.

「엄마의 입장에서」

…… 마르기트 페름(Margit Ferm)

❝ 이 이야기를 통해 마르기트는 어린 처녀 시절부터, 가정을 꾸밀 때 입양도 아이를 가질 수 있는 한 방법이라고 생각했고, 그 후 그 꿈이 이루어지면서 어떻게 그녀의 생애가 전개됐는지 기록했다. 그녀는 자녀들과, 손자 손녀로 인한 즐거움, 또한 아들을 잃고 난 후에도 계속되는 나날을 써내려가고 있다. ❞

내가 열두 살 때, 한국전쟁에 대한 기사가 거의 매일 신문에 보도됐다. 그러던 어느 날, 신문 제일 뒷면에 사진이 실렸는데 하나는 장군, 또 하나는 대령과 상병의 사진이었다. 내 눈에는 상병이 제일 젊고 멋있어 보였다. 그의 피부색은 매우 검고 눈빛은 반짝였다. 나는 사진을 오려내고 그 밑에 쓰인 글을 번역했다. 그리고 짧은 편지와 함께 그의 소속부대로 우송했다. 편지를 보낸 지 두 달쯤 됐을까? 그의 답신이 도착했다.

그 후 우리는 편지를 주고받았다. 지금 생각해보면 열두 살짜리 스웨덴 아이와 무슨 재미가 있다고 그 군인은 나와 서신교환을 했을까? 상병은 지루한 나날을 보낸다면서 일선에 나갈 때의 두려움, 미군이 낳은 많은 원치 않은 아이들에 대해 알려주었다. 원치 않은 아이들이라는 구절이 나의 가슴 깊은 곳에 와닿았고, 그 아이들이 내 머릿속에서 떠나지 않았다. 어느 날 보낸 편지에서 그는 그가 알고 있는 한 아이를 입양하고 싶다고 했다. 이 상병의 말에, 나도 훗날 입양을 할 수도 있겠다는 인식을 갖게 됐다.

훗날 나의 남자친구와 약혼 이야기를 할 때까지 어떤 사람하고도 이 생각을 나누지 않았지만 입양에 대한 생각은 나의 머릿속을 떠나지 않았다. 부모 없는 아이를 데려다 가정을 꾸미자는 말에 약혼자는 말문이 막힌 듯 한참 조용하더니 "그런 식으로 아이를 가질 수도 있겠군"이라고 대답했다. 언젠가는 입양을 할 것을 약속하고 우리는 약혼했다.

공부를 마치고 몇 년간 일을 한 후에, 아이를 가질 때가 됐다 싶어 입양 수속을 하려니까 생각보다 쉽지 않았다. 그러는 동안 나는 임신을 했고, 사랑의 열매인 첫아들 보비(Bobbi)를 낳았다. 보비는 순하고 잘 먹고 잘 자는 건강한 아이였다.

인도에서 온 카이사

일 년이 지난 후 이제 두 번째 아이를 계획할 때가 됐다. 한국이 늘 머릿속에 있었기 때문에 나는 한국 아이를 입양하기로 하고 입양 신청을 했다. 그리고 양부모로서의 자격심사를 마치고 합격이 됐다. 그러던 차에, 성탄 한 달 전 두툼한 큰 봉투가 인도에서 날아왔다. 간디 모임에서 일하려고 그곳에 갔던 친구에게서 온 편지였다. 우리의 입양 계획을 알고 있는 이 친구는, 테레사 고아원에 입양 보낼 아이가 있으니 자기가 아는 의사를 통해 바로 신청서를 작성해 보내라고 했다. 급히 서둘러 일주일 만에 서류가 완성됐고, 성탄 하루 전날 모든 서류를 인도로 보냈다. 그리고 다음 해 2월 초에 두 달 된 여자아이가 일주일 내에 도착한다는 전문이 왔다. 우리는 모두 감당하기 어려운 벅찬 기쁨으로 구름 위에 떠 있는 기분이었다. 그러나 일주일이 아닌 한 달 후에 우리 식구는 보비의 아기 여동생을 담아올 바구니를 들고 알란다 공항으로 나갔다. 우리 부부는 곧 맞이할 딸아이 생각에 가슴이 부풀어 있었기 때문에 두 살배기 보비가 덴마크 사람들 사이에 앉아 무엇인가 집어먹고 있는 것도 모르고 있었다. 나는 지금도, 시도 때도 없이 딸아이를 내 품에 안던 첫 순간을, 그리고 작은 얼굴에 박힌 까만 눈동자를 떠올리곤 한다. 1969

년 3월 6일, 카린 이네스 마리아가 우리에게 온 것이다. 카린은 외할머니의 이름이고, 이네스는 딸아이가 인도에서 가지고 온 본명이며, 마리아는 나의 가계에 내려오는 이름이다. 그러나 우리는 항상 카이사라는 애칭으로 딸아이를 불렀다.

인도 여성이 보내온 선물

우리 친구와 함께 딸아이를 데리고 온 카풀 부인은 며칠 후 우리를 방문해 평안하게 누워 잠든 카이사를 보면서 이렇게 말했다.

"당신은 이름도 모르는 한 인도 여인에게 감사해야 됩니다. 그녀는 자기 자식을 당신에게 주었습니다. 당신 아들을 대하는 사랑으로 이 아이를 길러주기 바랍니다."

나는 이름도 모르는 그 여인에게, 지금 내 딸이 된 자기 딸이 얼마나 훌륭하게 자랐는지 보여주고 싶다는 생각을 자주 한다. 8년 후, 나에게 카이사가 있던 고아원을 방문할 기회가 왔다. 그 당시의 고아원 원장은 돌아가셨고 생모를 찾을 길은 전혀 없었으나 나는 카이사의 정확한 나이를 알게 됐다. 카이사의 여권에는 생일이 1969년 1월 2일로 기록되어 있었지만 정확한 생일은 1968년 10월 4일이었다. 고아원에서는 생후 4개월에 몸무게가 3.7킬로그램밖에 되지 않아 그렇게 기록했다고 했다. 카이사는 생후 2개월의 작은 애기였으나 행동은 4개월 정도 된 아기로 보여서 성장이 빠르다고 했었는데 정확한 생일을 알고는 이러한 의문이 모두 풀렸다. 이 이야기를 들은 카이사는 당장 자기 생일을 정정하겠다면서 스스로 구청에 편지를 썼다. "진짜 생일로 바꿔주세요"라고.

몇 주 후에 생일은 고쳐졌다. 다행인 것은 학교에 들어가기 전에 고칠 수 있었다는 것, 그래서 동갑내기들과 같은 반에서 학교생활을 시작할 수 있었다는 것이다.

딸을 갖게 된 것은 말할 수 없이 큰 행복이었다. 아름다운 딸의 엄마인 내가 너무나도 자랑스러웠다. 두 아이의 엄마, 그것도 아들 하나, 딸 하나! 외모가 서로 너무 다른 남매를 보고 고개를 갸우뚱거리는 주위 사람들, 귀찮은 질문이 쏟아지면 나는 "아버지가 달라서 그래요" 하고 말문을 막아버리곤 했다.

우리와 친한 친구들 중에 인도, 파키스탄 사람들이 있었다. 그들의 결혼식에 초대됐을 때 나는 카이사와 함께 그 나라로 갔다. 카이사의 나이 열한 살, 자신이 태어난 환경에서 한 달 동안 우리가 함께 지낼 수 있었던 것은 우리 두 사람에게 의미 깊고도 중요한 일이었다. 우리는 함께 카이사가 있었던 고아원을 방문했고, 카이사가 있을 때도 그곳에 근무했던 늙은 재봉사를 만났다. 그 재봉사는 옛날 사진을 보여주었다. 사진 속의 카이사가 다른 아이들보다도 머리 하나가 더 큰 것을 보고 놀랐다. 이 여행 후에 카이사는 다시 인도에 갈 생각은 없지만 훗날 자기 아이들이 크면 함께 방문하고 싶다고 했다.

우리가 두 자녀의 부모가 된 지 일 년쯤 된 1970년, 옆집에 살던 사람이 지진으로 파괴된 페루의 재건설사업을 돕기 위해 유엔군으로 파견됐다. 우리는 그가 떠나기 전 혹시 입양이 가능한지 알아봐달라고 부탁했다. 그는 몇 달 후 전화를 걸어왔다. 그곳의 스웨덴 교회에서, 리마에 오래 살아 그곳 사정을 잘 아는 한 여인을 만났는데, 그 여인의 말로는 입양할 아이가 있을 것 같으니 입양 신청을 하라는 것이었다. 우리는 다시 서류 절차를 밟기 시작했다. 이번에는 모든 서류를 스페인어로 번역해야 했고, 공증을 받고, 마지막으로 페루 대사관의 인정을 받아야 했다.

페루 대사관은, 우리를 잘 아는 사람에게서 우리가 페루에서 오는 아이를 잘 맡아 기를 수 있다는 것을 인정하는 증명서를 받아오라고 요구했다.

페루에서 온 마틴

1971년 1월 1일 저녁 늦게 리마에 사는 마르가레타에게서 전화가 왔다. 예전에 대화를 나눈 적이 있기에 수화기를 들자 단번에 음성을 알 수 있었다. 그녀는 말했다.

"이주일 전에 태어난 남자아이를 받으실 수 있겠습니까? 지금 병원에 있는데요, 사실은 미국으로 입양될 아인데 지진으로 보낼 수 없게 되어 새로 양부모를 찾고 있거든요. 모든 준비는 다 되어 있고 미국 양부모가 모든 경비를 지불한 상태입니다."

내가 알아들은 것은 우리 아들이 될 아이가 기다리고 있다는 목소리뿐이었다. 나머지는 하나도 중요하지 않았다.

"네, 물론이죠. 그 아이가 우리집에 오기를 바랍니다. 잠깐만요, 우리 가족을 다 부르겠습니다."

나의 간추린 설명을 듣고 난 식구들은 모두 대찬성이었다. 언제 동생이 오느냐고 세 살 반짜리 보비, 두 살짜리 카이사가 계속 물어댔다. 우리는 튤립꽃이 피면 온다고 대답했다. 아이들이 그 해처럼 튤립 꽃대가 올라오는 것에 관심을 보인 적은 없었다. 작은 페루 아이의 흑백 사진을 받고 나서 더욱 실감이 나기 시작했다. 우리는 이름도 지어놓았다. 마틴 울로프 라울이었다. 마틴은 마틴 루터 킹과 나의 외가가 사는 동네의 한 농부의 이름을 따온 것이다. 이 농부는 지혜롭고 모든 마을사람이 우러러보는 지도자였다. 울로프는 외할아버지 쪽에 대대로 내려오는 이름이고, 라울은 페루 이름 중에서 고른 것이다. 라울은 페루 이름이면서 스웨덴 사람에게는 라울 발렌베리(Raul Wallenberg)를 연상시키는 이름이었다(라울 발렌베리는 부다페스트에서 외교관으로 일하면서 많은 유대인을 구해주었고 소련군에게 체포되어 옥사했다).

입양은 예상외로 길고 복잡한 과정을 거쳐야 했다. 1971년 5월 13일, 드디어 마르가레타는 아이를 데리고 왔다. 다행스럽게도 그 해 봄은 늦게 찾아와서 튤립이 아직도 피어 있었다. 푸른 하늘에 해가 쨍쨍 내리비치는 날이었다. 우리 가족은 모두 자리를 깔아놓은 아기 바구니를 들고 알란다 공항으로 나갔다. 큰형과 누나가 누웠던 바로 그 아기 바구니였다.

아이들은 며칠을 두고 자리를 펴면서 동생을 맞이할 준비를 해왔다. 이제 정말로 동생이 오는 날이다. 동생을 기다리는 동안 비행장에서 나는 카이사에게 남자 인형을 하나 사주었다. 집에 돌아오니 동네사람들이 문밖에 스웨덴 국기와 함께 '환영'이라는 플래카드를 걸어놓았다. 그리고 스웨덴 국기의 색깔인 노란 꽃과 파란 꽃으로 정문을 장식해놓고 있었다. 마틴은 이제 우리 식구뿐만 아니라 온 동네가 기다리는 아이였다. 그 당시 우리는 연립주택에 살고 있었다.

4개월 반 된 마틴은 건강한 사내아이였다. 아이는 사람을 대할 때마다 거리를 두고 조심스럽게 쳐다보면서 쉽게 웃지 않았다. 아이가 자기를 데리고 온 마르가레타를 따르는 것은 당연했다. 마르가레타 집에서 3개월 반 사는 동안 율리아는 자기 아이같이 마틴을 길렀고, 그동안 정이 들어 헤어지는 날 율리아가 많이 울었다고 한다. 마틴은 아래턱이 부어 있었는데 아마도 첫 이가 나려는 것 같았다. 페루 아이들은 이가 빨리 나는가 싶어 물어보았더니 마르가레타는 마틴이 태어날 때부터 이가 나 있어서 젖을 먹이기 위해 수술을 했다는 것이다. 그래서 아래턱에 이 자리가 하나 비어 있었다.

몇 주일 지나서야 마틴은 웃기 시작했고 눈을 맞추고 우리 행동을 유심히 바라보았다. 3주 후에 전염병과를 방문했을 때, 마틴의 성격은 딱딱한 봉오리에서 활짝 핀 목련으로 변해 있었다. 전염병과에서는 마틴에게서 살모넬라균이 발견됐으니 입원을 해야 한다고 했다. 그 시기, 1971년에 우리는 이 균을 무서워했고 이에 대한 규정이 엄격했다. 마틴은 입원해 격리실에 혼자 있었는데 그 당시 부모들은 아이와 함께 있을 수 없었다. 우리는 매일 병원으로 갔다. 작은 아기 마틴은 혼자 누워 있었다. 피었던 꽃은 다시 봉오리로 오그라들면서 잘 웃지도 않고 눈을 맞추지도 않았다. 아기는 주위 사람들을 믿지 않게 됐다. 주위에 있던 좋은 사람들이 또 한 번 사라져버렸기 때문이다. 이주일 후 우리는 견딜 수 없어서 의사의 조언도 마다하고 모든 책임은 우리가 진다는 조건으로 퇴원을 했다. 집에서도 다른 아이들과 절대로 접촉시키지 않겠다고 약속한 것이다. 훗날 알게 된 바에 의하면, 위생 상태만 조심하면 살모넬라균은 그리 쉽게 전염되는 균이 아니었다. 이번에는 더 오랜 시간이 지나서야 웃기도 하고 우리 가족을 믿기 시작했으나, 껴안는 것을 거부하고, 뺨에 뺨은 대어도 입맞춤은 거절했다. 집에 있는 버마고양이 두 마리는 마틴이 필요한 것을 알아차린 듯 언제나 마틴 가까이 누워서 가르랑거렸다.

성장 시기

여름이 지나 탁아소 자리를 약속받았다. 그러나 아이에게 살모넬라균이 있다는 소식이 알려지자 그 자리는 없어졌다.

"모든 것이 당신 책임이에요. 가족을 이런 식으로 늘리려는 것 말이에요."

이것이 탁아소 측의 대답이었다. 나는 직장으로 돌아가야만 했기 때문에 아이 보는 사람을 구할 수밖에 없었다. 지나고 보면 아이들이 집에 있었던 것이 훨씬 좋았던 것 같다.

아이들은 일찍부터 여러 가지 활동에 참석했고, 부모들은 조를 짜서 데려오고 데려가고 하는 과정에서 아이들, 부모들 모두 서로 친근해지면서 대가족같이 서로 믿고 지내게 됐다. 이런저런 어려움을 해결하면서 학교시절은 그런대로 잘 보냈다. 마틴의 경우, 문제는 고등학교 2학년 때부터 시작됐다. 보비는 고등학교를 졸업하고 군복무를 마친 뒤 공과대학에 다니고 있었고, 카이사는 고등학교 졸업 후 식당에서 일하다가 시내의 올드타운에 식당을 사서 친구와 함께 동업을 하고 있었다.

마틴 반에는 레바논에서 온 피난민 남학생이 있었다. 몸집이 큰 이 학생은 전쟁이 가져다준 여러 가지 끔찍스러운 기억으로 사소한 일에도 공격적이고 방어적 태도를 보여서 다른 학생들과 충돌하기 시작했다. 이럴 때마다 마틴은 그 학생을 달래고 말리곤 했다. 얼마 가지 않아 학생들뿐 아니라 선생들까지도 마틴과 이 말썽꾼 아이를 같은 시선으로 바라보기 시작하면서 마틴이 따돌림을 당하게 됐다. 어느 날 마틴이 따돌림당하는 친구를 감싸주자, 한 선생님이 그를 무시하는 말을 내뱉으면서 마틴에게 손찌검을 했다. 화가 머리끝까지 오른 마틴은 주머니 속에서 주먹을 꽉 쥐며 분을 참았다. 선생님에게 상처를 입히지 않으려고 그랬던 것이다. 마틴은 크고 튼튼한, 건장한 체구의 소유자였다. 우리는 이런 사실을 나중에 알고는 곧 스톡홀름에 있는 다른 학교로 마틴을 전학시켰고, 마틴은 새 학교에서 졸업을 하게 됐다. 졸업식 날 마틴은 모든 축하 행사를 거절했다. 집에서의 행사도, 식당에서의 행사도 거절했다. 우리는 식당 예약을 취소해야만 했다. 마틴은 우리가 준비한 꽃다발도 친구에게 주고 슬며시 학교 운동장을 빠져나가 집으로 가버렸다.

깊어가는 우울증

마틴은 고틀란드에서 군의병으로 복무하게 됐다. 그리고 그곳에서 첫사랑을 만났다. 이때가 마틴이 가장 행복했던 시기였다. 마틴은 제대하면 앰뷸런스 운전사가 되어 사회에 도움을 주는 사람이 되겠다고 말했다. 앰뷸런스 운전사 학교에 입학하려면 6개월간의 병원 근무 경험이 필요했다. 마틴은 만성 질환자들이 있는 병원에 취직이 됐다. 그러나 얼마 가지 않아 사표를 냈고 다시는 돌아가지 않았다. 이유를 말하지 않았는데, 뭔가 그의 마음을 매우 아프게 한 사건이 있었던 것 같다. 마틴은 말을 하지 않았으며 즐거운 기색도 없었고 점차 우울증으로 빠져들었다. 우리는 바로 병원의 도움을 요청했으나 이해해주는 사람이 전혀 없었다. 그들 말로는 마틴이 이미 성년이기 때문에 본인이 직접 도움을 요청해야 한다는 것이다. 그러나 마틴은 누구의 도움도 받기 싫어했다. 부모의 근심은 아랑곳하지 않았다. 나는 마틴과 자주 인생에 대해, 그리고 그가 처한 환경에 대해, 장래에 대해 이야기했다. 마틴과 이야기를 나누면서 그의 머릿속에 자살하고 싶은 생각이 존재한다는 것을 알게 됐다. 사태는 심각했다. 스웨덴에서 자기 장래는 없다는 확신이 굳어지면서 그는 페루로 돌아가겠다고 말했다. 리마에 있는 우리 친구들에게 이러한 사정을 상의했더니 그들은 모두 마틴의 귀향을 반대했다. 페루의 국내 정치가 불안하기 때문에 스페인 말도 못하는 마틴이 왔다가는 적응도 하지 못하고 어려운 일만 당하게 될 것이라는 이유에서였다. 이것은 마틴에게 너무나 큰 실망을 안겨주었다. 마틴은 자기의 귀향을 그곳 사람들이 두손 들고 환영하리라고 기대했던 것이다.

자기 정체성을 찾아 방황하는 마틴에게는 고향인 아마존 강변으로 돌아가는 것이 매우 중요했다. 마틴은 비토토 인디언으로서 자기의 뿌리를 찾고자 했다. 우리는 큰 도움을 주지 못했다. 나는 정신과 외래환자 담당 의사와 연락이 됐고 그로부터 가정방문을 하겠다는 약속을 받았다. 그런데 의사가 아닌 간호보조사가 전화를 걸어 집에 오겠다고 했다. 그렇게 되자 마틴은 이를 거절해버렸다. 이번에도 역시 도움을 받지 못했다. 당시, 우리는 이사를 해 세 아이들이 자라난 옛집에서 살도록 했다. 아이들은 편하고 실질적이고 생활비도 절약된다고 좋아했다. 카이사는 1990년에 아들 알렉산더를 낳은 후 다시 집으로 돌아왔다. 외삼촌이 된 보비와 마틴은 조카를 키우는 일에 기쁨으로 동참했으며, 카이사는 밥하고 빨래하고 엄마 노릇을 하면서 마틴을 돌보았고, 보비는 주로 집을 관리했다. 그러는 중에도 마틴에 대한 걱정이 항상 이야기의 주제가 됐다. 11월에 접어들어 우리는 라틴아메리카에서 온 심리학자와 연락이 닿았다. 그와는 처음 만났을 때부터 서로서로를 잘 이해하게 됐다. 오랜 상담을 마친 후 마틴은 다음 상담시간을 정하지 않고 자기가 연락하겠다고 하면서 마지막 질문을 던졌다. "당신은 내 친구입니까?"

심리학자는 조금 머뭇거리다가 "그렇다"고 대답을 했다. 그 후 우리는 상담실을 나왔다. 11월 말부터 마틴은 형제들과 함께 식사도 하고 대화를 나누었으며 집 안에서 그의 호탕한 웃음소리가 다시 들리기 시작했다. 아직까지도 우리는 마틴의 웃음소리를 회상한다. 그의 웃음소리는 항상 우리 모두를 웃게 했다. 온 식구는 이제 폭풍이 지나가고 마틴은 정상으로 돌아왔다며 안도의 한숨을 쉬었다. 그는 알렉산더와 함께 빵을 굽기도 하고 함께 놀아주기도 했다. 우리는 너무도 행복했다. 그러나 우리는 이것이 마틴의 마지막 인사였다는 것을 미처 깨닫지 못했다.

1992년 루시아(Lucia) 축제(12월 13일 시실리의 성 루시아를 기리는 축제) 다음날인 12월 14일, 카이사가 자살한 동생 마틴을 발견했다. 마틴은 20분 동안 집에 혼자 있었는데 그 사이에 스스로 목숨을 끊은 것이다. 우리는 더 이상 살아갈 수 없을 것 같았고, 다음날 해가 뜨는 것이 믿어지지 않았다. 우리에게 시간은 정지되어 있었다. 우리는 처음부터 사실을 그대로 밝혔으므로 많은 사람으로부터 격려와 도움을 받을 수 있었다. 우리를 모르는 사람들도 우리에게 연락을 주었고, SPES와 연결이 됐다. 나는 거기서 페루에서 오래 살다 온 한 여자를 만났는데, 그녀도 자살한 아들에 대한 아픔을 간직하고 있었다. 카이사는 남동생을 잃은 어떤 여인과 대화를 나누면서 슬픔을 함께 했다. 우리집 남자들은 모두 각각 다른 방법으로 슬픔을 달랬다. 그들은 우리 여자들같이 대화의 필요성을 느끼지 못하는 것 같았다. 카이사와 나는 수년 동안 SPES에서 일하며 슬픔을 당한 새 가족들을 돕고 있다. 나는 회장으로 일하고 카이사는 형제 그룹을 맡고 있다.

아마존에 묻히고 싶다는 마틴의 유언

마틴은 화장을 하고, 유골을 아마존 강에 가라앉게 해달라는 유언을 남겼다. 그렇게 해서라도 고향에 돌아가고 싶다고 말했다. 엄마인 나, 큰형인 보비, 제일 친했던 친구 알렉스, 이렇게 셋이서 유골이 든 항아리를 가지고 마틴의 유언에 따라 페루로 가기로 했다. 여행 준비는 장례식만큼이나 정신적으로 힘든 과정이었다. 당시 페루 대사관에 가서 알게 된 사실인데, 마틴이 일 년 전 페루 시민권을 다시 찾겠다고 대사관을 방문했었으며, 바로 이 영사가 시민권 복귀를 말렸다고 한다. 이제 돌아보니 마틴은 배신감에 사로잡혔던 것 같다. 갓난아이 때는 아무도 원치 않아서 버림을 받았고, 1990년에 돌아가려 했더니 우리 친구들이 정치적으로 불안하다고 적극적으로 말렸던 것이다. 마틴이 자기들 말을 듣지 않으니까 통화 중에 수화기를 내려놓기까지 했으며, 페루 대사관에서도 국적 복귀에 협력해주지 않았다.

우리는 리마에서, 마틴이 네 살 반까지, 즉 그가 우리에게 오기 전까지 살았던 집에 모여 추도식을 가졌다. 마틴의 유골함을 선반에 안치하고 그 앞에 촛불을 켜고, 주위에는 꽃과 소박한 나무 십자가 그리고 마틴의 사진과 우리집의 성경을 놓았다. 이 정경은 아름답게 보였으나 현실로 믿어지지 않았다. 스무 명이 둘러앉았다. 그중에는 마틴을 돌보아주었던 의사, 마틴이 페루에 있을 때 알던 사람들, 스웨덴 대사관 직원, 그리고 가까운 친지들이 있었다.

스웨덴 목사님은 이런 말씀을 하셨다.

"오늘 여기 모인 우리는 마틴과 그 가족들과 각각 서로 다른 관계로 맺어진 사람들입니다. 여기 몇 분은 22년 전에 마틴을 만났고, 몇 분은 마틴을 만난 적이 없습니다. 우리는 모두 슬픔을 당한 가족들 곁에 있으면서 마틴의 유언을 이루는 일을 돕고자 합니다. 마틴의 나라를 알 기회가 주어진 것을 특권이라 생각하며 말입니다. 불행하게도 마틴은 자기 나라를 모르는 채 세상을 떠났습니다. 이제 우리 모두는 마틴이 자기 나라, 자기 것들과 함께 되는 일에 동참해야 합니다. 유가족 여러분도 마틴의 나라, 우리가 사랑하는 이 나라와 함께하기를 바랍니다. 어쩌면 이것이 마틴이 남긴 가장 중요한 유언이 아닌가 생각합니다. 마틴이 속한 부족 사람들은 지금 매우 어려운 처지에 있습니다. 마틴은 여러분이 이 사람들과 인연을 맺기를 원하는 것 같습니다. 이것이 또한 세상이 가장 필요로 하는, 국경을 넘어선 공동체, 모두가 형제 자매가 되는 길이 아닐까요?"

이퀴토스에서 우리는 가톨릭 신부님과 함께 장례를 준비했다. 우리는 도착하던 날 저녁에 추수감사절 미사에 초대받았다. 신부님은 다음과 같이 우리를 소개하고 마틴과 그의 생에 대해 이야기했다.

"스웨덴에서 오신 분들, 어머니, 큰형, 그리고 제일 친한 친구 여러분이 마틴과 함께 이퀴토스에 오신 것을 환영합니다. 마틴은 이퀴토스 출신입니다. 마틴은 입양되어 스웨덴에 갔고, 한 달 반 전에 사망해 이제 항아리에 담겨 돌아왔습니다. 그의 유언에 따라 아마존 강물에 장례를 드리려 합니다. 장례식은 토요일에 있습니다."

그 후 신부님은 삶과 죽음에 대해 설교하면서, '우리는 젊어서 죽을 수도 있다. 하지만 중요한 것은 사는 동안은 열심히 살아야 한다는 것이다. 그리스도는 우리 모두를 용서하셨고 우리에게 힘을 주신다'라고 말했다. 설교 후에 함께 성찬을 나누었고, 이퀴토스 주민들은 모두 나와서 나를 끌어안으며 내가 엄마냐고 물었다. 우리는 마틴의 사진을 보면서 함께 울었고 그들은 나를 위로해주었다. 그들이 보여주는 인류애는 이루 말로 표현할 수 없었으며 나는 이 세상에 선함이 존재한다는 것을 다시 믿게 됐다. 우리는 모두 '함께 사는 사람들'이라는 것을 다시 인식하게 됐다. 나는 이제 살아 있지 않은 마틴과 여기에 와 있다.

길거리에 마틴이 보인다. 그러나 쫓아가보면 마틴이 아닌 다른 사람이다. 나는 다른 마틴을 데리고 이곳에 와 있다. 어떻게 이런 일이 벌어졌는가? 그의 죽음은 어떤 의미가 있는가? "하느님, 나의 갈 길을 보여주세요." 나는 성당에서 기도했다. 다음날은 마틴과 마지막으로 헤어지는 날이었다. 나는 원치 않았다. 무슨 기적이라도 일어나 마틴이 살아서 돌아오기를, 또한 내가 조각그림 맞추기를 하듯 그의 한 줌의 재를 맞추어가면 마틴이 살아나기를 기원했다. 비가 쏟아지면서 천둥 번개가 치기 시작했다. 하늘도 나와 함께 슬퍼하는 듯했다. 마틴이 간 지 7주가 지났다.

장례식 때까지 우리는 마틴과 한 방에서 지냈다. 장롱 위에는 빨간색, 흰색 꽃과 촛불, 그리고 마틴의 사진이 놓여 있었다. 나무로 만든 아름다운 그리스도 상을 사서 유골함 곁에 놓았다. 장례식이 다가왔다. 알렉스는 유골함을, 나는 꽃을 들고 여자들은 차에, 남자들은 트럭 뒤에 탔다. 내가 유골함을 안으려 하자 아들과 알렉스가 "마틴을 우리와 함께 타게 해주세요"라고 말했다. 장례식은 2월 6일에 있었다. 햇빛이 투명하게 빛나는 무더운 날씨였다. 우리 일행은 배의 선장을 제외하고 모두 일곱 명이었다. 목사님과 신부님이 장례식을 끝낸 후, 우리는 위가 열린 아마존 배를 타고 강으로 나갔다. 신부님은 마틴의 입장에 서서 마틴이 얼마나 이곳을 그리워했는지 모른다고 말씀하셨다. 그리고 마틴의 이퀴토스에 대한 갈망이 우리 모두를 만나게 했고, 서로 알게 했으며, 경계를 넘는 우정을 맺게 했다고 말했다. 이어서 신부님은 삶의 목표가 분명해야 하며, 자기가 원하는 것이 무엇인지 아는 것이 중요하다고 말했다. 우리는 말없이 앉아 있었다. 신부님은 요한복음에서 나사로에 대한 구절을 읽으셨다. 나도 마틴을 떠나보내는 말을 한 마디 했다. 알렉스는 기도문을 낭독했다. 카이사의 노랫소리는 카세트를 통해 퍼져 나왔다.

드디어 자유, 그는 드디어 자유롭네
그는 이제 날개를 달고
하늘을 나네
그는 드디어 자유를 찾았네

강물 위로 퍼져나가는 카이사의 목소리는 신비로운 느낌을 주었다. 스페인어와 스웨덴어로 주기도문을 읽은 뒤, 마침내 외면하려고 애쓰던 순간이 다가왔다.

마틴, 그토록 두려워하던 순간이 다가왔구나. 이제 이 항아리에 담긴 마지막 남은 너를 정말로 떠나보내야 한다. 언젠가 내가 너를 책임지고 돌봐주어야 한다고 말한 적 있지. 이제까지 나는 최선을 다해왔단다. 그리고 지금 이 순간, 네가 마지막으로 부탁한 모든 것을 들어주고 있어. 네 자취가 아마존 강물 깊이 가라앉고 나면, 마침내 너는 그토록 그리워하던 곳에 가리라. 스웨덴에, 또 이곳 페루에 너를 사랑하는 사람들이 정말 많았단다. 네가 스웨덴에서의 첫 해를 보낸 노르비켄 마을에서 모아온 꽃잎과 함께 네 여자

친구 예니, 네 누나, 아빠, 그리고 너의 친구들 모두 작별의 인사를 전한다. 너와 함께했던 21년 반의 세월에 나는 감사한다. 나는 네 엄마야. 그리고 너를 사랑한단다. 우리 다음 세상에서 다시 만나자, 마틴.

보비는 자신이 마지막으로 마틴을 아마존 강에 보내주고 싶다고 했다. 나는 그에게 마틴의 유골이 담긴 항아리를 건네주려고 손을 뻗었으나, 온몸의 힘이 빠져 도저히 들 수가 없었다. 마틴과 제일 친했던 친구 알렉스가 대신 항아리를 보비에게 건네주었고, 항아리는 마침내 강물 깊이 가라앉았다. 우리는 준비해온 수천 개의 장미꽃잎을 강물에 뿌렸다. 이것은 유년 시절의 마을과 스웨덴으로 전해지는 마지막 인사였다. 그곳은 나나이 강의 검은 물줄기와 아마존 강의 붉은 물줄기가 서로 만나는 곳이다. 항상 이곳에서 두 물줄기가 만나니까, 앞으로 언제든 우리는 마틴을 떠나보낸 장소를 정확하게 찾아올 수 있을 것이다. 장례식을 진행하던 중에 인디언 원주민들이 노를 저으며 지나갔고, 뒤이어 돌고래 한 마리가 수면 위로 뛰어올랐다. 뒤로는 나무가 빽빽이 우거진 열대 우림이 둘러싸고 있었다. 이보다 더 아름답고, 평온과 조화가 넘치는 무덤 자리가 어디에 있을까?

우리를 걱정해주는 마을 주민들의 배려는 더할 수 없이 따뜻했다. 오늘 같은 날은 절대 가족끼리 보내서는 안 된다면서, 한 가족이 저녁식사에 초대했다. 그 자리에는 이곳에 온 이후로 친해진 사람들 열 명가량이 함께 있었고, 그 시간을 통해 우리 가족은 이곳 사람들과 깊은 유대감을 느꼈다.

마침내 자유

다음날 신부님이 자랑하던 아마존 도서관을 방문했다. 그곳에는 콜럼버스의 일기와 1500년대 항해지도 등이 전시되어 있었다. 세계 각국어로 쓰인 성경책을 모아놓은 곳도 있었는데, 스웨덴어 성경책을 한 부 기증하겠노라고 신부님께 약속한 나는 마틴이 성인식 때 사용한 성경책과 함께 나의 외할머니가 직접 베틀로 짜서 만든 하얀 리넨 깔개를 드렸다. 이것은 장례식을 치르던 날 배에서 마틴의 항아리를 올려놓았던 깔개이기도 했다. 쓰고 남은 초와 마틴의 영정 사진, 아이의 출생증명서 — 페루에서는 이 서류가 매우 중요하다고 한다 —, 그리고 아이의 페루 여권과 스웨덴 여권의 복사본까지 드렸다. 신부님의 요청으로 카이사가 부른 〈드디어 자유〉라는 노래 테이프도 드리고 나니 후련했다. 이제 모든 일이 마무리됐다. 신부님은 도서관에 마틴을 회상하기 위한 장소를 만들 계획이다. 마틴은 아마존 역사의 일부가 되는 것이다.

그날 저녁 나는 성당에 가서 마틴을 위해 성모 마리아와 또 다른 젊은 남자 모습의 성자가 담긴 초상화 앞에 초를 켰다. 그는 성 마틴 데 포레스(St. Martin de Porres)다. 1600년대에 페루에서 태어나 독학으로 공부한 뒤, 자신이 가진 것을 모두 포기하고 가난한 사람들을 돕는 일에 평생을 바친 사람으로 라틴아메리카에서 가장 위대한 두 명의 성자 중 한 사람이었다.

이튿날 우리 일행은 아마존 강의 지류 부근과 그 부근의 열대 숲에서 일주일을 보냈다. 마틴의 선조가 살았던 그곳의 공기를 들이마시니 마음속의 상처가 치유되는 느낌이었다. 비로소 나는 긴장을 풀고 마틴에게 약속한 책임의 일부를 내려놓게 됐다.

그곳은 나를 치료해준 한 여인을 만난 곳이기도 하다. 그녀가 시키는 대로 강렬한 촛불 빛을 바라보고 있노라니 곧 마틴이 눈앞에 보였다. 아이는 만족스러워 보였다. 아이는 전에도 본 적이 있는 그 자리에 있었다. 노 젓는 팔뚝에는 힘이 넘쳤고, 얼굴에는 환한 웃음이 가득했다.

치료가 끝나고 나서 여인은 내게 설명을 해주었다. 마틴이 내게 온 것은 사랑하는 법을 배우기 위해서다. 이승에서 아이는 오로지 나를 통해서만 사랑을 배울 수 있었으며, 이제 자신이 필요한 만큼의 사랑을 다 채운 아이는 그 다음 길을 향해 떠나는 것일 뿐이다. 다음 생애에서 아이는 의사와 같이 사람들에게 선행을 베푸는 자로 태어날 것이다. 마틴은 완전한 인류애를 위해 일할 것이며, 사람들 저마다의 장점을 이끌어내어 조화롭고 평화로 가득 찬 삶을 살게 할 것이다. 그녀의 마지막 조언은 이렇다.

"그를 보내주세요. 자유롭게 놔주세요. 그는 이제 고향에 왔고, 당신은 그의 소망을 모두 채워주었답니다."

모든 것이 이루어졌고, 나는 최선을 다했다. 지금부터는 나 자신과 내 삶을 생각할 때다. 나는 아이에게 필요한 것을 주었고, 이제 나는 자유다.

비토토 인디언 부족에 대한 지원 프로젝트

우리의 페루 여행은 앞으로 나아갈 길을 정했다는 점에서도 매우 의미가 깊었다. 비토토 프로젝트에 참여하는 것은 아마존 인디언들의 삶에 동참할 수 있는 우리의 범위를 넓혀주었다. 마틴의 장례식이 끝나고 약 반년 후, 마틴의 소원성취를 크게 도와준 신부님이 스웨덴을 방문하게 됐다. 신부님은 우리에게 마틴의 이름으로 비토토 인디언을 위한 지원사업을 하자는 제안을 하셨다. 나는 신부님을 기꺼이 돕고 싶었지만 어디서부터 시작해야 할지 막막했다. 언제나 그렇듯이 나의 좋은 친구들이 도움을 주었고, 여섯 달의 준비 끝에 우리는 카리타스(Caritas, 천주교단의 지원기관)가 주도하는 지원사업에 참여하게 됐다. 그중에는 아마존 지역의 비토토 인디언을 돕는 사업이 포함되어 있었다. 이 사업은 스웨덴 개발협력청의 지원을 받기로 했는데 우리가 모은 기금의 다섯 배의 지원금을 받게 됐다. 이퀴토스 지역의 주교님은 수녀 한 분을 현지 진행자로 임명해주셨다.

우리의 지원사업은 아마존 강의 지류이자 열대 우림 깊숙이 위치한 마을 푸에르토 이장고에서 시작됐다. 이제까지 절대적으로 부족했던 약국과 진료실을 구비한 보건소를 짓고 그 이름을 마틴이라고 했다. 그러고 나서 우리는 페바스 인근의 푸카우르퀼로 마을로 갔다. 그곳에는 비토토와 보라라는 이름의 두 부족이 살고 있었는데, 학교 건물은 갖추었으나 책이 한 권도 없었다. 주민들과 함께 우리는 100제곱미터 남짓한 도서관 건물을 세우고, 아이들은 물론 마을 어른들도 읽을 만한 다양한 도서를 지원했다. 이 마을에는 마틴의 일가친척이 살고 있었는데, 아이의 사촌들 중에 마틴과 똑 닮은 젊은 청년이 있었다. 마틴이 그토록 바라던 혈연들과의 만남이 아이가 세상을 떠난 지 4년 후에야 이루어진 것이다. 세상은 참으로 불공평하다.

마틴의 가족으로서 우리는 이번 지원사업을 통해 비토토 집단이 하나의 부족으로 성장하고, 그들의 언어와 문화가 온전하게 보존되기를 소망한다. 마틴이 하늘에서 내려다본다면 분명 자랑스러워할 것이다.

마틴을 보내고 나서 깨달은 것은, 슬픔은 나의 삶이 끝나는 그 순간까지 계속될 것이라는 사실이다. 다만 매일같이 반복되던 심장이 터질 것 같은 그 감정과 눈물은 점차 약화되었다. 온 가족이 모일 때마다 여전히 마틴의 빈자리는 커 보인다. 그 순간 나는 아이와 그 여자친구에 대한 강렬한 그리움에 휩싸인다. 살아있다면 지금쯤 결혼해 자식을 가졌겠지만, 마틴을 아빠라고 부르는 아이들을 나는 볼 수가 없다. 마틴의 예전 여자친구와 가끔 연락을 한다. 그녀는 이미 결혼했고 두 아이의 엄마가 되었다. 그 아이들과 그녀를 만날 때마다 나는 아직도 가슴 깊이 쌓여 있는 슬픔이 치유되지 않았음을 깨닫는다.

마틴의 형인 보비가 결혼하던 날, 제비 한 마리가 교회 안으로 날아들었다. 제비는 신랑 신부의 머리 위를 날며 지지배배 요란하게 지저귀더니 지붕 아래 한구석에 앉아 우리를 내려다보았다. 나는 이루 말할 수 없는 기쁨에 젖어 마틴의 인사를 받아들였다. 아이는 여전히 우리와 함께 있으며, 형의 기쁨과 행복을 함께 나누고자 했던 것이다.

지난날을 회상해보면 친부모와 양부모로서의 역할과 마음가짐을 구분하는 것은 불가능한 일이다. 유일한 차이라면 아이가 어떻게 우리에게 와서 가족의 구성원이 됐는지가 다를 뿐이다. 남들과 같이 화낼 일도, 웃을 일도 많은 우리는 세 명의 훌륭한 아이들이 있는 가족이다. 최근 몇 년간 우리 가족은 더 늘어났다. 지금의 남편과 나는 세 명의 보너스 아이(재혼 시 남편이나 부인이 데리고 온 자식을 보너스 아이라 부른다)를 갖게 됐고, 또 다른 보너스로 네 명의 손자 손녀들이 생겼다.

세월은 어느 새 빠르게 흘러 이제 나는 다섯 명의 손자 손녀를 둔 할머니며, 네 명의 보너스 손자 손녀들이 있다. 아이들 생각만 하면 입가에 저절로 미소가 떠오르고, 가슴속 깊은 곳에서 훈훈한 감정이 퍼져나가는 것을 느낀다. 손자 손녀를 보는 것은 우리 생애에서 일어나는 모든 일 가운데 가장 중요한 일이다. 이 아이들은 크기를 잴 수 없는 풍요로움을 안겨주며 인생은 지속된다는 것을 보여준다.

오래 참는 사랑

「요한나와 진 이야기」

…… 비르기타 브레드베리(Birgitta Bredberg)

> 스톡홀름에 살던 비르기타(Birgitta)와 에스타 욘 브레드베리(Gösta John Bredberg) 부부는 1968년 스웨덴 남부 지방의 룬드로 보금자리를 옮기게 됐다. 에스타 욘이 말뫼에 위치한 회사의 마케팅 담당으로 근무하게 됐던 것이다. 당시 십 년 가까이 집에서 가족을 돌보았던 비르기타는 대학 과정을 이수한 후 고등학교 교사로 스웨덴어와 종교학을 강의했다. 정년퇴직하기까지 마지막 14년간은 에스뢰브에 있는 고등학교에서 근무했다.
> 오늘날 두 사람 모두 직장을 퇴직했으나 여전히 지역 정계뿐만 아니라 베스테르 교회 룬드 지부에서 활발한 활동을 하고 있다.
> 1959년에서 1965년까지 네 명의 친자녀를 두었던 이 부부는 1967년과 1969년에 한국에서 딸 요한나(Johanna, 당시 19개월)와 아들 진(Jin, 당시 3~4세로 추정)을 입양하면서, 아이들이 뛰노는 대가족을 이루었다. 그리고 진을 입양하던 시기에 가족들은 모두 룬드로 이사를 가게 됐던 것이다.

    우리는 거의 40년이라는 세월 동안 저마다 다른 여섯 명의 아이들이 성장하고 정착해가는 과정을 가까이에서 지켜보았다. 그 가운데 두 명은 1967년과 1969년 한국에서 입양한 아이들이다. 굳이 한국을 선택한 까닭은 무엇일까?
    물론 다른 여러 나라를 고려해보았었다. 이를테면 인도에 선교사로 나가 계신 분들에게 도움을 요청했으나, 보육원 아이들을 입양해올 수 없었다. 그렇다고 쉽게 포기할 수 없었다. 그때 한국이라는 나라에서 입양이 가능하다는 이야기를 듣고, 한국과 접촉하기 시작했다. 그리고 입양을 하고 정말 오랜 시간이 지난 오늘날, 젊었던 시절, 부모로서 또한 양부모로서 우리의 삶을 회상해보고자 한다.

입양에 대한 시각

딸 요한나가 우리 품에 도착하기를 기다리던 당시 나는 신문에 아래와 같은 글을 기고했다.

우리가 무슨 이유로 입양할 생각을 했는지 지금은 기억에 없다. 처음부터 우리는 힘이 닿는 대로 아이를 많이 낳기로 약속했었다. 그렇다면 이미 이 세상 어딘가에 존재하는 아이를 데려오면 안 될 이유가 있겠는가? 가족도 집도 없는 아이. 유감스럽게도 이러한 아이들은 세상 곳곳에 너무나도 많다. 이 아이들은 우리의 사랑을 나누어 받으며 우리에게 기쁨을 줄 아이들이다. 우리 친자식들은 입양해온 동생을 불쌍하다고 여길까? 그렇지 않다. 오히려 아이들은 동생을 통해 세상을 보는 시각을 넓힐 수 있다고 생각한다. 우리는 이미 우리 주변에서 발생하는 수많은 일에 우리가 어떤 책임감을 갖고 참여해야 할 것인가에 대해 아이들에게 설명해주었다. 알바 뮈르달(Alva Myrdal)은 언젠가 이렇게 말했다. "우리는 우리 아이들에게 세계시민으로서 가져야 할 이해심을 전달해주어야 한다"고. 나는 한국에서 오고 있는 사랑스러운 아들과 딸을 통해 우리 아이들이 이질적인 사람들을 자연스럽게 이해할 수 있기를 기대한다.

오늘날에도 입양에 대한 우리의 시각은 윗글의 내용과 다르지 않다.

우리 부부의 입양 동기를 돌이켜보면, 복합적인 여러 요소가 있지만 가장 확실한 것은 입양이 우리에게는 진정한 선택이었다는 것이다. 이것만큼은 오늘날까지도 변함없는 사실이다. 그러나 입양이 언제나 그렇게 당연하고 단순하게 생각됐던 것은 아니다. 그렇지만 우리의 꿈을 실현하기 위해 과감히 도전한 것 자체가 우리의 삶을 더욱 풍요롭게 만들었다. 두 입양아가 없었다면 오늘날 우리 가족이 어떠했을지는 상상조차 하기 힘들다. 입양아를 받고, 입양아를 키워가는 과정에서 다음과 같은 질문이 언제나 머릿속에서 떠나지 않았다.

'아이가 만약 우리에게 오지 않았다면 지금쯤 어디서 무엇을 하고 있을까?'

'이 아이가 고국에 그대로 머물러 살았다면 혹은 다른 가정으로 입양되어 갔다면 더욱 훌륭하게 성장하지는 않았을까?'

'우리는 두 아이에게 진정으로 필요한 부모가 되어주었는가?'

'아이들에게 실수를 한 것은 아닐까? 당연히 무지와 무경험으로 많은 실수를 해왔을 것이다.'

'입양이 우리 친자식들에게는 어떤 영향을 미쳤을까? 우리 부부가 여섯 아이에게 골고루, 그리고 충분히 사랑을 나누어주었을까?'

생후 19개월의 요한나는 1967년 스톡홀름에 도착했다. 막내딸 사라보다 겨우 3개월 어린 나이였다. 1967년 당시 오래된 신문에 나는 아이와의 첫 대면을 이렇게 묘사했다.

요한나가 스웨덴에 도착한 3월의 그 아침을 우리는 평생 절대로 잊을 수 없을 것이다. 흥분이 최고조에 올라 기대에 한껏 부풀어 있던 순간에도, 전에 느끼지 못했던 차분함이 또한 나에게 찾아왔다. 모든 긴장이 사라지고 머릿속이 뚜렷해졌다 출산하러 산부인과로 향하던 발걸음이 그러했다. 그것은 기쁨에 가득 찬 축제 분위기였다. 그리고 지금 모든 걱정을 뒤로 한 채 우리 사랑스러운 요한나가 가족의 품에 안겼다. 아이는 너무나도 자연스럽게 브레드베리 가족의 막내딸로 받아들여졌다. 요한나는 새로운 환경에 놀라우리만큼 빠른 속도로 적응해갔다. 언니 오빠들의 관심과 애정이 한몫했으리라.

입양 초기에 당연히 발생하는 정신적 불안정과 두려움도 점차 가라앉기 시작했다. 요한나는 방에 혼자 남겨지거나, 혼자 잠에서 깨어나도 더 이상 겁내지 않았다. 밤중에 악몽으로 땀에 젖고, 큰 소리를 힘껏 질러대는 일도 잦아들었다. 이제 아이는 밤새 한 번도 깨지 않고 숙면을 취한다. 잠에서 깨면 악을 쓰며 우는 대신 우리를 알아보는 듯한 미소를 짓는다. 스웨덴어와 한국어를 뒤섞어 중얼거리기 시작했으며, 언니 오빠들이 하는 대로 곧잘 흉내를 내기도 했다. 아이는 춤추고, 노래하고, 신나게 웃고, 울고, 뽀뽀하며 우리 품에 폭 안긴다. 딸아이는 주변 사람들의 사랑을 듬뿍 받는 우리 가족의 소중한 사람이라는 것을 점차 깨닫기 시작했다. 입양이라는 딱지를 떼고 여느 가정의 아이들과 다를 것 없는 평범한 작은 꼬마아이가 된 것이다.

요한나는 온순하고, 기르기 쉬운 아이여서 우리 가족과 새로운 환경에 별다른 문제 없이 무난하게 적응해갔다. 가끔 돌이켜보면, 자라면서 아이는 자신이 원하는 것과 자기 주장을 너무 감추었고 항상 너무 착하고 말 잘 듣는 아이이기만 했다.

요한나는 신학대학에 진학하고, 결혼해 두 딸을 낳았다. 언젠가 입양 이후의 인생에 대해 어떻게 생각하느냐고 물어본 적이 있다. 딸아이는 이제 더 이상 입양이라는 것을 자각하지 않는다고 대답했다. 그러면서도 오늘날 자기 자신을 형성하기까지 다른 많은 요인이 작용했으나, 입양이 큰 영향을 끼친 것만은 사실이라고 덧붙였다. 딸은 점차 한국 방문에 관심을 보이기 시작했다.

자기 아이를 낳는 것은 입양아에게 어떤 의미를 갖는가?

자랄 때 예민했던 어린 소녀는 이제 다른 사람이 처한 상황을 이해하고 귀 기울이는 사람으로 발전했다. 오늘날 요한나는 내면의 균형을 갖추고 살아가며 스스로 무엇을 할 것인지 충분히 이해하는 성숙한 여인이 됐다. 그리고 그녀 곁에는 무엇보다도 소중한 두 딸, 열다섯 살의 아만다와 열세 살의 에밀리아가 있다.

입양아에게 친자식을 갖는 것은 정말로 큰 영향을 끼치는 것이 아닐지 자문해본다.

진, 1969년 룬드에 오다

요한나와 사라가 네 살이고, 그 위로 아들 셋이 일곱 살, 아홉 살, 열 살 되던 해에 우리의 넷째 아들이 룬드의 새 보금자리에 도착했다. 당시 아이는 서너 살 정도로 요한나보다 약 6개월 어렸다. 우연한 계기로 몇 년 전 우리는 한국의 보육원장인 탁 씨의 방문을 받은 적이 있었다. 어느 늦은 저녁 한국 보육원과 입양기관의 설명을 들으면서 나와 남편은 아이를 한 명 더 입양하자는 데에 뜻을 모았다. 3~5세 사이의 남자아이로 말이다. 보육원장의 설명에 의하면 그 나이 또래의 남자아이들이 양부모를 찾기 가장 힘들다고 했다. 그래서 우리는 그 나이의 진을 선택했고, 진이 우리 곁에 오게 된 것이다. 그러나 우리도 진도 처음 몇 년간 힘든 시기를 거쳐야 했다.

진이 아홉 살이 될 무렵, 나는 나중에 성인이 되면 읽으라고 편지를 한 통 썼다. 유년기가 어떠했었는지 이야기해주고 싶었던 것이다. 혹시 이런 편지 한 통이 후에 자기 자신을 이해하는 데에 도움이 될지도 모를 일이었다. 그 편지의 일부를 아래 소개한다.

힘든 상황

아홉 살의 진에게

네가 낯선 환경에, 낯선 가족에게 온 것이 무척 힘든 일이리라는 것을 우리는 충분히 이해했고 또한 각오했었다. 그러나 오히려 다행인지도 모른다. 우리는 그 고통의 무게가 얼마나 되는지 짐작하지 못했구나. 이것을 알았다면 감히 입양할 수 없었겠지.

너를 키우는 것은 요한나를 키울 때보다 훨씬 더 어려웠어, 진아. 네 입양 서류에는 한국에서 네가 어떠했는지에 대한 기록이 전혀 남아 있지 않았단다. 유일하게 적힌 것은 1969년, 경찰이 널 발견했다는 사실뿐이었지. 이름도, 네 나이도 없었기에 새 이름을 지어 주었더구나. 한동안 신문 광고를 내어 너의 일가친척을 찾으려고 노력했으나 성과를 거두지 못했다고 한다. 결국 아무런 연고가 없는 너에게 네가 함께 살아갈 가족과 집을 찾아주는 것이 시급했던 것이다. 우리는 네가 우리 가족에게 오는 것이 결정될 때까지 오랫동안 기다려야 했단다.

그리고 마침내 네가 도착했어! 스튜어디스의 손을 힘껏 쥐고 매우 심각한 표정을 한 꼬마 남자아이였던 너는 나를 똑바로 쳐다보았지. 서류에는 세 살이라고 적혀 있었지만 그보다는 훨씬 더 성숙해 보였어. 회색 반바지 정장을 입고 회색 모자를 쓰고, 병아리 무늬가 새겨진 흰 양말에 검은색 새 신을 신고 있었지. 넌 그 해 여름 내내 이 옷 외에 다른 옷은 절대 입지 않았어. 심지어는 밤에도 꼭 끌어안고 잠들었단다.

우리 앞에 다가오면서 너는 쉽게 스튜어디스의 손을 놓고 내 손을 잡았으나 그녀에게서 눈을 떼지 못하더구나. 출구 쪽으로 걸어나가는데 너는 뒤돌아가서 그녀를 찾았더랬지. 바지는 짧고 저고리는 얇아서 추위에 떨고 있는 네게 사라가 잠바를 벗어주었단다.

집으로 오는 차에서 너는 마치 막대기처럼 온몸이 뻣뻣하게 굳어서 미동도 하지 않은 채 창밖만 바라보고 있었어. 나중에 너는 차에서 기분이 어떠했는지 이야기했었지. 그날 비가 왔다는 것, 네가 내 무릎에 앉아 잔뜩 겁에 질려 있었다는 것을. 그날이 마치 네 기억의 첫 페이지인 듯했지. 과거의 기억을 네 스스로 가둬버린 듯했던 것이지.

집으로 오는 길 내내 단 한마디도 하지 않던 너는 집에 가득한 장난감과 딸들의 세발자전거, 그리고 널 위해 새로 마련해놓은 페달 자동차를 발견하고는 갑자기 덤벼들어 놀기 시작했어. 완전히 땀에 젖어서 거칠게 숨을 내쉬며 빵빵거리며 자동차를 몰고, 혼자 웃으면서 마치 태풍이 휩쓸고 가듯 집을 헤집어놓는 너를 형제들은 멍하니 바라보고 있었지.

네가 우리집에 온 후, 처음 얼마 동안은 네게도, 우리에게도 평범치 않은 이상한 기간이었단다. 너는 믿을 수 없을 만큼 활동적이고 자립적이었으며, 주변의 도움을 기대하지 않았지. 모든 일을 스스로 해결하는 것에 익숙해 보였단다.

잠시도 쉬지 않고 놀고, 장난치고, 뛰어다니고, 자지러지게 웃다가 완전히 땀에 절어서 기운이 쭉 빠지면 지쳐 잠들곤 했었어. 한 일주일을 그렇게 보냈을까? 너는 드디어 네 곁에 엄마 아빠라는 존재가 있음을 인식하기 시작했어. 다른 형제들이 슬플 때 위로를 받고, 도움을 구하거나 혹은 아무 이유 없이도 달려와 폭 안기는 엄마 아빠 말이다. 너 역시 내 무릎에 앉아 내가 쓰다듬어주고, 안아주는 것을 좋아하기 시작했다. 온종일 나만 보면 갖고 놀던 것을 내던지고 내게 매달렸지. 내가 다른 일을 할라치면 너는 실망하고 화가 나서 소리를 질러대며 물건을 걷어차고 엉엉 울어댔단다. 온종일 내 옆에서 떨어지려 하지 않았어. 나는 할 수 없이 너를 안거나 등에 업고 일을 해야 했는데, 이것은 말도 못하게 힘든 일이었단다. 너보다 조금 나이가 많을 뿐인 네 살배기 누나들이 내게 다가오기만 하면 너는 바로 그들을 몰아냈단다. 딸아이들이 당시 이 상황을 별탈 없이 넘어가준 것이 얼마나 고마운지 모른다.

밤에도 잠시 쉴 틈이 없었지. 너는 내 곁에 바짝 누워 네 다리로 내 다리를 얽어맨 채 잠이 들었단다. 내가 조금이라도 움직이면 너는 바로 내 곁으로 몸을 옮겼어. 너는 날 꽉 끌어안고 땀을 흘리며 깊은 잠을 이루지 못했단다. 그리고 그 해 가을이 되고 나서야 네 침대에서 마침내 혼자 잘 수 있게 됐단다.

……

이따금 지쳐버린 나는 우는 너를 보며 함께 울곤 했단다. 그러나 이 모든 시련은 곧 지나갈 것이라는 믿음을 잃지 않았어. 종종 나 자신에게 이렇게 말하곤 했지. '내년 여름에는 진도 나도 이 모든 과정을 털어낼 수 있겠지. 내가 지금 줄 수 있는 모든 것을 해주자. 언젠가 좋은 날이 올 것이야. 이 시기를 얼마나 잘 보내는가는 내가 견뎌내고 다시 일어서는 것에 달렸어.

……

그렇게 해서 그 해 여름, 내 삶에 가장 힘들었던 시기를 보내고, 모든 것이 서서히 제자리를 찾아가기 시작했단다. 이제 네가 우리와 함께 보낸 지도 6년이 흘렀구나. 너는 우리의 삶을 여러 면에서 훨씬 풍요롭게 만들어주었단다. 인간의 기본적 요구와 그것의 표현에 대한 우리의 시각을 넓혀줬을 뿐만 아니라 내가 만난 이들 중 누구도 너만큼 슬픔에 빠진 사람을 잘 위로해주지 못하더구나. 너는 경험을 통해 모든 것을 깨달은 거야.
……
우리는 네가 있어서 참으로 기쁘단다, 진아. 이렇게 활달하고, 따뜻한 마음을 지녔으며, 너그러운 네가 있어서 말이야.
진아, 네가 종종 여전히 힘들어한다는 것을 잘 알고 있어. 아마 그런 어려움은 앞으로도 떨쳐낼 수 없을지도 몰라. 그러나 너의 긍정적인 삶의 자세가 모든 어려움을 막아줄 거야. 모든 일이 잘 풀려나가리라고 엄마는 믿는단다.

룬드에서, 1975년 5월 11일

진은 1993년, 스물일곱 살 되던 해에 어느 신문사 인터뷰에서 "<u>가족은 내게 매우 중요합니다. 세상 누구도 줄 수 없는 안정감을 주거든요. 우리 형제들은 모두 여전히 가까운 거리에 살고 있고, 항상 생일잔치를 함께 합니다</u>"라고 말했다. 나를 비롯한 우리 가족에게 엄청난 즐거움을 주는 말이었다.

자신의 출생 배경에 대한 진의 고민은 스무 살이 되면서 부쩍 심각해졌고, 출생에 대한 질문도 많아졌다. 그러면서 진은 정신적 위기를 맞게 된다. 그전까지는 이러한 자신의 감정을 모두 외면하고 가두어놓았다고 진은 말했다. 이때까지 진은 항상 친구들과 어울려 다녔고, 미래나 자기 자신에 대해 진지하게 고민하는 법이 없었다. 다음은 당시의 진의 메모다.

이 위기는 내 삶을 바꾸어놓았습니다. 나는 고민하고 외면하고 참

아왔던 모든 감정을 자유롭게 풀어놓을 용기를 얻었으며, 다른 사
람들과 이 문제에 대해 이야기를 나눌 수 있게 됐습니다. 나는 누
구일까요? 나의 친부모는 누구고, 왜 그들은 나를 버렸을까요?
이것은 정체성의 위기였습니다. 나는 부모님들과 많은 대화를 나
누었고, 입양 관련 절차를 함께 되짚어갔지요. 이러한 과정을 거치
면서 나의 감정을 다스려 나갈 수 있게 됐습니다.

그 무렵 진은 장래의 직업에 대한 방향을 정했다. 청소년 지도자 과정
에 들어갔는데, 첫 일 년은 무척 힘들어했다. 다음은 이 과정에 다닐 때의 메
모다.

나는 여전히 위기 안에 갇혀 있었습니다. 그 풀리지 않은 질문은
여전히 내 안을 맴돌고 있었지요. 몇 번이나 중도포기하려던 학업
을 끝마친 것은 지금 생각해도 참으로 자랑스러운 일이 아닐 수 없
습니다.

입양은 평생을 두고 해결해야 할 과제

입양은 평생을 거쳐 해결해야 할 일이라고 진은 말한다. 그에게 가장
어려웠던 점은 친부모에 대한 정보가 하나도 남아 있지 않은 것이었다. 조금
이라도 남아 있었다면, 친부모의 흔적을 찾는 데에 도움이 됐을 것이다. 다
음은 진의 메모다.

나의 친부모를 결코 찾을 수 없을 것이라는 사실을 받아들이기 어
렵다. 실현 가능성이 매우 적지만 언젠가 나는 친엄마를 찾으리라
는 희망과 꿈을 가지고 있다. 오로지 그분만이 대답해줄 수 있는

질문이 아직도 내 가슴에 남아 있다. 내가 버려진 존재라는 사실이 주는 허전함은 말로 표현해낼 수 없다.

진은 항상 운동에 열중했다. 운동은 여러 면에서 아이에게 긍정적인 영향을 주었다. 핸드볼 팀의 동료애로 그는 손쉽게 친구를 사귈 수 있었.

운동을 통해 만난 친구들은 나의 생김새가 다르다는 것을 전혀 개의치 않았다.

언젠가 진은 한국을 방문할 예정이다. 그러나 물리적으로나 정신적으로나 준비할 시간이 필요하다는 사실을 아이는 잘 알고 있다.

한국에 가면 좀 오래 머물고 싶다. 친부모는 찾지 못하겠지만, 나의 정체성을 찾으려고 노력할 것이다. 주변을 돌아보며 한국의 문화와 한국인의 사고방식을 배우고 싶다. 혹시 내가 버려졌던 경찰서나 고아원 혹은 스웨덴으로 떠나기 전에 잠시라도 머물렀던 위탁가정을 찾아낼지도 모른다. 가능한 어떤 흔적이라도 찾아내고 싶다.

서울을 향해

이듬해 진은 실제로 여행 계획을 세우기 시작했다. 나 또한 14일간 아이의 고향인 서울로의 여행을 함께하기로 했다. 우리는 출발 전, 서울의 입양기관과 접촉해 요한나와 진의 입양과 관련된 모든 자료를 요청했다. 그리고 서울에서 직접 입양기관을 방문했으나, 우리는 그곳 직원으로부터 1960년대 입양 관련 서류들은 모두 폐기처분됐다는 답변을 들었을 뿐이었다. 진은 걷잡을 수 없이 화를 냈다. 그 직원은 우리를 서울 중심부의 한 아동도서관으로 안내했다. 그 건물은 예전에 보육원으로 쓰였는데, 1960년대 당시 발견된 아이들은 모두 그곳에서 생활했었다는 것이었다. 진은 놀이방과 식당, 양호실 등을 둘러볼 수 있었다. 날마다 진은 그곳의 마당을 찾아갔다. 세 살 무렵 뛰어 놀던 장소였다. 특히 아이는 그 높은 대문을 보는 순간 어린 시절의 기억이 되살아나는 듯 흥분했다.

이번 여행 이후로 마음속에 한 줄기 평안을 얻었다. 비록 서울의 그 보육원 이외에 나의 어린 시절에 대한 다른 흔적을 찾지는 못했지만, 여행을 통해 깨달은 바가 있어 무척 기뻤다. 언젠가 나의 아내와 자식들과 함께 다시 찾아가 내 조국을 보여주고 싶다.

6년 전에 진은 아버지가 됐다. 딸 밀리센트를 낳았고, 그로부터 2년 후에는 다시 여동생 인드라를 낳았다. 두 딸은 진에게 믿을 수 없을 만큼 큰 의미를 갖는다.

평생 나의 뿌리를 찾을 수 없었기에 나는 아이들의 뿌리가 되어줄 것이다. 아이들을 통해 나 자신을 돌아보고 내 영혼을 치유하려 한다.

입양아에게도 우리 가족에게도 삶은 결코 쉽지 않았다. 그러나 요한나와 진을 입양한 것이 우리의 삶을 더욱 풍요롭게 해주었다는 것은 의심할 여지가 없다. 우리 가족은 이제 열다섯 명의 손자 손녀들로 번창하다. 그중 막내 손녀는 중국에서 입양한 귀염둥이 산나 리 렁이다.

「크리스티안 이야기」

······비르기트와 예란 야콥센(Birgit, Göran Jacobsen)

66 우리 아들 크리스티안은 1982년 한국에서 태어났다. 1984년 3월 우리 품에 안긴 두 살 가까이 된 이 꼬마아이의 이름은 이현술이었다. 아이가 장성하기까지 우리는 스톡홀름 외곽의 마당이 있는 집에서 살았다.
크리스티안은 스물세 살의 건장하고 멋진 청년으로 자라났다. 그는 고등학교 인정학점을 위해 성인학교에서 마지막 학년을 보내고 있다. 그가 앞으로 무슨 일을 하게 될지는 아직 모른다. 그러나 자신의 생애를 계속 멋지게 살아갈 것이다. 몇 년 전 독립해 아파트에서 생활하는 이 아이는 동양 음식 만드는 것을 즐기며, 애지중지하는 애완 거미의 짝짓기에 열중하기도 한다. 최근 이 아이는 몇 달 전 새로 들여온 연회색 고양이 부밀라에 대한 애정에 흠뻑 빠져 있다.
이제부터 이 아이에 대한 이야기를 시작하려고 한다. 99

외할머니 외할아버지와 행복했던 시기

한국입양협회의 편지를 통해 우리는 크리스티안이 한 살 반까지 한국의 외할머니 외할아버지 곁에서 지낸 사실을 알게 됐다. 그의 생모가 임신 상태로 남편과 헤어져 부모 곁으로 돌아온 후, 크리스티안과 같이 살았는지 아닌지는 분명하지 않았다. 우리에게 주어진 설명은, 어느 젊은 부부의 결혼생활이 무너지고 난 후, 크리스티안의 생모는 홀로 아이를 지켜내는 것이 불가능했다는 것이다. 우리는 또한 크리스티안의 생부가 부부관계를 유지하면서 아이를 함께 키우기를 원했다는 것과 그들이 이혼하기까지 험한 말과 어쩌면 그 이상의 것이 오갔다는 것도 알게 됐다.

크리스티안은 위탁모에게 넘겨져 약 4개월을 보냈다. 이 가족은 분명히 크리스티안을 자상하고 친절하게 돌보아주었을 것이다. 그러나 자료에는 크리스티안이 이 가족과 함께 지내면서 말하기를 멈추었다고 기록되어 있다. 두 살이 되기까지 크리스티안은 두 번의 가슴 아픈 이별을 겪어야 했던 것이다.

크리스티안은 외할머니 외할아버지와 매우 행복하게 지낸 것 같아 보였다. 예를 들면 나이 많은 부인을 볼 때마다 아이가 무척 기뻐하고, 감동받는 모습이 눈가에 확연히 드러났다. 특히 우리와 많은 시간을 함께 보낸 나의 어머니는 아이의 애정 공략 일순위에 속한다.

아이가 처음으로 나의 어머니를 만난 날, 아이는 어머니에게 걸어가서 두 손으로 그녀의 얼굴을 잡고 뽀뽀를 해주었다. 아이는 반가움과 행복에 젖어 온 얼굴이 환해 보였다. 어머니는 흰 머리와 둥글둥글하며 자그마한 체구를 가지고 있다. 크리스티안은 우리와 열한 살짜리 형에게 늘 얌전하고 예의 바르게 행동했다. 그러나 아이가 노년의 부인들, 특히 나의 어머니에게 보여주었던 것과 같은 마음이 담긴 애정을 우리는 결코 경험할 수 없었다.

우리는 또한 크리스티안이 외할머니와 함께 교회에 다녔다는 것을 짐작할 수 있었다. 크리스티안의 생모는 천주교 신자였고 생부는 불교 신자였다고 한다. 언젠가 크리스티안이 교회 건물을 낯익어 하며 들어가고 싶어 했다. 교회 안으로 들어가자 아이는 우리 손을 잡더니 촛불 봉헌대에 초를 켜고 싶어 했다. 그날 이후 우리 가족은 교회에 나가기 시작했다. 특히 부활절이나 크리스마스와 같은 축제일이나 크리스티안의 생일에는 어김없이 교회에 갔다. 우리는 촛불을 켜고 아이의 친부모와 가족들을 생각하며 감사와 위로의 기도를 드렸다. 크리스티안은 멀리 있는 자신의 가족을 위해 촛불을 켜고 기도하는 것을 정말 좋아했다. 지금은 예전만큼 그렇게 간절하지 않은 듯

하지만.

크리스티안이 우리와 함께 생활하기 시작했을 때, 아이는 수줍음 많고, 말 잘 들으며, 예의 바르고, 주어진 음식을 남기지 않는 아이였다. 식사를 하면 그릇을 비울 때까지, 한 입 떠넣을 때마다 입 가장자리를 닦아내곤 했다. 이것은 일찍부터 훈련받은 식사 습관이기도 하지만, 그보다 자신에 대해 우리가 실망할지도 모른다는 공포심 때문으로 보였다. 이에 충격을 받은 우리는 손가락 물감을 사왔다. 온통 지저분하게 노는 것이 얼마나 자유로운 것인지 아이에게 느끼게 해주고 싶었기 때문이다. 그렇지만 사실은 식사 자리가 떨어뜨린 음식물 따위로 끈적거리지 않고 깨끗한 것이 무척 편리했다는 것을 부정할 수는 없다!

온종일 우는 아이

처음 도착하고 나서 크리스티안은 온종일 울었다. 겁이 나서가 아니라 아주 서러운 감정을 담아 울었다. 솔직히 어떻게 대처해야 하는지 알 수 없었다. 유일하게 아이에게 해준 것은 우리 곁에 가까이 두는 것뿐이었다. 우리는 지속적으로 신체적 접촉을 하기 위해 아이를 안거나 업어주었다. 첫째 아들의 여우털옷은 이런 경우에 아주 유용하게 사용됐다. 우리는 음악에 맞추어 춤을 추었고, 그러면 아이가 정말 흥이 나서 즐거워하는 것을 직감으로 느낄 수 있었다. 그러나 밤만 되면 크리스티안은 겁에 질려 소리를 지르며 울었다. 아이는 매일 밤 열 번에서 열다섯 번씩 잠에서 깨곤 했다. 처음에는 아이 방에 잠자리를 따로 만들어주었는데, 아이가 소리를 지를 때마다 매번 잠에서 깨어 허겁지겁 달려가는 것은 짜증나는 일이었다. 우리는 아이의 침대를 우리 침실로 옮기는 것에 대해 하룻밤에도 수십 번 토론했다. 침대를 우리 침실로 옮긴 후, 아이는 훨씬 빠르게 안정을 되찾았고, 일 년 후에는 아이를 안아줄 필요도 없이 손을 뻗어 침대의 빗장 사이로 손을 넣어주거나 조용히 '쉬' 하는 소리로 달래줄 수 있었다. 아이는 우리가 옆에 있는 것을 확인하면 곧 진정하고 다시 잠이 들었다.

  우리 부부는 각각 컨설팅 회사를 운영하고 있다. 크리스티안이 도착하기 전 우리는, 처음 몇 개월은 두 사람 모두 양육 휴가를 내 함께 지내고, 그 후에는 한 사람씩 번갈아 양육 휴가를 갖기로 결정했다. 두 사람 모두 업무상 출장으로 집을 비우는 일이 잦았으므로, 행여나 크리스티안이 우리 둘 중 한 사람이 없어지는 것에 불안감을 느낄지도 모른다고 걱정했으나 그런 일은 일어나지 않았다. 엄마 혹은 아빠가 곧 돌아올 것이라는 설명에 크리스티안은 바로 차분해졌다. 아이는 우리가 여행을 떠나고 돌아오는 것을 보면서 점차 우리가 다시 돌아올 것이라는 사실을 믿게 됐다. 짧은 기간이라도 아이만 남겨두고 두 사람 모두 출장을 가는 경우에는, 어머니께서 아이를 대신 돌보아주셨다. 나중에 아이는 우리가 파티에 가든, 우리 둘 중 한 사람이 해외 출장을 가든, 어디든지 우리와 함께 움직였다. 만약 우리가 조금이라도 이 점을 심각하게 생각했다면, 크리스티안을 데리고 다니는 일을 바로 포기했을 것이다.

이별에 대한 강한 두려움

  크리스티안은 상당히 오랫동안 우리와 헤어질지도 모른다는 걱정을 떨쳐버리지 못했다. 우리와 함께 산 지 일 년 반 됐을 때, 처음으로 아이의 이러한 심리를 그대로 드러내는 사건이 일어났다. 크리스티안은 또다시 가족으로부터 떨어질지 모른다는 두려움에 휩싸여 있었던 것이다. 우리는 야외에 나가 배를 탈 생각이었다. 항상 실용적인 면을 중요시하는 우리는 우리 옷을 한 가방에 넣고, 크리스티안의 옷을 다른 가방에 챙겨 담았다. 아이는 그것을 보는 순간, 분노에 복받쳐 악을 쓰며 울기 시작했다. 자기 옷이 들어 있는 가방을 집어던지더니 안에 있던 옷을 죄다 꺼내기 시작했다. 그 이유를 추측하는 것은 그리 어렵지 않았다. 우리는 옷가지를 챙겨 우리 가방에 함께 담았다. 우리 짐과 아이의 옷가지를 한 군데에 담아서 아이로 하여금 큰 가방 한 개에 모두의 짐이 한데 섞여 있는 것을 보여주었다.

식품점에서 물건을 가지러 잠시 아이 곁을 떠날 때면 항상 우리가 이동할 것이라는 것과 언제든지 엄마 아빠를 부르면 달려오겠다고 미리 설명해주어야 했다. 그렇게 주의를 기울였음에도 불구하고 언젠가 한번 혼자 남겨졌을 때, 크리스티안은 소리를 지르지 않았다. 다만 얼음처럼 굳은 채 가만히 서 있었다. 온몸은 꽁꽁 얼어서 쥐가 난 듯 움직이지 못했다. 우리가 아이를 두고 떠나려 했던 것이 아니라, 미처 설명해주지 못한 채 진열장의 코너를 돌았을 뿐이라는 사실을 몇 번이고 말해주며 크리스티안을 위로하려고 노력했다. 결국 우리가 찾은 해법은 상점이든 어디든 큰 소리로 계속 이야기함으로써 설사 아이가 우리를 빨리 발견하지 못하더라도 우리 목소리를 들을 수 있게 하는 것이었다. 예를 들면 이런 식이었다. "이제 저쪽 선반으로 가볼게. 보리죽이 필요하거든. 만약 내가 안 보이면 이 선반 뒤로 돌아오렴." 이런 대화는 아이가 일고여덟 살이 될 때까지 계속됐다.

크리스티안이 열 살 무렵이 되어서야 비로소 우리는 아이가 더 이상 불안해하지 않는다는 확신을 얻었다. 아이는 계속해서 함께 살아갈 것이며, 어느 날 갑자기 우리가 사라져버리는 일 따위는 일어나지 않으리라는 믿음을 갖기 시작한 것이다. 한번은 공항에서 일이 벌어졌다. 크리스티안의 형은 자신의 아빠 집에서 생활하면서, 종종 비행기편으로 우리를 방문하곤 했다. 만약 공항에서 서로 헤어져 찾지 못할 경우 어떻게 행동할 것인가에 대해 시나리오를 짜고 반복해서 확인하던 그날, 공항에서 실제로 일이 벌어진 것이다. 우리는 기겁하여, 공포에 휩싸여 의사소통이 불가능해졌고 그 아이를 찾아 사방으로 뛰어다녔다. 그러나 아이는 예상을 깨고, 가만히 서서 침착하게 우리를 기다리고 있었다. 아이는 우리가 찾으러 올 것이라는 것을 알고 있었으며, 이러한 상황이 발생할 때 취해야 할 행동을 우리가 알려준 대로 실천하고 있었던 것이다.

크리스티안은 오랫동안 밤에 오줌을 가리지 못했으며, 심지어 소변을 보고 싶은지 아닌지 구분하는 것조차 어려워했다. 우리는 입양이라는 배경이 정신적인 원인이 됐을 것이라고 생각하고 곧장 전문의와 상담했다. 그러나 이것은 단지 신체적 현상이라는 진단을 받았다. 일부 아동의 신장에서는 밤에 소변을 적게 만들도록 유도하는 효소가 늦게 발달한다는 것이다. 우리는 호들갑을 떨지 않고 이 일을 조용히 넘겼다. 아이에게는 앞으로 더 자라면 이런 일이 없어질 것이라고 설명해주었다. 크리스티안도 이것을 자연스럽게 받아들였다. 아이는 유치원에서나 이따금 자고 오기도 하는 단짝 친구네 집에서도 이 사실을 숨기려고 애쓰지 않았다. '실패했을 때'조차도 부끄러워하지 않았다.

크리스티안이 배고픔을 느끼는 감각을 갖기까지도 상당히 오랜 시간이 걸렸다. 우리는 크리스티안으로 하여금 배고프다는 감각을 스스로 느끼도록 훈련시켰지만, 결국 실패했다. 우리는 마침내 감각을 느끼게 하는 것보다는 식사시간에 맞추어 음식을 주는 방법이 좋다고 생각했다. 아무것도 먹지 않고 식사시간을 넘기는 경우에는 아이와 함께 약속한 규칙을 상기시켰다. 배가 고프지 않으니까 음식을 먹지 않겠다는 거부의사가 심각한 문제로 커지기 전에 우리는 합의점을 찾아냈다. 일단 딱 세 입만 먹는 것이다. 그 후에 식사를 할지 안 할지는 아이에게 결정권을 주었다. 이 세 입 먹기를 실행하기 위해 우리는 온갖 이유를 갖다 붙이며 끊임없이 아이를 설득했다. 꽤 오랜 동안 우리는 과일과 영양제 알약을 주머니에 넣고 다녔다. 십대가 지나갈 때까지 크리스티안은 배고픔에 대한 감각이 없었다. 기근에서 오는 아픔을 견디기 위한 한 방법으로 아이는 배고픔을 무의식 속으로 넣어버렸던 것일까?

동물과 자연에 대한 특이한 관심

크리스티안은 일찍부터 읽는 법을 깨우쳤다. 우리가 가르치려고 애쓴 것도 아닌데 신기하게도 스스로 흥미를 갖더니 네 살 때 이미 글을 읽을 수 있었다. 아이는 조용히 앉아 동물과 자연에 대한 책을 읽으며, 백여 종의 버섯 이름과 라틴어 학명까지 외었다. 나 자신은 그때까지 동물과 자연에 대해 이론적으로만 흥미를 가졌었다. 동물에 대해 약간 겁을 냈으며, 자연은 그저 하나의 아름다운 배경일 뿐이었다. 이것은 남편도 같았다. 크리스티안의 호기심은 우리를 전혀 다른 세계로 이끌었다. 그 결과 오늘날 동물과 자연은 가족 전체의 공통 관심사가 됐다. 크리스티안이 흥미를 가지고 뛰어든 분야는 예를 들면 다음과 같다.

언젠가 시골에 내려가 아침식사를 하고 있었다. 다섯 살가량의 크리스티안은 마당 밖에서 지금 막 피어난 꽃을 발견했다며 우리에게 다가와 말하기 시작했다. 가운을 몸에 두르고 잠에서 덜 깨어 피곤했던 나는 꽃 한 송이를 따오면 식물도감에서 찾아보겠다고 아이에게 말했다. 그러나 아이는 그 꽃은 채집 금지 목록에 속한다며 내가 같이 가봐야 한다고 졸라댔다. 이 아이에게는 포기란 절대 없기 때문에 우리는 결국 꽃구경을 하러 따라나섰다. 정말 그곳에는 '아담과 이브(학명 Dactylorhiza sambucina)'가 피어 있었다.

또 다른 예를 들어보자. 나는 무당벌레가 어떻게 생겼는지는 알아도, 그것이 네 단계를 거쳐 성장한다는 것은 전혀 몰랐다—물론 우리 크리스티안은 이미 알고 있었던 사실이다. 우리는 카나리아 제도의 어느 골프장 레스토랑에서 점심식사를 하고 있었다. 크리스티안은 낮은 목소리로 우리 앞에 있는 새가 후투티라고 설명해주었다. 이 새는 스웨덴에서는 거의 서식하지 않는데 크리스티안이 조류도감을 보고 기억해낸 것이었다. 설명이 끝나자마자 크리스티안은 눈앞의 진디벌을 보더니 이 녀석은 암놈이라고 말했다. 우리는 이 말을 믿지 않았다. 심지어 이 아이가 서투른 자기 생각을 말해

보는 것이라고 의심했었다. 그러나 그것은 오판이었다. 나이 어린 크리스티안은 사물에 대해 집중하고, 사물을 스스로 깨우치는 데에 믿을 수 없을 만큼 놀라운 능력을 가지고 있었다. 이 아이는 우리의 도움 없이 혼자서 동물과 자연에 대해 엄청난 양의 지식을 쌓아왔던 것이다. 그것이 전부가 아니었다. 아이는 상처 입거나 주인을 잃고 방황하는 동물을 다루는 능력이 뛰어났다. 아이는 아주 차분하게 감정에 휘말리지 않고 동물을 돌보았다. 친구들과 숲으로 버섯을 채집하러 산보 나가는 날이면 모두들 자기가 채집한 버섯의 종류를 알기 위해 크리스티안에게 달려왔다. 우리는 겁이 났지만 크리스티안이 거미와 뱀을 집에서 키우는 것을 허락했다. 그리고 결국은 우리도 크리스티안과 같이 이런 동물을 좋아하게 됐다. 우리는 크리스티안이 앞으로 동물과 자연 분야에서 일하게 될 것이라고 믿었다. 혹시 이 분야의 학자가 될지도 모를 일이다.

예술적 재능

크리스티안은 일찍부터 예술적 재능을 보였다. 그림을 그리고 색칠하는 감각이 매우 뛰어났다. 우리는 아이에게 한동안 미술 개인 교습을 받도록 해주었다. 아이는 또 몇 년 동안 주립 음악학교에서 피아노와 드럼 연주를 배우기도 했다. 원래 부모란 틈만 나면 자식 자랑을 쉬지 않는 법이며, 우리 또한 예외가 아니다. 그렇지만 내가 위와 같은 이야기를 한 것은 특별한 이유가 있기 때문이다. 그 이유는 후반부에 좀더 분명하게 설명할 것이다.

우리는 자주 크리스티안에게 그의 배경에 대해 얘기해주었다. 너무 조심하지도 않고 너무 과장하지도 않으면서 우리가 너를 얻게 되어 얼마나 감사한지 모르겠다고 설명해주었다. 우리는 아이의 친부모가 아이를 위해 최선을 다했다는 것을 설명해주려고 노력했다. 또한 누구든지 상황이 허락된다면 자신이 태어난 곳에서 자라는 것이 가장 바람직한 일이라는 것도 애기해주었다. 그러나 크리스티안에게 이것은 불가능한 일이었다. 아이의 생일날이면 우리는 아이의 친부모들이 여전히 그를 생각하고 있으며, 비록 가슴에 깊은 슬픔이 남아 있겠지만, 앞날의 행운을 빌어주고 있을 것이라고 말해주었다. 아이는 약간 혼란스러워하면서도 기뻐하는 것 같았다. 크리스티안은 학교에서 별다른 노력 없이도 좋은 성적을 유지했다. 아이는 겉모습이 다르다는 이유로 특별히 주목받지 않았다. 처음 학교를 다니면서 아이는 남들과 다른 자신의 외모에 대해 고민할 필요가 없었다. 크리스티안 스스로도 자신의 배경에 대해 특별한 관심을 보이지 않았다. 우리는 다만 입양 사실을 아이에게 숨기지 않았으며 아이의 조국과 친부모에 대해 긍정적인 인상을 심어주기 위해 노력했다. 크리스티안은 가족의 사랑을 받는다는 안정감 속에서 자신의 위치를 확고하게 다져가는 건전한 아이였다.

자신의 뿌리에 대한 집착

크리스티안이 15~16세가 되자 변화가 일어났다. 아이는 검은 머리와 가느다란 눈, 키, 그리고 자신이 입양됐다는 사실에 대해 부쩍 신경을 쓰기 시작했다. 형과 똑같이 사랑받는다고 믿어왔던 아이가 갑자기 스스로에 대해 비판적이 되어가며 우리가 진심으로 그를 원했던 것인지 아닌지 의심하기 시작했다. 시험에서 일등을 하지 못하기라도 할 때면, 우리가 자신을 진심으로 사랑하는지, 자신이 없어져도 상관없다고 생각하는 것은 아닌지 등과 같은 고민을 하곤 했다. 아이는 점점 멍해져서 무엇을 하거나 이해하는 것이 어려워졌다. 놀라운 집중력과 배움에 대한 즐거움은 부정적이고 반항적으로 변해갔다. 우리는 크리스티안이 우리에게 얼마나 큰 의미를 갖는지, 그리고 아이가 우리에게 가장 소중하다는 사실을 매일 매순간 확인시켜 주었다. 그럼에도 불구하고 우리가 진심으로 그를 원했던 것인가에 대한 의심은 여전히 그의 마음속을 떠나지 않았다.

아이가 퉁명스러운 목소리로 자기가 사라져도 아무 상관 없을 것이라고 말할 때마다, 단 한 번도 우리 아들이라는 것 외에 다른 생각을 해본 적이 없는 우리는 매번 놀라움과 깊은 슬픔에 빠져들었다. 예전에는 저녁 식사 자리에서 종종 우리 가족의 하나로 생활하는 것이 어떠했는가에 대해 대화를 나누곤 했다. 크리스티안과의 대화에서 우리는, 우리 부부 개개인에 대해, 또 다른 가족에 대해 매우 유용한 지적을 들을 수 있었다. 그러나 우리는 이제 크리스티안이 더 이상 우리를 평가할 용기도, 평가하고 싶은 마음도 전혀 없다는 것을 알 수 있었다. 항상 어른스럽게 비판하고 다른 사람의 표정에 예민했던 크리스티안은 마음의 문을 닫아버린 것이다. 이제는 더 이상 누구도 그 속을 헤아릴 수 없었다. 그가 자신의 삶에 대해 고민하고, 또한 그토록 어렸던 자신이 왜 버려져야 했는지에 대해 고민하고 있는 것만은 분명했다.

　　크리스티안은 인생의 의미와 신의 존재에 대해 생각하기 시작했다. 그러나 그는 이 문제에 대해 이야기하는 것도, 자신의 생각과 고민을 다른 사람과 토론하는 것도 원치 않았다. 크리스티안이 어학연수를 마치고 집에 돌아온 날 나는 이렇게 물었다. "네 머릿속에서 떠나지 않는 생각들을 털어놓고 싶지는 않니? 이제까지의 삶이 가치 있는 삶이 아니었니?" 이와 같은 질문에 아이는 그렇다고 대답하면서도 앞으로 계속해서 살아가야 할 확신이 서지 않는다고 말했다. 그 대답은 나에게 폭탄이 터지는 것 같은 강한 충격을 주었다. 나는 걷잡을 수 없는 불안에 휩싸였지만 동시에 아이가 속내를 털어놓아 준 것에 감사했다. 심리상담사 및 치료사와 면담을 하고 난 며칠 후 크리스티안은 청소년 정신치료원에 다니게 됐다. 청소년 심리상담사가 수많은 절차를 무시하고 재빨리 치료받게 해준 동기는 입양아들이 자살에 노출되어 있는 확률이 높다는 조사 결과 때문이었다. 그리하여 크리스티안은 전문지식을 갖춘 대화 파트너와 오랫동안 치료받는 관계를 유지하게 됐다.

삶으로부터의 도피

크리스티안을 보면 인간은 마치 자신의 성격을 뒤바꿀 수 있는 것처럼 보인다. 학교를 좋아하고 학교에서 많은 활동을 하며 동물과 친구 관계에 큰 흥미를 보이던 아이는 이제 전혀 다른 사람이 되어버렸다. 아이는 울타리 안에 갇혀 지냈다. 이로 말미암아 친구 사이에서도 따돌림을 당했으며, 우리가 잔소리를 할 때까지 애완동물을 거들떠보지도 않았다. 아이는 대부분의 시간을 방에서 보냈으며 우리와 마주치기를 꺼렸다. 식사도 서둘러 끝내고 곧장 자리에서 일어났다. 단 하루도 아파서 결석한 적이 없던 아이는 이제 온갖 핑계를 대며 학교에 가지 않으려고 했다. 고등학교에 진학한 아이는 학교를 바꾸고 더 쉬운 계열로 옮겼다. 그 후 일 년을 다시 다니고서야 조금 적응하는 눈치였다. 그러나 얼마 후에는 학교 공부가 더 이상 크리스티안에게 의미가 없다는 것이 분명해졌다. 우리는 아이에게 공부 대신 일을 하는 문제에 대해 진지하게 고민해볼 것을 권했다. 아이는 여기저기 알아본 끝에 맥도날드에서 일하기 시작했다. 처음 얼마간 훨씬 자유로워 보이던 아이는 그곳에서도 다시 우울해졌다. 아이는 병가를 내기 시작했다.

가끔 크리스티안은 밤에 집을 나갔다. 핸드폰은 불통이었고, 아이가 달려오는 열차에 뛰어들려고 했다는 소식이 들려올 뿐이었다. 우리는 아이가 행동의 제약을 받지 않도록 조심했다. 그러나 당시의 우리의 걱정과 두려움은 말로 표현할 수 없었다. 자식이 살았는지 죽었는지조차도 모른다는 것과 이 모든 과정의 출구를 찾을 수 없다는 것은 지옥과 같이 고통스러운 일이었다. 크리스티안이 힘들어하는 것을 보는 우리도 병이 날 지경이었다. 그러나 아이가 무슨 일을 하더라도 우리는 언제나 여기에, 똑같은 자리에 있을 것이라는 사실을 이해시키기 위해 최선을 다했다. 이러한 혼란 속에서도 아이가 마약이나 범죄의 길로 빠지지 않았다는 것은 정말 감사해야 할 일이었다. 만약 그랬더라면 아이가 우리 곁으로 돌아오기 어려웠을 것이다. 우리는 아이에게 좀더 관심을 가지려고 노력했다. 심지어 아이가 외출하면 15분마다 전화를 걸어 소재를 파악하곤 했다. 비록 짜증 섞인 대화였지만 이를 통해 우리는, 아이가 계속 자기를 찾고 챙겨주기를 원하고 있다는 사실을 확인할 수 있었다. 이러한 어느 날, 나는 더 이상 견딜 수 없는 한계점에 도달했다.

나는 예테보리에서 개최되는 회의에 참석해야 했는데, 그곳에 간 김에 어머니를 만나려고 자동차를 운전해 갔었다. 그날, 남편은 전화로 크리스티안이 밤에 집을 나갔는데 연락이 끊겼다고 알려주었다. 나는 바로 집으로 차를 몰았다. 그리고 15분 간격으로 아이에게 핸드폰을 걸었으나 연락은 되지 않았다. 스톡홀름에 도착하기 한 시간 전, 니셰핑에 왔을 때 나는 더 이상 참을 수 없는 감정에 사로잡혔고, 이 감정은 마침내 폭발하고 말았다. 나의 불안은 절정에 이르렀고 터지는 울음을 참을 수 없었다. 나는 전화의 음성사서함에 대고 고래고래 소리를 질렀다. 아이가 자살할지도 모른다는 불안과 공포에서 빠져나올 수 없었던 것이다. 5분이 지나자 크리스티안에게서 전화가 왔다.

"엄마, 나 살아 있어. 그리고 그런 어리석은 짓은 하지 않을게."

어떻게 설명할 수는 없지만, 이 사건은 하나의 중대한 전환점이 됐다. 이것으로 모든 문제가 해결된 것은 아니지만 최소한 아이가 자살할 수도 있다는 불안은 사라졌다. 그러나 아이의 우울증과 의욕상실의 기간은 계속됐다. 우리는 이렇게 너무나 긴 세월을 보내야 했다. 그러나 점차 한 줄기 희망의 빛이 보이기 시작했다.

아이는 삶의 도피로부터 이제 삶의 즐거움과 의욕을 되찾는 길로 돌아섰다. 이것은 멀고도 험난한 길이었다. 이 힘든 과정에는 정신치료사의 큰 도움이 있었다. 정신치료사는 이 아이의 생명을 건졌고 오늘의 크리스티안을 만드는 데에 큰 역할을 했다.

삶의 의욕이 되살아난 첫 번째 증거는 거미에 대한 흥미였다. 그 다음은 자기 외모에 대해 관심을 갖고, 동양인이라는 자부심을 갖는 것이었다. 이를 통해 아이의 자신감이 살아나고 있음을 느낄 수 있었다. 아이는 중단했던 운전면허 공부를 계속해 면허증을 받았다. 그러나 스스로 자기는 약하다는 생각에 빠지거나, 항상 상처받기 쉽거나, 힘든 일에 직면하면 이를 해결하는 것이 어려우리라고 나는 생각했다. 나는 아이가 학교로 돌아가기를 바랐다. 그러나 아이는 학교로 돌아갔다가 다시 실패하면 어쩌나 하는 두려움 때문에 힘들어했다. 아이는 막일을 하면서 이러한 두려움을 극복하기 위해 노력하고 있었다. 우리는 가끔 성인학교로 다시 돌아가 학업을 계속할 준비를 하는 것이 어떠냐고 조심스럽게 물었다. 이에 대한 대답은 한결같았다.

"아뇨, 나중에… 훗날… 글쎄요."

나는 다시 이렇게 물었다.

"한국에 다녀올래? 혼자 가든지 아니면 우리와 함께 가든지. 친부모를 찾아보겠니?"

이러한 질문에도 항상 같은 대답이었다.

"안 갈래요. 혹시 나중에 가게 되면 가고요."

삶의 의미와 그 내용에 대한 갈망

어느 날 크리스티안은 자신이 지적인 자극에 메말라 있으며 이제 그 해결책을 생각하고 있다면서 동양과 한국에 대한 책을 사서 읽기 시작했다. 동양에 관한 전시회에도 흥미를 보이더니 드디어 한국에 가고 싶다고 말하고 학업으로 되돌아가겠다고 했다. 이것은, 실패에 대한 두려움이 완전히 사라진 것은 아니지만, 삶의 의미와 삶의 알찬 내용에 대한 갈망이 더욱 강렬해졌다는 것을 의미했다.

오랜 방황 끝에 크리스티안은 학교로 다시 돌아갔다. 학교 선생님들과 주위 사람들로부터 그는 박식하고 창조력이 강하며 인간적으로 성숙하다는 인정을 받고 있다. 크리스티안은 모든 분야에서 최고의 성적을 받았으며 학업에 대한 열정은 대단히 높다. 그러나 무엇보다도 고마운 것은, 자신의 실수나 오류를 건설적 시각으로 극복해간다는 것이다. 자신의 실수나 오류에 대해 항상 "그럴 때도 있지"라고 말하면서 적극적인 태도로 해결책을 찾아간다. 미소를 띠며 다시 해결책을 찾아가는 그의 모습을 보는 나의 마음은 한없이 든든하다.

어려운 해를 넘기면서 나는 여러 번 크리스티안에게 말해왔다. 지금 겪고 있는 이 모든 어려움을 이기고 나면 그 어려움이 가져다주는 이득이 있을 것이고, 그동안 치러온 시련은 엄청나게 혹독했지만 그 경험으로 너의 삶이 풍족해질 것이라고.

나의 경험으로 보면, 한 생애의 위기가 나이가 많이 든 이후에 찾아왔을 경우, 이를 극복하기는 너무나 힘든 일이다. 그러나 크리스티안에게는 다행스럽게도 어린 시절에 위기가 찾아왔다. 크리스티안도 그렇게 생각하면서 어두웠던 지난날을 힘들게만 생각하지는 않는다. 그는 친구들과 어울리면서 "고난의 시절을 통해 삶의 더욱 깊은 차원을 찾을 수 있는 기회가 주어졌음을 인식할 수 있었다"라고 말한다.

이제 크리스티안은 삶의 의욕이 가득한 젊은이로 성장했다. 그는 출생에 대한 문제를 극복했으며, 이를 과거의 사실로 받아들이는 차원을 넘어 자신의 출생 배경인 한국이라는 나라에 대한 호기심과 관심을 보이고 있다.

입양아와 함께한
나의 30년

「입양아와 함께한 나의 30년」

...... 현덕 김 스코글룬드

1970년대부터 시작된 교육과정

스웨덴에서는 1970년대 중반부터 입양 가족들을 위한 교육과정이 시작됐다. 한서협회(韓瑞協會)에서 주관하는 이 과정의 제1기는 룬네바드 성인학교에서 진행됐다. 참가자 가족들은 일주일간 합숙생활을 하며 한국의 역사와 6·25전쟁, 지리, 예술을 비롯해 한국의 일상생활에 대해 배웠으며, 부모들이 교실에서 수업을 듣는 동안 아이들은 따로 모여 한국의 동요를 배웠다. 저녁이면 다 같이 둘러앉아 차를 마시며 대화를 나누곤 했는데, 가장 자주 거론되는 대화 주제는 역시 입양아를 키우며 겪은 일들, 그리고 한국에 관한 이야기들이었다. 종강 마지막 날에는 가장 대표적인 한국 요리라고 할 수 있는 불고기와 김치로 야외에서 그릴파티를 열었다. 이 교육과정은 양부모들에게 한국의 사정을 알려주며, 가족 모두에게 한국에 대한 자부심을 심어주려는 취지로 시작됐다. 이를 통해 우리는 초중등학교에서 종종 발생하는 따돌림 현상을 미연에 방지할 수 있으리라고 기대했는데, 다음은 그러한 예에 속한다.

어느 날 뒤뜰에서 남자애들이 한국에서 입양된 같은 또래의 아이를 둘러싸고 코가 납작하다며 놀리기 시작했다. 그러나 이 입양 소년은 조금도 기죽지 않고 오히려 한심하다는 듯이 되받아쳤다.
"한국 사람들은 원래 코가 납작해, 너희들은 그것도 몰랐니?"
그 소년을 놀리려던 아이들은 그만 멍해진 채 할 말을 잃은 듯이 보였다. 이 광경을 창 너머로 지켜보던 소년의 어머니는 아이의 자신감과 용기에 감탄했다고 한다.

당시 스웨덴 언론에서 소개했던 한국은 헐벗고 굶주린 나라였다. 아동구호기관(Save the Children Foundation)에서는 위탁가정을 모집하기 위해 어려운 상황에 처한 아이들의 모습을 자주 텔레비전을 통해 보여주었다. 그런데 이 광고를 보며 입양아들은 자신의 출신에 대해 부끄러워했고, 학교에서는 그로 인해 놀림거리가 되기도 했다. 당시 한국의 현실은 하루아침에 바뀔 수 없는 어려운 상황이었다. 그렇기 때문에 한국의 유구한 역사와 찬란한 문화를 보여주는 것이야말로 중요한 일이었다. 스웨덴이 해적으로 활약하던 서기 1000년대에 한국은 이미 정교하고 섬세한 문화를 이룩했다. 몇 년이 지난 후, 이 교육과정은 주말 코스로 단축됐다. 일주일 내내 참여할 만큼 여유 있는 가족이 많지 않았던 것이다. 교육 내용의 양과 질에는 큰 변화가 없었지만, 참가 가족들은 이전만큼 서로 친해질 시간을 갖지 못하게 됐다. 오랜 기간 이 과정의 강사로 일하면서 나는 많은 여자아이들에게, 특히 한국 여성을 볼 기회가 없었던 시골에서 올라온 아이들에게 하나의 모델이 됐다. 허리춤에도 못 미칠 만큼 작은 여자아이들은 고개를 한껏 뒤로 젖힌 채 나를 올려다보며 이렇게 묻곤 했다. "나도 크면 선생님처럼 되는 거예요?"

아이들의 이런 반응을 전혀 예상치 못했던 나는 단순한 교사로서의 역할 이상의 책임감을 느끼게 됐다. 1980년대 중반에 들어서면서 나는 한국 입양 청소년들을 대상으로 직접 강의 코스를 진행했다. 교육 내용은 해마다 바뀌었으며, 한국 역사뿐만 아니라, 책을 통해서는 접근하기 어려운 한국인의 정서와 가치관을 설명하는 데에 중점을 두었다. 입양아의 정체성에 대해 조를 짜서 토론하기도 하고, 한국 요리 강좌도 진행했다. 이 모든 활동은 1986년에 설립된 한국입양아협회(AKF, Adopterade Koreaners Förening)와 긴밀한 유대 속에 이루어졌다.

교육과정과는 별도로 입양청소년들과의 개별상담도 실시했다. 나의 입양아 상담 경험은 한국 입양아에 국한된다는 한계가 있었다. 이는 상담을 요청한 대부분의 입양아들이 한국 출신이기 때문이기도 하고, 내가 한국인이기에 한국의 문화와 가치관에 대해 잘 이해하고 있기 때문이기도 했다. 그러나 어느 나라 출신이든 근본적으로 입양아들은 '다른 곳에서 싹틔운 모종을 이곳 스웨덴 땅에 옮겨 심어 재배되는 상황'에 처해 있다고 볼 수 있으며, 그러한 관점에서 나의 이론은 한국이 아닌 다른 나라에서 입양된 사람에게도 적용될 수 있을 것이다.

두 개의 삶

아이들은 누구나 각자의 고유한 인자를 가지고 있는데, 우리는 이것을 유전성이라 부른다. 입양아들은 유전인자에 더해 어린 시절에 겪은 이별의 상처를 안고 있으며, 이것은 아이의 성격 발달에 큰 영향을 미친다. 입양아는 입양되기 이전에 어떤 상처나 충격을 받았을 가능성도 배제할 수 없다. 그렇기 때문에 입양 당시 아이의 나이는 그 아이의 앞으로의 인생에 상당히 큰 영향을 미친다. 입양 시기가 늦어지는 것은 곧 아이가 상처 입을 위험에 노출되는 시기가 길어지는 것을 의미하기 때문이다. 임신이나 출산 당시의 환경이 어떠했는지, 산모의 감정 상태가 어떠했는지에 대해서도 우리는 전혀 알 수가 없다.

한국에서 입양되는 아이들은 절차상 불가피하게 여러 차례의 이별을 경험하게 된다. 첫 번째는 생모와의 이별이다. 고아원에 맡겨진 아이는 입양이 결정되면, 다시 그곳과 이별해 위탁가정으로 보내진다. 위탁가정과의 세 번째 이별을 거친 후에야 아이는 비로소 스웨덴의 입양 가족 품에 안기게 된다. 나는 개인적으로 이러한 위탁가정 제도는 불필요하다고 생각한다. 이 제도는 고아원에서 생활하던 아이들이 정상적인 가정환경을 경험하게 하려는 취지에서 만들어졌지만, 이 제도로 아이는 정들었던 사람들과 헤어져야 하는 고통을 한 번 더 겪어야 하는 것이다.

나는 제법 성장한 두 명의 입양아를 한국에서 스웨덴까지 데리고 온 적이 있다. 위탁모의 품에 매달려 우는 아이들을 억지로 떼어다가 비행기에 태우면서 보았던 그 겁에 질린 작은 눈과 가슴 에이는 서러운 울음 소리를 나는 지금도 생생하게 기억한다. 당시 공항에서 해외입양을 돕는 사람으로 낙인찍힌 나는 여행 내내 주변 사람들의 따가운 시선을 견뎌야만 했다.

공항에 내리는 순간 시작되는 두 번째 삶

핏속에 흐르는 생물학적 유전자, 그리고 짧기는 하지만 한국에서 보낸 시간이라는 요소도 영향을 주겠지만, 입양아의 성장에 가장 결정적 영향을 미치는 요소는 역시 아이가 앞으로 자라게 될 환경이다. 친부모에게서 어떠한 유전인자를 물려받았는지 알아가는 것은 매우 흥미진진한 일이다. 다음 이야기는 환경이 얼마나 중요한가를 보여준다.

어느 날 한 사람이 난생 처음 보는 씨앗을 한 알 발견했다. 그는 씨앗을 화분에 심어 따뜻하고 볕 좋은 창가에 두고 물 주기를 거르지 않으며 정성스럽게 돌보았다. 얼마 후 초록색 작은 싹이 뾰족이 고개를 내밀었다. 어느 새 그 작은 싹은 훌쩍 자라서 탐스러운 잎을 자랑하는 한 포기 화초가 됐다. 과연 이 화초는 어떤 종이었을까? 꽃은 무슨 색이며, 어떤 열매가 열리게 될까? 화초를 바라보고 있노라면 호기심과 기대가 끝없이 솟아났다. 그러나 만약 그 사람이 이 화분을 서늘한 그늘에 내버려둔 채 무관심했다면 결과는 어떻게 됐을까? 이 화초는 더디게 자랄 뿐 아니라 꽃도 잘 피지 않고, 가을이 오기 전까지 열매도 제대로 맺지 못할 것이다. 그늘 속에서 길쭉하게 뻗은 줄기들은 휘청거리며 빛이 들어오는 곳을 찾아 헤맬 것이다.

친자식인지 아닌지를 떠나서 자식을 키우는 것은 위의 이야기와 다를 바 없다. 차이점이 있다면 친자식의 경우 우리는 친척과 가족을 통해 아이가 어떤 특징을 물려받았는지 조금 더 정확하게 추측할 수 있다는 것이다. 어린아이들의 눈을 보고 있노라면 언제나 신성함을 느끼게 된다. 이 아름답고 티끌 없는 아이들은 부모와 친구, 그리고 학교와 사회의 영향을 받으며 성장하게 될 것이다. 아이들은 때때로 억압받고 무시당하기도 하지만, 이것들을 이겨내고 그 경험을 통해 하나의 인격체로 성장해나간다. 부모에게서 물려받은 유전인자가 중요한 것은 사실이지만, 성장 환경은 아이의 인격 형성에 더욱 큰 영향을 미친다. 어릴 때 받은 상처일수록 아이에게 미치는 영향이 크지만 주위에서 사랑과 이해심을 가지고 따뜻하게 안아준다면 그 상처는 흉터 없이 치유될 수 있다. 아이가 새로운 환경에 적응하기까지 아이의 겉돌고 모난 행동을 너그러이 받아주어야 한다. 몇 달에서 길게는 몇 년간 입양되기 전까지의 아이의 삶은, 아이의 전체 인생에서 작은 부분에 불과하며 나머지 긴 세월을 타향에서 보내게 된다는 것을 염두에 두어야 한다.

나는 거의 30년의 세월 동안 상담을 통해 많은 입양아를 만났다. 그들의 증세는 매우 다양했다. 며칠이면 되는 단기 치료부터 몇 년씩 걸리는 장기 치료를 필요로 하는 경우도 있고, 정신적으로 큰 충격을 받아 위기 상담이 요구되는 경우도 있으며, 단 한 번의 집중 면담이 필요한 경우도 있다. 한국을 처음 방문하는 입양아가 조언을 구하고자 찾아오기도 하고, 한국 방문 후 그곳에서 겪은 이해할 수 없는 일에 대한 해답을 구하기 위해 면담을 요청하기도 했다. 그들이 정상적인 생활을 해나갈 수 있도록 마음속의 매듭을 풀어주는 것, 이것이 나의 역할이다. 문제가 발생한 그 순간만이 아니라, 이후에도 언제든지 다시 찾을 수 있도록 상담실 문은 언제나 열려 있다. 그들은 젊으며, 이제 막 인생의 정점을 향해 달려가는 세대다. 그들은 살아가는 과정에서 겪게 되는 경험 하나하나를 통해 많은 것을 깨닫고 배워나간다. 아마 그들은 다시 상담실 문을 두드리지 않고도 스스로 문제를 해결해나갈 수 있을 것이다. 그동안 내가 상담해온 일반적인 증상 몇 가지를 아래에 소개한다.

우울증, 가장 일반적인 요인

상담을 요청해오는 입양아는 대부분 우울증 증세를 보인다. 입양되기 전에 받았던 이별에 대한 상처들이 가장 큰 원인이다. 그중에서도 어린아이들에게 삶의 전부라고 할 수 있는 어머니라는 존재와의 이별은 아이들에게 세상 모든 것을 잃어버리는 듯한 큰 충격을 안겨준다. 일상생활에서 우리는 다양한 종류의 이별을 경험하게 된다. 가족이 다른 곳으로 이사 가거나, 단짝 친구가 전학을 가기도 하고, 혹은 첫사랑의 애인으로부터 버림을 받을 수도 있다. 이러한 경험들은 지극히 정상적인 우리 인생의 일부분이다. 십대가 되면 우리는 부모로부터 독립해 성인으로 세상에 첫발을 내디딜 준비를 하게 된다. 하나의 독립된 주체로 성장해가는 것이다. 성인이 된 후에는 자기 자신 혹은 부모의 이혼이 충격으로 다가올 수 있으며, 구체적인 노후 계획 없이 직장을 그만두는 것은 더 큰 충격이 될 수 있다. 일반적으로 사람들은 직업과 직장 동료를 통해서 주변 사람들에게 평가받을 뿐 아니라 자기 스스로도 자신의 정체성을 평가한다. 누구나 겪는 최후의 이별은 바로 죽음이다. 주변의 사랑하는 사람들, 그리고 가까운 이들이 마지막 숨을 거두어 떠나고 혼자 남겨졌을 때, 이 슬픔은 기억 저편에 묻혀 있던 어린 시절 이별의 기억을 돌아보게 한다. 그리고 과거의 기억이 현재의 감정을 더욱 증폭시켜서, 주위 사람들은 짐작조차 할 수 없는 깊은 슬픔에 빠지게 된다.

  십대는 누구에게나 어려운 시기다. 사춘기는 단절의 시기로 어린이에 속하지도 않고 어른의 세계에도 속하지 않는 무인도에 해당한다. 왕성한 호르몬으로 감정의 기복이 심해지고, 불안전한 정서에 의해 문을 쾅쾅 닫으며 대드는 등, 대화가 이루어지기 힘들며 대개는 불친절한 공격적 자세를 보인다. 십대는 부모로부터 독립해 자아를 확립해나가는 시기가 되어야 한다. 그러나 이 시기를 거치는 과정에서 어린 시절 강제로 이별을 당한 고통을 안고 있는 사람이 다시 한 번 이별의 상황에 처할 경우, 슬픔과 서운함을 넘어서는 감정적 공황상태에 빠지게 된다. 어린 시절의 고통 이후, 무의식적으로 감정을 억제해온 입양아들은 종종 이러한 감정의 혼돈상태가 구체적으로 어떠한 느낌인지 정확하게 표현해내지 못한다. 다만 그 두려움을 외면하기 위해 다양한 방법을 동원한다. 술이나 마약을 통해 탈출구를 찾기도 하고, 여성의 경우에는 성관계에 집착하기도 한다. 성관계를 하는 동안만은 일시적으로나마 자신이 버림받은 존재가 아니라는 위안을 느끼고 안정감을 얻기 때문이다. 남자의 경우 사춘기를 거치면서 범죄의 세계에 빠질 수 있다. 극도로 긴장하며 위험한 상황에 몰입함으로써 내면의 두려움을 잊을 수 있기 때문이다. 자살 시도나 자해 행위 또한 같은 맥락에서 이해될 수 있다.

  입양아들이 사춘기를 거치면서 이별에 대한 두려움을 피하려는 또 하나의 방법은 성인이 되기를 거부하고, 유아기적 정신상태에 머물러 있는 것이다. 학교나 직업 교육을 중도에 포기함으로써 <u>스스로 생계를 꾸려나가며 스스로를 책임지는 것</u>을 회피하는 것이다. 이러한 방법을 통해 이별의 고통을 회피하고 성인이 되어가는 과정을 외면하며 어린아이의 정신상태에 머무르려 한다. 이 밖에도 아래의 사례와 같이 이별에 대한 두려움을 완전히 혹은 부분적으로 기억 속에서 지워버리는 방법이 있다.

수년간 알코올 중독에 빠져 있던 한 젊은 입양아 남성이 상담을 요청해왔다. 상담 초기에는 이 남자의 무엇이 어디서부터 잘못된 것인지 찾아내기 힘들었다. 그는 자기 소개도 분명하게 하지 못했으며, 말도 애매하고 두서없이 했기 때문에 무슨 말을 하는지 이해하기 힘들었다. 그는 종종 약속시간도 지키지 않았고 사전 연락도 없이 나타나지 않았다. 몇 년간의 상담 치료를 거치면서 나는 남자의 양어머니가 암 수술을 받았다는 사실을 우연히 알게 됐다. 그는 어머니의 병에 대한 나의 질문에 제대로 답하지 못했다. 그 당시의 기억을 아예 머릿속에서 지워버린 것이다. 좀더 정확히 말하자면, 그는 어머니가 죽을지도 모른다는 말을 듣기가 두려워서 병세에 대해 자세히 질문할 용기를 낼 수 없었던 것이다. 어머니를 잃을지도 모른다는 생각만으로도 소스라치게 두려웠을 뿐만 아니라, 그것은 내면 깊숙이 잠자고 있던 입양 당시의 이별에 대한 고통을 되살아나게 했던 것이다. 그는 결국 어머니의 병에 대해 묻지도, 듣지도 않는 방법을 택했다. 그는 마침내 뿌옇게 흐려 아무것도 뚜렷하게 보이지 않는 무의식의 안개 속에서 사는 것에 익숙해졌으며, 이것이 오늘날 그의 삶을 방해하고 있었다.

우울증은 다양한 방법으로 표출될 수 있다. 가장 쉽게 발견되는 증세는 눈에 띄게 축 처져 있거나 의욕상실, 자주 우는 것 등이다. 그러나 증세가 겉으로 드러나지 않는 우울증도 있는데, 이 경우에는 주위에서 눈치채는 것이 쉽지 않다. 이런 사람들은 성실하게 출근하고 친구들도 만나며 모든 생활이 정상이지만, 자세히 들여다보면 삶에 대한 즐거움이나 의욕이 없고, 만사를 귀찮게 여기며, 주변에 대해 무관심한 증상을 보인다. 항상 기분이 가라앉아 있고, 종종 무기력감을 호소하며, 그저 하루하루 시간이 흘러가기만 바라는 경우가 많다. 이러한 우울증 증세를 가지고 있는 사람은 매사에 한 걸음 뒤로 물러서 있으며, 열심히 살아가는 사람들을 그저 쳐다만 보고 있다. 사람에 따라 이와 반대로 곧잘 짜증을 내고 매우 공격적인 증세를 보이기도 한다. 항상 새로운 일을 찾으며 지나치게 활동적인 사람들은 잠재적 우울증 증세를 의심해볼 필요가 있다.

버려지는 것에 대한 두려움과 주위의 시선에 대한 강박관념

사람은 태어날 때부터 자신의 보호자에 대해 절대적인 신뢰감을 가지게 된다. 보호자는 자신을 지켜주고, 사랑으로 자신을 보살펴주는 존재다. 그러나 전쟁, 질병, 가난 혹은 다른 어떤 사정으로 보호자가 아이를 떠나보내야만 하는 상황이 발생하면, 그 견고했던 믿음이 무너지게 된다. 그 상황이 충분히 이해되지 않는 아이는, 은연중에 자책감을 느끼며 '내가 너무 귀찮게 굴어서 날 데리고 있을 수가 없었던 거야'라는 식으로 생각하기 시작하고, 또 다시 버려질지 모른다는 두려움이 항상 마음 한구석에 자리잡게 된다.

> 한 입양아 여성이 내게 도움을 청해왔다. 그녀는 정신적으로 벽에 부딪친 상태였다. 이미 지적 판단 능력을 상실했으며, 사소한 일에도 심장이 뛰고 울음을 터뜨렸다. 그녀는 병가를 내고 항우울증 약을 복용했으며, 시간이 지남에 따라 상담을 위해 나를 찾아오기 시작했다.
> 그녀는 스웨덴의 어느 작은 시골마을에 무남독녀로 입양되어 가족

들의 사랑을 듬뿍 받으며 공주같이 자라났다. 그녀는 항상 상냥하고 귀여웠으며 공부도 잘하는 모범생이었다. 아무도, 심지어 그녀 자신조차도 마음 깊숙이 다시 버려질지 모른다는 공포가 자리잡고 있다는 사실을 알아차리지 못했다. 그녀는 모든 사람에게 친절하게 대함으로써 그 위기감을 잠재웠다. 주변 사람들이 모두 만족하고 기뻐해야만 비로소 그녀 자신도 안정감을 느꼈고, 이러한 현상은 시간이 흐름에 따라 다른 사람을 기쁘게 해주어야 한다는 강박관념으로 발전했다. 그녀는 부지런하고도 눈치 빠르게 다른 사람들이 필요로 하는 것에 대해, 당사자들보다도 더 먼저 파악했다. 그리고 사람들의 반응이 만족스럽지 않으면 곧 그녀는 강한 두려움에 휩싸였고, '저 여자는 날 좋아하지 않나 보다. 날 멀리하겠지. 나는 다시 혼자 남겨지는 건가'라는 생각이 머릿속에 가득하게 됐다. 사람들과의 충돌을 피하려다 보니, 그녀는 다른 사람의 견해에 부정적인 대답을 하지 못했다. 이에 따라 그녀는 자기 자신이 원하는 것이 무엇인지 모르게 됐으며, 내면의 소리에는 귀 기울이지 않게 됐다. 스스로 무엇을 좋아하는지도 모를 뿐 아니라 자신의 이익을 위해 요구하는 것이 없게 된 것이다. 직장에서도 그녀는 직장 동료의 요청을 거절하는 법이 없었다. 일거리는 점점 쌓여갔지만, 그녀는 더욱더 이를 악물고 하나씩 해결해나갔다. 그녀는 유능한 인재가 됐고, 사람들은 "당신 없이 어떻게 일을 하겠어요. 일처리가 참 빠르군요"라고 칭찬을 해주었다. 이렇게 점점 더 빠르게 돌아가던 쳇바퀴는 어느 날 거부반응을 일으키고 말았다. "더 이상 노예처럼 일할 수 없어. 내 인내심도 한계에 달했다고." 고무줄은 계속해서 늘어나지만, 어느 지점에서는 결국 끊어지게 되어 있다.

이러한 과정을 통해 상냥하고 항상 남을 도와주는 사람의 엉뚱한 자화상이 형성되기도 한다. 그녀의 주변 사람들은 어떤 의미에서는 이러한 그녀의 행동에 대한 피해자라고도 할 수 있다. 그들은 단지 그녀가 언제나 그래왔던 것처럼 친절하게 행동하기를 기대할 뿐이다. 그러나 그녀는 '만약 내가 그들의 요구를 거부하면, 그들은 실망하고 서운해하다가 더 이상 나를 좋아하지 않을 것이고, 결국 모두들 내 곁을 떠나버릴 거야'라고 생각한다. 관계의 범위가 가족과 형제들, 그리고 가까운 친척에 국한될 때는 상대방에게 맞추어 행동하는 것이 가능하다. 그러나 사회에 나가 인맥의 범위가 넓어지면 이러한 '관리'는 더 이상 불가능해진다. 이러한 경우, 어떤 악의가 있어서 거짓말을 하는 것은 아니다. 다만 당장 그 순간에 사람들로부터 호감을 얻고 싶은 마음, 혹은 중요한 인물로 인식되고 싶은 욕망이 사실이 아닌 것을 슬그머니 말하게 만든다. 외면당하는 것보다 차라리 가벼운 거짓말을 하는 쪽을 선택하는 것이다. 그러나 거짓말은 또 다른 거짓말을 부른다. 점점 더 거짓으로 만들어진 세계에 갇힐수록, 언젠가 모든 것이 한꺼번에 무너져버릴지도 모른다는 공포와 두려움 또한 커지게 된다. 이 모든 과정이 결국 거짓된 자화상을 만들어내는 것이다.

친부모에 대한 생각

많은 입양아들이 어린 시절의 친부모에 대한 생각이 날 때마다 곧 그 생각을 떨쳐버리려 했다고 말한다. 친부모에 대한 생각이 깊어지는 것은 위험하다고 스스로를 단속하는 것이다. 반면, 내가 만난 대부분의 양부모들은 입양 초기부터 아이의 출생에 대해 숨김없이 이야기를 나누는 것이 매우 중요하다고 생각한다. 그들은 입양 가족을 위한 한국 소개 교육과정에 참가하고, 해마다 한서협회에서 주최하는 크리스마스 파티나 여름 보트 타기 행사에 빠지지 않고 참석한다. 이것은 부모들 간에 서로 경험을 나누고, 아이들에게 같은 처지의 친구를 만날 수 있는 좋은 기회를 주려는 의도에서다. 이러한 환경에서 성장한 아이들은 자신의 출생에 대해 한결 여유 있는 자세로 대처하고, 심지어 자신의 출생에 대해 양부모들보다 관심을 덜 가지는 아이들도 있다. 가끔 나는 입양아 행사에 참석한 가족들에게서 입양아들의 관심보다 부모들의 열성이 더 앞서는 경우를 본다. 한 꼬마 여자아이는 "엄마만 그렇지 나는 아무런 관심도 없어"라고 불평을 늘어놓은 적도 있다. 이렇게 열성적인 양부모들이 있는 반면, 일부 양부모들 중에는 아이의 과거에 대한 언급을 절대 회피하고 가능한 한 빨리 스웨덴 생활에 적응시키려고 노력하는 사람들도 있다. 이 부류의 부모들은 아이의 뿌리를 찾는 일은 바람직하지 않으며, 자칫 아이가 상처를 받을 수도 있다고 믿는다.

그러나 이런 경우, 아이가 성장해 자신의 출생에 대한 고민을 하기 시작하면서, 자신의 양부모들이 이것을 원하지 않는다는 것을 인식하게 된다. 그리고 왠지 그래서는 안 될 것 같다는 생각 때문에 자신의 친부모를 찾고 싶다는 말을 꺼낼 엄두조차 내지 못한다. 아이들은 양부모들이 어떻게 반응할지 겁이 난 것이다. 한 소년은 "어머니가 슬퍼하는 모습을 견딜 자신이 없었어요"라고 설명했다. 겁이 난 아이들은 양부모들이 자신에게 실망해 자기를 한국으로 돌려보낼지도 모른다는 망상에 사로잡히기도 한다. 실제로 친부모에 대해 물어보았을 때, 양부모들이 우려했던 것처럼 화를 내거나 서운해하지 않았으며, 자신을 한국으로 돌려보내지도 않는다는 사실을 확인하고 나서 훨씬 마음이 가벼워졌다고 입양아들은 말한다.

나의 경험에 비추어보면, 아이의 출생에 대해 열린 자세로 대하는 것은 매우 바람직한 일이다. 일단 시작의 물꼬를 터주고 나면, 아이는 스스로 자신의 과거에 대해 궁금한 정도에 따라 생각의 진행 속도를 조절하게 될 것이다. 이 과정은 옆에서 서두르거나 막아야 할 이유가 전혀 없으며, 몇 살 때부터 호기심을 갖는 것이 바람직한지도 정해져 있지 않다.

애정 관계의 어려움

친밀한 관계에 대한 강렬한 그리움과 사랑받고 싶은 마음, 그리고 그와 동시에 사랑하는 사람으로부터 버림받을지도 모른다는 공포는 애정관계의 발전에 문제를 일으킨다. 우리는 사랑을 얻기 위해 온갖 노력을 하지만, 사랑이 깊어질수록 두려움도 깊어진다. 사랑할 때는 상대방을 내 삶의 가까운 곳으로 받아들이고, 온 열성을 다해 모든 것을 내놓게 된다. 그러다가 자신이 완벽하게 신뢰하던 사람으로부터 버림을 받는 순간, 그것이 얼마나 고통스러운 일인지 알게 된다. 그러므로 관계가 진지해지고 사랑이 깊어지면서 이별에 대한 두려움 또한 같은 속도로 커져간다. 두려움이 커져갈수록, 불에 한 번 덴 적이 있는 아이가 불을 무서워하듯이, 자신을 보호하려는 방어벽을 쌓기 시작한다. 위험이 다가오기 전에 문제를 해결하는 방법은 자신이 한 발 먼저 관계를 정리해버리거나, 아니면 파트너가 지쳐서 떠나도록 그를 힘들게 만드는 것이다. 이렇게 함으로써 이별 앞에서 무너지지 않고 스스로를 조절할 수 있게 된다. 그러나 두려움이 끝남과 동시에 사랑도 끝나게 되고, 결국 다시 새로운 사랑을 찾아 헤매게 된다.

나는 진료 상담을 통해서 많은 입양아들이 곧잘 수치심을 느끼며 항상 죄책감을 느끼는데, 이것이 애정 관계를 오랫동안 유지하는 것을 방해한다는 사실을 알게 됐다.

한 젊은 여성이 대인 관계의 딜레마를 호소하러 상담실을 찾아왔다. 그녀는 자신을 불공평하게 대하고 자신을 힘들게 하는 주위 사람들에 대해 말했다. 그녀가 한 걸음 물러서서 행동하자니 걷잡을 수 없는 분노가 치솟고, 그렇다고 막상 자신의 권리를 주장하고 원하는 것을 요구하려 하면 '네가 무엇이 대단하다고 이런 요구를 하니?' 하는 내면의 소리가 들리면서, 견딜 수 없는 수치심이 떠오른다는 것이었다. 이런 생각은 일종의 피해망상증을 불러일으킨다. 그녀는 이렇게 상황이 나빠진 것은 자신이 남들과 다르게 생겼기 때문이며, 입양됐기 때문이라고 확신했다. 이성적으로 그녀는 또한 스스로 남들과 똑같은 권리를 가졌다는 것을 잘 알고 있지만, 자신이 원하는 것을 주장하는 행위를 이기적이고 심술궂은 행위라고 느꼈다.

나는 그녀와의 상담을 통해, 그녀의 생모가 젊은 나이에 병을 앓아서 어린 딸을 잘 챙겨주지 못했다는 사실을 알게 됐다. 그녀의 생모는 생기발랄하고 명랑하며 하고 싶은 것도 갖고 싶은 것도 많은 어린 딸의 요구를 다 들어줄 수 없었던 것이다. 세 살배기 어린 딸이 소리 지르며 고집을 피우기 시작하면, 생모는 화를 못 이겨 매를 들었다. 그것은 분명 생모 스스로도 어쩔 수 없는 상황에 대한 절망감에서 나온 행위였을 것이다. 이에 따라 그녀는 자신이 원하는 것을 요구하는 행동이 수치스러운 일이며 다른 사람을 화나게 만든다고 믿게 됐다. 어린 시절에 매를 맞고 지내던 어린 그녀는, 어느 날 스웨덴으로 입양되어 생모와 이별한다.

자신에게 일어나는 모든 일에 대해 납득할 만한 설명이 필요했던 그녀는 결국 자기 자신에게서 원인을 구했다. '엄마가 날 버린 건 모두 나 때문이야'라고. 결국 그녀를 버린 사람은 모든 책임에서 자유로워지고, 다만 '내가 나쁘게 굴어서 다들 나를 버린 거야'라는 자책감만 남게 된다. 이러한 사고방식은 그녀로 하여금, 누군가 자기를 정말 사랑해줄 수 있다는 사실을 믿기 어렵게 만든다. 자신감은 이미 바닥으로 떨어진 지 오래다. '나처럼 형편없는 사람을 사랑해줄 리가 없어'라거나, 혹은 '나를 좋아하는 걸 보니, 저 사람은 분명히 어딘가 문제가 있는 사람일 거야'라는 식으로 그녀는 생각한다. 이러한 의심 끝에 그녀는 갖은 방법을 동원해 상대의 마음을 시험하게 된다. 상대가 결국 지쳐서 돌아서면 그녀는 다시 자신을 향해 말한다. '그것 봐, 내가 뭐라고 했어. 난 역시 안 돼.'

명확하지 않은 정체성

갓 태어난 아기는 사람을 끌어들이는 놀라운 흡인력을 가지고 있다. 행복에 겨운 부모들, 자랑스러움에 벅찬 할머니, 할아버지, 친척들, 그리고 친구들까지 모두들 아기를 바라보고 있노라면 시간 가는 줄을 모른다. 이 작고 정교한 인간의 축소판이 재채기를 하고, 기침을 하고, 하품을 할 때마다 우리는 호기심에 가득 찬 눈길을 그로부터 뗄 수가 없다. 이들의 만족에 겨워 기뻐하는 얼굴을 통해 아기는 '나는 사랑받는 존재'며, '사랑스럽고 정말로 특별한 존재'라고 느끼게 된다.

사람은 누구나 태어나서 사랑 넘치는 환영을 받아야 할 권리가 있다. 입양아들에게 이 시기는 그들이 태어나 입양되기 전까지의 시기라고 볼 수 있다. 입양아에게 제2의 삶을 준비해주는 과정인 입양 절차는 아기가 탄생하기까지의 과정과 비슷한 면이 있다. 입양을 원하는 부모들은 신청서가 접수되면, 우선 양부모로서의 자질을 심사받는다. 부모로서의 자격을 인정받으면, 그 후부터는 시간과의 싸움이다. 일반적으로 입양아를 찾기까지는 아홉 달(정상 임신 기간) 이상이 걸리며, 이렇게 오랜 시간 기다리면서 부모들이 갖는 앞으로 만나게 될 아이에 대한 기대와 그리움은 더욱 간절해진다. 그리고 마침내 그토록 고대하던 아기를 품에 안는 순간의 그 기쁨과 행복은 절대 잊을 수 없는 감동으로 남는다. 여기서 한 가지 주의해야 할 점은, 부모가 자신의 행복에 도취되어 아이의 정서상태에 관심을 기울이지 않을 수도 있다는 것이다. 이것은 어느 정도 성장한 아동을 입양하는 경우에 발생한다.

"나도 엄마 뱃속에서 만들어졌어?" 양부모들은 아이에게 아무리 설명을 해주어도 아이가 반복해서 물어온다며 고민을 호소한다. 아이들은 엄마에게 확인을 하고 싶은 것이다. 자신도 가족에 속한다는 것을 믿기 때문에 "나도 크면 엄마 아빠처럼 될 거야"라고 한 여섯 살짜리 이 딸아이는 "언제나 내 머리카락이 엄마같이 노랗게 될까?"라고 묻는다. 열성적인 부모들은 아이에게 너는 다른 나라에서 왔으며 입양된 것이라고 열심히 설명해준다. 그러나 아이들은 이런 설명을 기억하기에는 너무 어리다. 유치원에 다니기 시작하면서 이따금 옆자리에 앉은 아이가 "너는 왜 다르게 생겼지?"라고 묻기도 하지만, 아직 가족 안에서 안정감을 갖고 있으므로 이런 질문에 크게 영향을 받지 않는다. 그들은 엄마, 아빠, 형제들로 이루어진 '가족'에 속하며, 아직까지 자기 자신만이 다르다는 것을 알아차리지 못하는 것이다.

학교에 입학하면서 시작되는 사회성

아이들은 주류 사회에 속하려는 욕구가 강하다. 주류가 옳은 것이며, 비주류는 나약하고 잘못된 것이라는 인식을 가지고 있는 것이다. 서로 다른 것을 인정하고, 비주류도 옳을 수 있다는 것을 받아들이기까지는 많은 시간이 걸린다. 교실의 대부분의 여자아이들이 금발머리를 하고 있는데, 그중에서 자신만이 검은 머리인 것이다. 문제는 이 입양아가 성인이 되고, 어린 시절의 울타리에서 벗어나 학업 혹은 직장을 찾아 다른 지역으로 이사갔을 때 발생한다. '입양아'라는 정체성은 이제 더 이상 존재하지 않는다. 아무도 그가 요한슨 씨 가족이나 치과의사 페테슨 씨의 입양 자식인지 알지 못한다. 대신 "야, 너 까망 대가리"라고 놀리는 소리를 듣고 그는 스스로 묻게 될 것이다. "지금 나를 두고 하는 소리인가?" 그 자신은 100% 스웨덴 사람이라고 생각하지만, 주변 사람들에게는 다른 외모를 가지고 있는 이민자로 보일 뿐이다. 이 두 가지 정체성의 충돌을 극복하기까지는 많은 노력이 필요하다.

"스웨덴어가 정말 유창하시군요!" 이런 말은 입양아가 스웨덴 출신이 아니라는 것을 전제로 건네는 칭찬이다. 핀란드에 갈 때, 평생을 이민자 신분으로 살아온 나는 항상 여권을 소지한다. 공항의 여권 심사대에서 유럽 시민에게 할당된 줄에 서면, 정말 내가 유럽 시민인지 재차 확인당하는 일에 이제는 익숙해져 있다. 이와 같은 상황은 입양아들에게도 똑같이 벌어진다. 거리의 사람들은 영어로 말을 걸어온다. 이민자에게 이런 상황은 문제될 것이 없다. 이민자들은 최소한 자신의 외모와 정체성이 일치한다. 스웨덴인과는 다른 외모를 가지고 있으며, 스웨덴어에 능숙하지 못하고, 무엇보다도 자기 스스로 자신을 외국인이라고 생각한다. 자신의 어설픈 스웨덴어 실력을 부끄러워할 수는 있어도, 내면에 그는 여전히 견고한 자신의 정체성을 가지고 있다. 그러나 완전히 스웨덴 사람의 정체성을 가진 입양아에게 이것은 받아들이기 힘든 일이다. 입양아는 겉모습과 내면이 조화를 이루지 못하고 있다. 주변에서는 그들이 자신의 출생 국가에 대해 무엇인가 설명해줄 수 있기를 기대하고, 유창하게 그 나라 말을 하기를 기대한다. 그러나 정작 입양아의 내면에는 어둡고 텅 빈 공간만 있을 뿐이다.

성 정체성은 사춘기를 지나면서 뚜렷해지고, 직업 정체성은 시간이 흐름에 따라 차차 확립된다. 그러다가 자신의 출생에 대한 궁금증이 쌓이기 시작하면, 이 부분에 대한 정체성의 확립은 시간이 지나도 이루어지지 못한 채 같은 자리를 맴돌 뿐이다.

'나의 부모, 나의 형제는 누구일까? 내가 이렇게 기운이 없는 것은 집안의 유전이 아닐까? 나는 스웨덴 사람인가, 아니면 한국 사람인가?' 입양아는 흔히 이와 같은 생각을 한다. 친부모, 친형제들과 함께 자라온 사람들은 평소에 특별히 의식하지 않을 유전 문제, 다시 말해 '내 핏줄과의 연결고리의 부재'가 입양아에게는 '가슴 한구석의 암흑 같은 공간'이며, '거대하게 텅 빈 공간'이자 '바닥 없는 심연의 터널'과 같이 큰 문제로 다가온다. 이것은 한번 다가가면 한없이 빨려 들어가 버릴 것만 같은 공포와 두려움, 아니 그 이상의 정신적 공황을 야기한다. 그리고 그 상태가 정상적인 생활을 방해할 정도로 심각해질 경우, 비로소 그들은 주위의 도움을 요청한다.

입양아는 살아가는 과정에서 종종 자신의 출생에 대해 돌이켜보는 계기를 만나게 되는데, 그중 하나가 바로 자신의 입양 가족 내에 새로운 아기가 탄생할 때다. 일가친척들이 둘러앉아 이 작은 생명체에게 완전히 빠져서 어디가 누구와 닮았는지 열띤 토론을 벌이는 것을 보면서, 입양아는 일종의 소외감을 느끼며, 자신의 출생에 대해 생각하기 시작한다. 그들은 세상에 홀로 남겨진 것 같은 외로움에 빠진다. 그러나 입양아 자신이 아이를 출산하게 되는 경우에는 상황이 달라진다. 자신 혹은 배우자와 닮은 아기를 낳는다는 것, 내 자식이 나와 닮았다는 사실은 이루 표현할 수 없는 기쁨을 주며, 동시에 그동안 단절됐던 가족관계가 새롭게 정립된다.

정체성을 확립하기 위한 자신의 뿌리 찾기

자신의 뿌리를 찾고자 노력하는 입양아 중 상당수는 어느 정도 좋은 결과를 얻는다. 그리고 친부모를 찾는 데에 성공하면, 곧 자신의 입양과 연관된 사람들의 기구한 운명을 알게 된다. 어느 날 갑자기 남편과 사별하면서 홀로 두 자녀의 양육을 책임져야 하는 상황에 처한 어머니가 있었다. 집안에서 살림만 해오던 그녀는 생계를 도맡게 되면서 이전처럼 두 아이를 돌보는 것이 불가능해졌고, 결국 아이들은 보육원에 보내져야 했다. 세월이 흐르면서 그녀의 경제적 형편은 점차 자리를 잡아갔다. 그녀는 아이들이 건강하게 잘 자라서 언젠가 다시 만날 날이 오기를 기도하며 평생을 독신으로 살았다. 그리고 마침내 그녀의 소망이 이루어지는 순간이 찾아왔다. 감격적인 재회의 순간, 그녀는 아이들을 훌륭하게 키워준 양부모에게 감사하며 기쁨의 눈물을 흘렸다. 그러나 만약 입양 보낸 아이가 혼외정사로 태어난 아이였다면 상황은 달라진다. 그 존재를 주변에 알리고 싶지 않았던 아이가 훗날 생모를 찾아 연락해오면 어머니는 난처한 입장에 처하게 되는 것이다. 일부 여성들은 남편의 거부감을 각오하고 자신의 과거에 대해 솔직하게 털어놓지만, 그럴 엄두를 내지 못하는 여성들도 있다. 이미 오랜 세월이 지난 일로 인해 어쩌면 남편과 가족들로부터 버림받을지도 모른다는 두려움이 그녀들의 입을 막는 것이다. 그중에는 남들 몰래 아이를 만나려고 만남의 자리에 참석하는 이들도 있다. 그러나 누군가 자신을 알아볼까 긴장해서 연신 주위를 살피기에 여념이 없으며, 남편이 돌아오기 전에 집에 도착하려고 연신 시계만 쳐다보기도 한다. 또한, 자신의 남편과 자녀에게 입양 보낸 아이를 교환학생이라고 거짓으로 소개하는 경우도 있고, 심지어는 자신을 찾아온 아이를 만나기를 거부하는 어머니도 있다. 서로의 미래를 위해서 만나지 않는 것이 최선의 길이라고 확신하기 때문이다.

입양아들 또한 자신의 친부모를 재회하는 순간, 말로 설명할 수 없는 감정과 어색한 분위기를 느꼈다고 말한다. 그러나 최소한 그들은 그동안 품어왔던 질문에 대해 대답을 받기를 원한다. '나를 왜 버렸을까?' 모든 입양아는 그들이 버려진, 납득할 만한 이유를 듣고 싶어 한다. 얼떨떨한 기분으로 며칠간 친부모와 만나게 되면 이제 새로운 문제들이 발생한다. 부모와 자식이 서로를 이해하지 못하는 것이다. 이것은 언어의 문제이기도 하지만, 두 사람 사이의 문화적 차이가 결정적인 장애 요소가 되기도 한다. 부모들은 만날 때마다 자책감에 싸여 사과의 뜻을 전하려 하고, 입양아들은 이러한 분위기를 견디지 못한다. 한 입양아는 참다 못해 자신은 스웨덴에서 잘 지내고 있으니 제발 용서하라는 말은 이제 그만하라고 말했다고 한다.

부모들은 입양 보냈던 자녀와 다시 만나는 순간에는 "아이고, 내 새끼" 하는 감격과 감회에 젖지만, 이러한 감정은 표면적으로나 암묵적으로나 한국의 문화를 전혀 모르는 입양아들에게는 이해하기 힘든 부담감을 안겨준다. 부모들은 자식들이 '외국인'이라는 사실을 인식하지 못한 채, 은연중에 입양아들이 자신의 아들 혹은 딸로 행동하기를 기대하고, 자식들은 부모와 함께 지냈던 시간과 추억이 부족하기 때문에 적절한 대화의 소재를 찾지 못한다. 그리고 시간이 흐를수록 만남의 자리는 점차 어색해지게 된다. 서로의 관계를 유지하기 위해서는 일상생활을 함께 해야 한다. 그리고 이를 위해서는 양쪽 모두 많은 인내와 시간을 투자해야 한다.

입양아들이 실제로 친부모를 만나는 데에 실패했다고 할지라도, 이러한 노력은 그들이 자신의 뿌리 찾기에 대한 집착에 종지부를 찍고 현실의 삶으로 돌아가는 데에 큰 도움을 준다. 내면에 존재하는 공허함은 한국을 방문해 자연을 둘러보고, 여기저기서 들려오는 생소한 한국말과 한국의 냄새를 맡으며, 그리고 한국의 음식을 맛보면서 조금씩 메워지기 시작한다. 한국에 대한 글을 읽고, 역사에 대한 지식을 쌓는 것도 또한 중요한 역할을 한다.

오늘날 입양아들이 그들의 '고향'을 방문할 수 있는 기회는 다양하다. 기독교 단체인 YMCA는 1990년대부터 입양아들에게 한국을 방문하는 프로그램을 제공하기 시작했고, 정부 산하의 재외동포재단(OKF, Overseas Korean Foundation)과 홀트재단(Holt Foundation) 또한 현재 세계 각국에 있는 한국 입양아들이 모국을 방문할 수 있도록 많은 지원을 하고 있다. 그러나 이렇게 다양한 경로를 통해 한국을 방문하는 입양아들 모두가 한국 사회와 한국인에 대해 좋은 인상을 갖는 것은 아니다. 한국에 막 도착한 입양아들은 길거리에 오가는 사람들이 모두 자신과 똑같이 생겼다는 사실에 대해 열광한다. 그러나 시간이 지날수록 자신은 한국 사회에도 속할 수 없다는 것을 깨닫게 된다. 한국인과 같은 외모를 지녔지만 한국말을 못하고, 한국인과 같은 얼굴이지만 옷차림과 스타일은 어딘가 낯선 분위기를 풍긴다. 한국 사람들은 입양아에게 한국말로 말을 걸었다가 그들이 대답을 못하고 머뭇거리면 화를 내며 심지어 소리를 지르는 경우도 있고, 길거리에서 마주치게 되면 호기심에 다시 한 번 눈길을 주기도 한다. 눈길을 받는 입양아들은 마치 사람들이 자신을 노려보는 것 같은 느낌을 갖게 된다.

이러한 경험을 통해 입양아들은 소외감을 느끼며, 한국 사회에 대해 그리던 고향에 온 것 같은 느낌부터 심각한 불안에 빠지기까지 다양한 감정적 반응을 보인다. 아예 처음부터 한국 사회에 거리를 두고 관광객의 자세로 대처함으로써 그러한 충격을 모면하려는 입양아도 있다. 그러나 한국 방문 후 내게 찾아와 한국 사람들이 얼마나 이상하고 이해하기 어려웠는지 늘어놓으면서도 그들의 음성에는 한국 사람으로서의 자부심이 가득 차 있는 경우가 많았다. 많은 입양아들이 한국에서 보낸 시간이 재미있었으나 다시 스웨덴으로 돌아오니 역시 마음이 편하다고 말한다. 한국에서의 흥미진진한 경험과 추억으로 자신의 마음 한구석에 자리잡고 있던 어두운 공허감을 채울 수 있었던 것이다.

결론적으로 말하자면 스웨덴, 레바논, 인도 혹은 콜롬비아 사람도 아닌, 자기 자신이 누구며 어느 나라 사람인지가 불분명하다는 느낌은 양쪽 모두에 소속되어 있다는 안정감으로 바뀔 수도 있는 것이다. 이러한 안정감은 입양아들에게 두 개의 문화를 기반으로 하는 정체성을 안겨준다. 이제까지 겪어온 고민은 한 단계 성장하는 데에 큰 보탬이 되며, 자신의 출생에 대해 자신감을 갖는 것은 스스로에게 자부심과 활력을 안겨주게 된다.

끊어진 관계들

입양아 중에는 성인이 되면서 양부모와 연락을 끊는 경우가 종종 발생한다. 양부모들은 자책감에 시달리며, 자식과 손자 손녀들을 만나기를 고대하지만, 입양아들은 양부모가 자신의 생활에 관심 갖는 것을 거부한다. 폭력이나 억압과 같은 부모의 잘못으로 관계가 멀어지기도 하지만, 대부분의 경우 입양아 스스로 자신의 경험과 자신이 처한 상황에 대해 오해를 하고, 이러한 오해가 오랜 세월 동안 누적되면서 부모 자식 간의 관계에 나쁜 영향을 끼치게 된다.

그러한 예의 하나로 입양아의 재능이 부모에 비해 월등히 앞서는 경우를 들 수 있다. 부모가 학력이 낮으면 자녀가 초등학교 수준을 넘기면서부터 숙제를 도와주는 것이 힘들어지는데, 이를 무관심으로 오해하고 부모와 거리를 두기 시작하는 경우가 있다. 또한 음악과 예술에 재능이 있는 입양아가 이 분야에 전혀 무관심한 가족 사이에서 홀로 소외감을 느껴야 했던 경우도 있다. 때로는 이와 정반대의 상황이 벌어지기도 한다. 똑똑하고 다재다능한 가족 사이에서 입양아는 다른 형제들보다 뒤떨어지지 않기 위해 힘겹게 노력하지만 여전히 열등감을 떨쳐버릴 수 없어서 괴로워하는 것이다.

이유가 무엇이든 부모 자식 사이, 형제 사이 혹은 배우자와의 관계 등 사람과 사람 사이의 관계가 나빠지는 것은 양쪽 모두에게 치명적인 악영향을 미친다. 그러므로 우리는 대인 관계에서 문제가 생길 때마다 가능한 한 빠른 시간 안에 정상적인 관계로 돌아가려고 노력해야 한다. 이것은 아주 친밀한 사이가 되어야 함을 뜻하는 것은 아니다. 단지 의사소통의 통로를 열어두는 것만으로도 충분하다. 이것은 사람은 서로 다르다는 것을 인정하는 데에서 출발한다. 이 세상에 완벽한 사람도, 완벽한 부모도 없다는 것은 누구나 알고 있는 진리다. 우리는 모두 불완전한 존재며, 실수를 하지 않는 사람은 없다. 그러므로 우리는 서로의 부족한 면을 포용하며 살아야 하는 것이다. 오해를 풀고 묵은 감정을 털어내기 위해서는 대화가 필요하다. 이를 위해서는 근본적으로 양측 모두 관계 개선에 대한 굳은 의지가 밑받침이 되어야 한다. 사람들은 흔히 입양아가 먼저 관계를 끊고 나갔기에 그들의 부모보다 아픔이 덜하리라고 생각한다. 그러나 사실 그렇지 않다. 살아야 할 날이 더 많은 입양아들은 너무 늦기 전에 자신들이 한때 외면했던 부모와의 관계를 회복하기 위해 노력해야 한다. 이것은 비단 자기 자신을 위해서뿐만 아니라 앞으로 자신이 낳을 아이들로부터 할머니 할아버지를 빼앗아가지 않기 위함이기도 하다. 훌륭하지 못했던 부모라고 해서 훌륭하지 못한 조부모가 되라는 법은 없다. 어떤 부모가 아이들이 친가와 외가에 할머니 할아버지를 만나러 가는 것을 반대하겠는가? 조부모와의 관계, 그리고 아이들이 그들과 함께 지낸 추억은 아이들의 일생 동안 이루 말할 수 없이 소중한 자산이 될 것이다.

반복되는 상처

입양아 중에는 간혹 어린 시절에 겪었던 상처를 스스로 되풀이하는 사람이 있다. 이들은 자녀들에게 이별의 상처를 주거나, 위협을 하고 심지어는 폭력을 행사하기도 한다.

어느 젊은 입양 여성이 예쁜 아기를 출산하고, 세상에서 가장 행복한 엄마가 됐다. 아이를 위해서라면 어떠한 일도 마다하지 않던 그녀는, 자신의 아이가 자라서 그녀가 입양되던 나이 무렵이 됐을 때, 그리고 그 아이가 하고 싶은 일과 하기 싫은 일에 대한 주관이 뚜렷해지기 시작했을 때 돌변하고 말았다. 그녀는 아이가 고집을 피울 때마다 걷잡을 수 없는 분노에 휩싸였다. 그녀는 자신의 감정을 주체하지 못하고 아주 사소한 일에도 화를 내고, 심지어 "계속 소리를 지르면 엄마는 나가버릴 거야"라고 겁을 주고는 문을 꽝 닫으며 나가버리곤 했다. 그러고 나서는 이내 자신의 행동에 당황해하며 아이에게 돌아가서 자기가 아이를 얼마나 사랑하는지 설명해가며 용서를 빌었다. 그녀는 끔찍한 죄책감에 시달려 울부짖었으나, 이러한 상황은 계속해서 반복됐다. 그녀는 내면 깊숙이 억압되어 있던 감정이 솟아오르는 것을 스스로 통제할 수 없었으며, 게다가 엄마를 대하는 아이의 행동이 자신의 어릴적과는 너무 다르다는 것에 충격을 받았다. 그녀 자신은 홀어머니 밑에서 자라면서 늘 말 잘 듣는 착한 아이였다고 주장하면서, 자신의 양어머니에 대해 많은 이야기를 늘어놓았다. 그녀의 양어머니는 편모로 생활하며 아이를 양육할 자격도 여력도 없는 사람이었다.

아이들은 아버지와 어머니 슬하에서 행복하게 자랄 수 있으며, 부모가 양육 문제에 있어서 경제적으로 서로 도울 수 있다면 가장 이상적일 것이다. 피곤에 지쳐 신경이 잔뜩 곤두서 있는 상태라면 어느 누가 좋은 엄마 노릇을 할 수 있겠는가? 여러 가지 이유로 혼자 사는 여성들이 어느 정도 성장한 아이를 입양하는 것은 하나의 새로운 시대적 조류가 되고 있다. 그러나 이 경우, 앞에서 말했듯이 입양 초기에 엄마와 아이 사이에 의사소통의 문제가 발생한다. 아이는 낯선 환경에 불안을 느끼며, 주위에 자신과 의사소통을 할 수 있는 사람이 한 명도 없다는 것을 깨달을 때, 그 불안은 더욱 절박해진다. 아무도 자신을 이해하지 못한다는 답답함이 아이의 성격을 과격하게 만들기도 하는데, 입양 어머니는 이러한 아이의 기분을 전혀 이해하지 못하는 데에서 문제가 발생한다. 스웨덴어와 한국어를 모두 할 수 있었던 나는 전화로 그들 사이의 오해를 풀어주곤 했다.

편모 슬하에 아이가 입양되는 경우에는 아버지의 부재와 아이의 사춘기 시절이 문제가 된다. 아버지의 역할은 친척이나 좋은 이웃 중에서 찾을 수 있으나, 아이에게 있어서 사춘기는 부모에게서 독립해 성인이 될 준비를 하는 단계다. 홀어머니 밑에서 자란 아이들은 자신의 어머니에게 강한 애착심을 가지는데, 이것은 부모로부터 정신적으로 거리를 두어야 하는 상황과 상충되어 정신적 딜레마를 만들어낸다.

아버지 어머니와 함께 생활하는 아이는 사춘기를 보다 쉽게 넘긴다. 일반적으로 아이는 부모로부터 독립해가는 과정에서 이따금 부모에게 심술을 부리고 상처를 주기도 한다. 그러나 아이가 어머니와 아버지 두 분이 서로 도와줄 것이라는 확신을 가지고 있을 때, 정신적 부담을 훨씬 덜 받게 된다. 게다가 아이 본인도 어머니에게 서운할 때는 아버지에게서, 혹은 그와 정반대로 도움을 받을 수 있는 것이다. 홀어머니 밑에서 자란 아이는 어머니에게 상처를 주면서도 동시에 자신을 위해 무엇이든 다 해주려고 애쓰는 어머니에 대한 죄책감에 시달리게 된다.

자녀를 가진 입양아 가운데 상당수가 이혼을 한다. 그런 경우에 아이들이 다른 집안으로 입양을 가지는 않더라도 결국 두 부모와 함께 자라지는 못한다. 최근 스웨덴의 연구 결과에 의하면 다른 사람들보다 입양아의 이혼율이 더 높게 나타나고 있다. 이혼은 오늘날 스웨덴 사회에서 일어나는 보편적 현상이며 그 사유도 다양하다. 그러나 입양아의 이혼율이 높은 이유 중 하나는 어린 시절부터 품어온 이별의 상처를 반복하는 것이라는 추정이 가능하다.

조화로운 사회인으로

제2차 세계대전 말기에 많은 스웨덴 가족이 핀란드 아이를 맡아 양육하던 시기 이후로 아동심리학이 많이 발전했다. 당시 핀란드 사람들은 눈앞에 벌어지고 있는 위험에서 아이를 보호하는 데에 급급하여, 어느 누구도 아이들이 친부모와의 이별로 상처받을 수 있다는 사실을 주목하지 않았다. 친자식을 해외로 입양 보낸 한국의 부모들도 그랬을 것이다. 그들에게 입양은 자신이 아이에게 줄 수 없는 풍요로운 경제 여건과 더 나은 교육 기회를 제공해줄 수 있는 더없이 좋은 기회였다. 더욱이 스웨덴은 그 당시 지상의 낙원으로 알려져 있었다. 자녀를 입양 보낸 부모들 가운데 어느 누구도, 아이들이 자신은 버림받았고, 사랑받지 못한 존재라는 생각을 평생 가슴에 품은 채 살아가리라고는 상상도 하지 못했을 것이다. 1960~1970년대에 한국에서 온 입양아들은 대부분 경제적 어려움으로 입양된 경우다. 1953년 휴전과 함께 6·25전쟁이 막을 내렸을 때 한국은 완전히 폐허상태였다. 당시 부모들은 자식들이 더 나은 삶을 살기를 바라는 마음으로 입양을 보냈다. 반면, 오늘날 입양되는 아이들은 일반적으로 경제적인 어려움 때문이 아니라, 정상적 부부관계에서 태어난 아이가 아닌 경우가 많다. 이것은 또한 오늘날의 한국 사회가 자식을 키우고 싶어 하는 편모에 대한 경제적 지원이 부족하기 때문이기도 하다. 오늘날 일부 기독교 단체에서는 편모 여성들을 위한 보호소를 운영하면서 자식을 키우고 싶어 하는 여성을 돕고 있다. 최근에 조금씩이나마 국내 입양이 증가하고 있다는 것은 참으로 반가운 소식이다.

근래에 스웨덴에는 한국에서 입양해오는 것을 반대하는 목소리가 높아지고 있다. 이 목소리는 한국에서 입양되어 온 입양아들에 의해 주도되고 있다. 해외입양이 좋은지 나쁜지에 대해서는 정답이 있을 수 없다. 입양아 개개인을 만나보면 보육원에서 자라는 것보다 입양 가정의 품에서 자라는 것이 나을 것 같기도 하고, 모종을 옮겨 재배하듯이 인종이 전혀 다른 이곳으로 옮겨져 자라나면서 힘겨워하는 모습을 볼 때면, 경제적 어려움이 있다고 하더라도 모국에서 자라는 것이 훨씬 낫지 않을까라는 생각을 하기도 한다.

여하튼 해외입양은 계속되는 추세다. 우리가 할 수 있는 일은 이곳 스웨덴에 오는 아이들을 최선을 다해 돕는 것이고, 그들이 자신의 인생을 즐길 줄 알면서 동시에 사회와 주변 사람의 행복을 위해 기여할 수 있는 조화로운 사회인으로 성장하도록 인도하는 것이다.

해외입양의 과거와 현재

「해외입양의 과거와 현재」

...... 루이사 김(Lovisa Kim)*

1969년 이후 약 46,000명의 아이들이 일 년에 약 1,000명씩 주로 아시아, 라틴아메리카, 아프리카, 그리고 유럽에서 스웨덴으로 입양돼왔다.

역사적 배경

1950년부터 시작된 해외입양은 1960년에 들어서면서 그 수가 점점 늘어나기 시작한다. 그 이유 가운데 하나는 스웨덴 국내에서 입양되어야 할 아이의 수가 줄어들었기 때문이다. 이러한 현상은 스웨덴의 경제사정이 호전되고 사회개혁이 성공적으로 정착되어 갔으며 피임법 사용이 대중화됐다는 것을 의미한다. 또 다른 이유는 스웨덴 사람들이 외국으로 여행을 가거나 일을 하러 가는 경우가 늘어나면서 접촉하게 되는 아이들을 자신이 입양하거나 아니면 친구들에게 입양하도록 도와주게 됐다는 데에 있다.

1950년 중반쯤에서부터 스웨덴의 보건사회부는 입양을 원하는 부모들과 해외입양기관을 연결하는 역할을 해줌으로써 해외입양을 장려하게 된다.

1960년 중기에 보건사회부는 그리스의 한 고아원과 한국 정부와 조약을 맺게 된다. 적극적인 양부모들이 모여 모임을 만들었고 이 부모들은 다른 양부모들을 돕는 역할을 하면서 부모들이 아이를 데리러 가지 않아도 되도록 편리를 보아주었다. 그들은 또한 양부모들의 권리 옹호를 위해 일했다.

---

* 루이사 김은 MIA(해외입양 관련 국가기관)에서 일하고 있는 사회사업가로, 한국 입양인이다.

예를 들면 양부모들도 '산후 휴가'를 받게 했으며, 이외에도 여러 가지로 입양아와 그들의 가족을 돕는 일을 진전시켜 나갔다.

1970년대부터 해외입양에 대한 관심이 높아갔다. 매년 입양 건수의 절반은 NIA(해외입양을 취급하는 국가기관)를 통해 이루어졌고, 절반은 개인적인 연줄로 이루어졌다. 개인이 입양을 주선할 경우에는 사회적으로 통제할 방법이 없었다. 그런 가운데 1979년에 처음으로 해외입양을 위한 법안이 통과됐다. 이에 따라 모든 입양은 입양기관을 통해야만 가능했으며, 이 입양기관은 NIA의 통제를 받게 됐다.

1979년 이후, 입양은 계속해서 입양기관의 통제를 받는 쪽으로 발전하고 있다. 입양에 관한 제일 중요한 법안이 1997년에 통과됐는데 이는 해외입양기관의 소개, 사회복지법과 부모에 관한 법령이다. 또한 스웨덴은 1993년에 채택된 하그 협상(Haag convention)에 1997년 가입했고, 이로 말미암아 더욱 아동보호와 해외입양에 협력하게 된다. 이러한 결과로 개인적인 관계에 기댄 입양의 가능성은 줄어들고, 모든 입양은 입양기관을 통해서만 시행하게 됐다.

오늘날의 문제점

2005년 1월 1일 NIA가 재편성되어 MIA로 불리게 된다. 해외입양 과정에서 입양아의 권리를 보호하기 위해 MIA는 외국 입양기관이 하는 일을 검토할 권리를 부여받았다. MIA는 윤리적 관점에서 용납할 수 있는 입양아를 조사하고, 나아가 입양 과정을 돕기 위해 1989년에 맺은 유엔 아동권리 보호조약과 1993년의 하그 협상안에 더욱 적극적인 자세를 취하게 된다.

2005년 1월 1일부터 해외입양을 받고자 하는 부모들은 의무적으로 양부모 교육과정을 거쳐야 한다. 그 과정의 목적은 입양아가 정서적으로 무엇을 필요로 하는지 배우고 깨닫게 하며, 동시에 입양아를 받아들일 준비를 어떻게 해야 하는지 소개하려는 것이기도 하다.

입양아와 양부모들의 경험

근래에 와서 성인이 된 입양아들이 해외입양에 대한 토론에 활발하게 참여하면서 입양에 대한 비판과 아울러 사회적 측면의 관심과 도움이 부족하다고 지적했다. 그들의 글을 읽으면 해외입양아 신분으로 이 사회에서 성장해오는 데에 어려움도 있으나 그래도 대부분의 입양아들이 훌륭하게 적응하고 있음을 느낄 수 있다. 성인이 된 입양아의 경험을 접하다 보면 자신의 뿌리를 찾고 싶은 마음이 존재한다는 것을 알 수 있으며, 또한 이에 따라 편견이 존재하는 사회 속에서도 외모가 같은 사람들 중에서 삶의 모형을 찾으려는 시도가 이행되고 있다는 것을 알 수 있다.

물론 스웨덴의 국내 입양아들도 입양 토론에 참여했다. 그들의 경험은 또 다른 각도이기는 하지만 여전히 그들도 친부모를 잃었다는 감정에서 벗어날 수 없으므로, 이러한 감정을 이해해주는 것이 입양아를 이해하는 핵심사항이라고 말했다. 입양아 모임과 입양 단체들은 서로 협력해 입양 가족을 돕는 일에 참가하고 있다.

현재 진행되고 있는 토론은 매우 중요하다. 왜냐하면 처음으로 해외입양된 성인 입양 그룹과 그 부모들이 주체가 되어 토론을 진행하고 있기 때문이다.

우리는 이제 처음으로 오랜 기간이 지난, 많은 해외입양의 결과를 평가할 수 있게 됐다. 우리 사회가 연구 결과와 성년이 된 입양아들과 양부모들의 경험을 잘 이용한다면 입양을 계획하는 부모들의 준비와 입양 후의 지원을 좀더 개선할 수 있을 것이다.

아름다운 인연: 스웨덴이 기른 우리 아이들
Efterlängtad: Adoptivföräldrar berättar

엮은이	현덕 김 스코글룬드
옮긴이	허서윤
펴낸날	2009년 4월 29일 1판 1쇄
펴낸곳	도서출판 사람과책
펴낸이	이보환
기획편집	이장휘, 신인영, 허지혜
마케팅	이원섭, 이봉림, 신현정
등록	1994년 4월 20일(제16-878호)
주소	서울시 강남구 역삼1동 605-10 세계빌딩 5층
전화	02-556-1612-4
팩스	02-556-6842
전자우편	manbook@hanafos.com
홈페이지	http://www.mannbook.com
블로그	http://humanbooks.egloos.com

ⓒ 도서출판 사람과책 2009
Printed in Korea

ISBN 978-89-8117-116-2 03330
잘못된 책은 바꾸어 드립니다. 책값은 뒤표지에 있습니다.

이 도서의 국립중앙도서관 출판시도서목록(CIP)은
e-CIP 홈페이지(http://www.nl.go.kr/ecip)에서 이용하실 수 있습니다(CIP제어번호: CIP2009001172).